RESCUING SOCRATES
소크라테스 구하기

소크라테스 구하기

내 인생을 바꾼 위대한 책들

초판 1쇄 인쇄일 2022년 7월 25일 **초판 1쇄 발행일** 2022년 7월 29일

지은이 로오세벨트 몬타스 | **옮긴이** 조미현
펴낸이 박재환 | **편집** 유은재 | **관리** 조영란
펴낸곳 에코리브르 | **주소** 서울시 마포구 동교로15길 34 3층(04003) | **전화** 702-2530 | **팩스** 702-2532
이메일 ecolivres@hanmail.net | **블로그** http://blog.naver.com/ecolivres
출판등록 2001년 5월 7일 제201-10-2147호
종이 세종페이퍼 | **인쇄·제본** 상지사 P&B

ISBN 978-89-6263-240-8 03100

책값은 뒤표지에 있습니다. 잘못된 책은 구입한 곳에서 바꿔드립니다.

소크라테스 구하기

로오세벨트 몬타스 지음 | 조미현 옮김

내 인생을 바꾼 위대한 책들

에코리브르

내가 돌아갈 곳, 리와 아르주나에게

차례

사례

서문

이 책은 나의 교양 교육 이야기다. 또 현재 대학 교양 교육의 실제에 관한 이야기이기도 하다. 이것은 개인적이면서 논쟁적인 책이다. 교육은 내 특별한 경험과 떼놓고 생각할 수 없기에 이 책은 교양 교육이 어떻게 내 삶을 형성했는지에 관한 명상록이다. 나의 주장과 관찰은 대학의 교수이자 행정가였던 내 경력에 기대고 있지만, 이 책의 바탕이 된 원동력은 교양 교육이 내 인생의 궤적을 바꾸고 풍요롭게 해준 방식이다.

그 궤적은 1973년 아직 19세기 산업화 이전 농경 사회의 리듬에 빠져 있던 도미니카공화국의 한 시골 마을 캄비타가라비토스(Cambita Garabitos)에서 시작됐다. 1985년 5월 26일, 나는 캄비타를 떠나 뉴욕으로 향했다. 비행시간은 고작 3시간 30분이었지만, 그날 내가 이동한 거리는 여러모로 헤아릴 수 없이 먼 길이었다. 그리고 퀸즈(Queens: 뉴욕시의 다섯 행정구 중 하나—옮긴이)의 코로나(Corona)에 위치한 레오나르도 다빈치 중학교(IS61)의 과밀 학급 교실에서 제2외국어로 영어를 배우기 시작해 1991년 컬럼비아 대학에 신입생으로 등록하기까지 또 먼 길을 가야 했다. 나는 결국 컬럼비아에서 박사 학위를 땄고, 거기서 20년간 인문학을 가르쳤다. 이 복잡한 궤적을 이해할 수 있게끔 해주는 것이 내가 받은 교양 교육이다.

교양 교육이라는 발상은 자유 시민(free citizen)에게 적합한 교육으로 그것을 고안한 아테네의 고대 민주주의로 거슬러 올라간다. 아리스토텔레스는 그것을 "쓸모 있거나 필요해서가 아니라, 품격 있고 자유 시민한테 적합하기 때문에 제공되는"[1] 교육이라 평했다. 아테네의 모든 시민, 즉 아리스토텔레스가 염두에 둔 '자유 시민'은 직접 투표로 법률을 채택하고, 정계의 직책을 맡고, 배심원단을 심의하고, 병역에 복무함으로써 정부에 참여했다. 교양 교육의 핵심은 시민들을 이런 시민적 책무에 맞도록 준비시키는 것이었다. 지금도 민주주의는 교양 교육이 아테네 시민들에게 준비시켰던 그런 의무를 이행할 수 있는 시민들한테 달려 있다. 사실상 민주주의의 가능성은 전적으로 교양 교육의 성패에 좌우된다.

그러나 학자들 사이에서도 '교양 교육(liberal education)'이라는 용어를 그 사촌격인 '교양 과목(liberal arts)'만큼이나 제대로 이해하지 못한다. 학계 밖에서 교양 과목은 'liberal(진보주의자—옮긴이)'이란 말에 실린 정치적 무게와 예술(art) 공부는 쓸데없다는 평판이 합쳐져 싸늘한 대접을 받는다. 최근 어떤 평론가는 "liberal과 arts라는 말을 합친 것은 브랜드 전략의 실패"[2]라고 경고했다. 흔한 대체 용어로는 무해하다는 부분적인 이유로 '일반교양 교육(general education)' '핵심 역량(core competencies)' '전용적 소질(transferable skills)' '인문학(humanities)' 등이 있다. 그러나 이런 대안은 교양 교육의 가장 중요한 특성, 바로 인간의 자유 및 자기 결정권이라는 조건과의 연관성을 담아내지 못한다.

아테네의 노예민주주의에서 교양 교육은 노예나 '천한 장인'의 교육과 구별됐다. 현재는 직무 교육이나 기술 교육, 직업 교육과 구별된다. 교양 교육은 생계 요건을 넘어 인간 삶의 의미를 생각한다. 즉, 어떻게 먹고사는가 대신 무엇을 위해 사는가를 묻는다. 아리스토텔레스는 "일과 관련한 공부는 필요해서, 그 자체가 아닌 다른 것들을 위해 하는 데 반해 이 공부는 그 자체를 위해 한다"[3]고 했다. 교양 교육은 생존 문제를 넘어 존재 문제에 다가가고자 하는 인간의 열망과 관련이 있다.

보통 미국 대학에서 교양 교육은 학생들의 전공 과목 외에 흔히 인문학과 사회과학의 필수 강좌로 제공된다. 세계 다른 나라 대학들은, 특히 최근에는 몇몇 사례를 제외하고,[4] 이러한 고등 교육의 일반 기초를 제공하지 않고 곧바로 전공 공부에 초점을 맞춘다.[5]

나의 교양 교육은 마르크스주의에 힘입어 1970년대 도미니카공화국 독재자 호아킨 발라게르(Joaquín Balaguer)에게 맞섰던 아버지의 저항, 그리고 그의 투쟁을 정당화하는 정치적 전통에서 시작됐다. 아버지의 정치 활동은 더러 공공연하게—토론과 공개 규탄, 파업과 시위, 자금 조달과 조직화—벌어졌다. 또 더러는 은밀하게—비밀 회동, 게릴라 전술 훈련, 당국이 수배 중인 인사 피신시키기, 라틴아메리카 전역의 강경 좌파와 유대 관계 확립—이뤄졌다. 학력이라고는 고작 초등학교 6년이 전부였지만 아버지의 정치사상은—비록 당사자는 어슴푸레 의식했을 뿐이더라도—지적 전통에 흠뻑 젖어 있었고, 나는 세상에서 내가 어떤 존재인가에 대한 최초의 암시와 더불어 그것을 내면화하기 시작했다.

하지만 나의 공식적인 교양 교육은 컬럼비아 대학에 입학해 그 유명한 코어 커리큘럼(Core Curriculum: '중핵 교과'라고 번역할 수 있겠으나 이 책에서는 하나의 고유명사로 취급해 코어 커리큘럼이라고 쓴다—옮긴이)과 조우하면서 막을 열었다. '위대한 저서 읽기 프로그램(Great Books Program)'이라고도 부르는 코어 커리큘럼은 전교생이 고대부터 현재까지 연대순으로 지정한 책을 읽고 토론하는 문학 및 철학—아울러 미술, 음악, 과학—고전 강좌다. 흔히 '코어'라 부르는 이것은 컬럼비아 대학의 기숙사형 리버럴 아츠 칼리지(liberal arts college: 인문학, 어학, 사회과학, 자연과학 등 교양 과목에 역점을 두고 학부 과정을 운영하는 단과 대학. '자유 교양 대학'으로 번역하기도 하지만 이 책에서는 'college'와 'university'를 비교하는 경우가 많아 '칼리지'를 살렸다—옮긴이)인 컬럼비아 칼리지에서 제공하는 독특한 교육의 중추를 이룬다. 엄격하기로 소문난 코어 커리큘럼은 한 세기 이상을 거슬러 올라가 서구의 학습 전통에 입문하는 것을 자명한 선(善)으로 인식하던 시대에 귀를 기울이는 일종의 지적 세례라고 할 수 있다.

오늘날 다른 주요 대학들이 과거 '고전'이라 불리던 것의 공통 학습 과정을 요구하지 않는 가운데, 컬럼비아 대학의 코어 커리큘럼은 일종의 유물처럼 남아 있다. 많은 학교가 중요한 도서들에 대한 공통 학습을 통해 교양 교육을 계속 제공하고 있는 건 사실이지만, 보통은 선택적 기준에 따른다.[6] 영문학 박사 학위 취득 후 나의 첫 대학 일자리는 컬럼비아 코어 커리큘럼 강사였고, 그 뒤로 나는 2008년부터 2018년까지 그곳의 최고 관리자로 근무했다.

영어 한마디 못 하고 비행기 근처에도 가본 적 없던 내가 도미니카공화국의 산골 마을에서 미국으로 온 날은 나의 열두 번째 생일이 되기 며칠 전이었다. 함께 온 형의 나이는 열일곱 살이었다. 2년 먼저 미국에 와 있던 엄마가 피복 공장에서 최저 임금 일자리를 찾은 후 곧바로 형과 나를 불러들인 터였다. 그렇게 미국의 모든 장소를 부르는 우리식 호칭, 즉 누에바욜(Nueba Yol)에서 보잘것없는 삶을 받아들였다. 우리는 퀸즈라는 곳에 살게 되었다.

우리를 맞아준 도시는 1980년대의 험악한 뉴욕이었고, 그곳에 도착했을 때 우리는 다른 많은 도미니카공화국 사람들처럼 가난하고 어리벙벙했으며 장차 어떤 일이 벌어질지 전혀 몰랐다. 시골 소년의 풋풋함, 경이감과 더불어 머리카락에는 이가 바글바글하고 배 속에는 아열대 기생충을 잔뜩 지닌 채 나는 존 F. 케네디 국제공항에 발을 디뎠다. 어딜 봐도 아이비리그(Ivy League: 미국 북동부의 유서 깊은 8개 명문 대학을 일컫는 말—옮긴이) 후보로는 어림도 없는 아이였다.

지역 공립학교에서 2년 동안 이중언어 교육을 받고 공립고등학교에서 4년을 보낸 후 나는 상상할 수 없을 만큼 낯선 컬럼비아 칼리지 신입생 생활로 진입했다. 그리고 거기서 코어 커리큘럼이라는 사회적·지적 성년식을 거치며 세상을, 그리고 그 속에서 나의 위치를 알아가기 시작했다.

교양 교육은 늘 설득하는 데 어려움이 있다. 운 좋게도 그런 교육을 받은 사람은 인생을 바꾼 경험이라고들 흔히 말한다. 하지만 그런 교육을 받지 못한 사람은 보통 그것이 결핍되어 삶이 덜 윤택해졌다거나 성취도가 떨어졌다고 느끼지 않는다. 고등 교육을 갈수록 교환의 관점으로 보는 가운데—경쟁이 치열한 일자리 환경에서 학생들이 우위를 차지하려고 터무니없는 금액을 지불하는 가운데—교양 교육을 얼마만큼 시간 낭비로 여기는지 금방 알 수 있다. 정치인, 일반 대중, 심지어 대학 지도자들마저 그것이 비실용적이고 무의미하다며—한물 간 특권의 가식이라며—묵살하기 일쑤다. 그러나 교양 교육엔 늘 막강한 수호자들이 있었다. 플라톤과 아리스토텔레스부터 키케로와 마르쿠스 아우렐리우스, 에라스무스와 갈릴레오, 버지니아 울프와 듀보이스(W. E. B. Du Bois: 미국의 시민운동가—옮긴이)까지, 그리고 앤드루 델반코(Andrew Delbanco: 미국의 사회비평가—옮긴이)와 마사 누스바움(Martha Nussbaum: 미국의 철학자이자 고전학자—옮긴이)과 퍼리드 저카리아(Fareed Zakaria: 미국의 언론인—옮긴이) 같은 현대의 선구자에 이르기까지 탁월한 사상가들은 교양 교육의 가치와 필수불가결함을 역설했다.

그러나 이런 점을 입증하기는 어지간히 어렵다. 애로점은 한편으로 교양 교육이 주는 이득의 성격에서 비롯된다. 그것의 가치를 전달하자면 통상 인위적인 압축이 필요하다. 요점을 콕 찍어줘야 하는데, 이게 소설을 읽는 경험 자체는 절대 전달할 수 없는 위대한 소설의 줄거리 요약본 같다. 두 경우 모두 그 일의 가치를 그것의 체험과 분리·추출해서는 영 전달할 수가 없다. 따라서 교양 교육의 중요성에 대한 논지는 언제나 미진하기 마련이고, 진가를 가장 잘 알아보는 건 보통 그것이 가장 덜 필요한 사람들일 수밖에 없다.

이 책은 교양 교육 체험에 대한 명상록이자 입문서다. 나는 많은 논지를 나열하기보다 교양 교육의 중심에 자리한 인간 문제와의 대면을 통해 독자들을 교양 교육 체험에 더욱 바짝 다가가게끔 하려 한다. 이 문제들에 대한 나의 사고방식에 깊은 영향을 준 4명의 저자, 바로 성 아우구스티누스, 플라톤, 지그문트 프로이트, 마하트마 간디에 대한 논의를 통해서 말이다. 나의 동반자 4명은 우리와는 여러모로 먼 세상에서 왔지만, 하나같이 우리 모두가 공통으로 가진 인간 경험에 대해 친근하게 이야기한다. 이 책은 한편으로 그 대화로의 초대장이다.

아우구스티누스, 플라톤, 프로이트, 그리고 간디. 고대인 2명과 현대인 2명. 아프리카인 1명과 유럽인 2명과 인도인 1명. 기독교 성인과 이교도 철학자와 유대인 무신론자와 힌두교 수행자. 기독교로 개종해 가장 영향력 있는 기독교 신학자가 된 수사학 교사, 젊은 시절 철학에 마음을 빼앗기고 나아가서 서양 학문의 초석을 놓은 귀족, 실험실을 박차고 나가 정신을 이해하는 새로운 방법을 발명한 신경생리학 연구자, 그리고 '위대한 영혼', 즉 마하트마가 되어 고국을 독립으로 이끈 인도의 소심한 변호사.

위의 저자들은 모두 나름대로 현시대의 진지한 학생이라면 누구나 관심을 가질 고전적 인물이다. 컬럼비아의 코어 커리큘럼은 거의 이런 인물들로만 채워져 있다. 호메로스, 단테, 셰익스피어, 울프 같은 저자들은 반영구적으로 고정되어 있는 반면 사포(Sappho: 고대 그리스의 시인—옮긴이), 오비디우스(Ovidius: 고대 로마의 시인—옮긴이), 밀턴 같은 다른 저자들은 교수진의 합의에 따라 주기적으로 필독서 목록을 들락날락거린다. 그러나 내가 아우구스티누스, 플라톤, 프로이트, 간디에 대해 쓰는 이유는 그들의 고전적 지위 때문이 아니라, 내가 성장하는 데 그들이 개인으로서 또 스승으로서 한 역할 때문이다. 그들은 모두 어떤 식으로든 자신을 우리가 현재 알고 있는 인물로 만들어준 내면의 변화를 겪었다. 어떤 경우든 그 원동력은 끊임없는 자기 이해(self-understanding)—바로 교양 교육이 궁극적 목표로 삼는 종류의 이해—의 추구였다. 이 책은 그들이 자기 이해를 향한 나의 탐구와 교양 과목 교수이자 행정가인 내 직업에서 어떻게 중요한 부분을 차지했는지에 관한 성찰이다.

이어지는 4개의 장에서 나는 다음과 같은 세 가닥의 실을 한데 엮을 것이다. 개별 저자의 저술에 대한 논의, 그러한 저술 각각이 어떻게 내 삶을 이해하도록 해줬는지에 관한 성찰, 그리고 현시대 대학 교양 교육의 실제에 대한 비평이 그것이다. 첫 번째 가닥으로는 텍스트를 일반 독자들이 쉽게 이해할 수 있도록 만들려 한다. 두 번째 가닥으로는 그들이 어떻게 한 사람의 생생한 경험을 밝혀줄 수 있는지 되돌아보고자 한다. 세 번째 가닥으로는 교양 교육이 어떻게 고등 교육에서 제 기능을 잃고 위태로워졌는지 보여주고 그것의 활성화에 대해 논의하려 한다. 이 여러 가닥의 실은 위대한 논증적 설계가 아닌 특별한 내 인생의 독특한 전개 방식에 따라 서로 뒤섞이며 흘러갈 것이다.

나는 성 아우구스티누스의 영적 자서전 《고백록(Confessions)》을 컬럼비아 신입생 때 처음 읽었다. 학부 1학년이던 그해, 내가 겪고 있던 정체성의 근본적인 재검토 속에는 미국에 온 직후 귀의한 열성적인 오순절교회에 대한 재평가가 있었다. 개종이 나의 외로움, 혼란, 절실한 소속 욕구로 말미암은 것이었음을 막 깨닫기 시작한 참이었다.

기독교를 향한 아우구스티누스의 여정은 독서로 형성됐다. "주님, 당신은 제 관심을 저 자신에게로 돌려주셨습니다"[7]라는 그의 말처럼 바로 다양한 텍스트와의 조우를 통해서였다. 《고백록》에서 그는 독서라는 행위를 통해 돌이킬 수 없는 내면의 변화를 겪는 사람들을 거듭 고찰한다. 그 자신이 바로 독서를 통해 돌이킬 수 없는 내면의 변화를 겪은 장본인이었다. 1992년 겨울, 《고백록》을 읽으며 당시 다른 모든 것에서 그랬듯 나는 그 안에서 구원의 길을 모색했다. 나 역시 돌이킬 수 없이 달라지고 있었다. 내가 즉시 알아챌 만큼 확연한 방식으로, 그리고 내가 아직도 이해하고자 노력 중인 방식으로.

철학적으로 대단히 중요하고 신학적으로 상당히 복잡한 저술임에도 《고백록》에서 가장 생생하게 드러나는 것은 인간 조건의 실존적 고통에 예민하게 반응하는 한 개인의 초상이다. 그는 신에게 "저로 하여금 순결하고 절제하는 삶을 살게 해주시기를 바라지만, 아직은 그렇게 해주지 마십시오"[8]라고 청할 만큼 장난기 어린 호기심과 불경한 솔직함으로 독자를 무장 해제시킨다. 고대의 어떤 저자도 아우구스티누스만큼 인간미 넘치고, 심리적으로 복잡하면서도 설득력 있고, 우리와 다름없다는 인상을 주지 않는다.

《고백록》이 내게 유난히 강렬했던 것은 어쩌면 그 안에서 내가 내면 탐구의 언어를 발견했기 때문인지도 모른다. 자기 존재에 대해 만족할 만한 지적·심리적 설명을 찾아 헤매던 아우구스티누스의 절박함은 내가 사는 삶과 내가 처해 있는 세상을 이해하려던 나의 절박함에 깊은 반향을 불러일으켰다.

나는 컬럼비아 1학년 필수 과목으로 유명한 교양문학(Literature Humanities)

시간에 《고백록》을 접했다. 'Lit Hum(Literature Humanities의 줄임말—옮긴이)'은 공식 강좌명이 무심결에 공표하듯 갈수록 '교양 없는 사람'이 되어가는 전교생에게 '유럽의 문학 및 철학 명작(Masterpieces of European Literature and Philosophy)'을 소개할 목적으로 1937년 처음 개설했다. 나는 1년에 걸쳐 이 문학 '명작'들을 섭렵하면서 고대까지 깊숙이 뻗쳐 있는 대화의 세계에 입문했다. 매주 심각하고 불편한 질문들로 나를 자극하는가 하면 동떨어져 있으면서도 친숙하게 느껴지는 고대의 낯선 저자와 만나곤 했다. 이 과정에서 나처럼 매주 4시간씩 책상에 둘러앉아 읽고 있는 책에 관해 이야기를 나눠야 하는 컬럼비아 1학년 전교생과의 대화 속으로 떠밀리기도 했다. 나로선 책을 통해 접하는 정신의 소유자들도, 수업을 통해 접하는 정신과 육체의 소유자들도 완벽하게 해독할 수 없었다. 하지만 몇 주 몇 달이 지나는 사이 이런 배치를 통해 가능해진 삼각화(triangulation, 三角化)는 내가 스스로 중심을 잡고 내 위치를 설정하는 방식이 되었다.

교양문학 강좌의 창시자는 존 어스킨(John Erskine)인데, 그가 컬럼비아에 최초로 이 강좌를 선보일 당시는 그냥 제너럴 아너스(General Honors)라고 부르는 우등 과정이었다. 이 과정은 '매주 한 권씩 고전 번역본 읽기'라는 급진적 발상—1930년대에도 급진적이었다—을 제시했다. 오늘날 이 발상은 급진적일 뿐 아니라 대부분의 대학에서 실행 불가능하기도 하다. 컬럼비아는 비슷한 구상의 얼마 안 되는 다른 프로그램과 더불어 지적·학문적 추세를 거스르며 학부 교과 과정의 핵심에 이 강좌를 유지해왔다.

고등학교 2학년 때 나는 우리가 임대한 퀸즈의 아파트 건물 옆 쓰레기 더미에서 엄청난 책 한 권을 우연히 발견했다. 하버드 클래식(Harvard Classics) 전집이라는 거들먹거리는 표지의 제2권으로, 거기에는 플라톤이 소크라테스의 마지막 며칠을 기록한 일련의 대화편이 담겨 있었다. 소크라테스와의 이 첫 만남은 우연인 동시에 결정적이었다. 정신생활에 관한 입문서로 이 대화편에서 소크라테스가 자신의 철학적 활동을 변호하는 대목을 능가할 만한 것은 아마 없을 테니 말이다.

10년이 넘도록 매년 여름마다 나는 저소득층 고등학생들에게 그때까지 거의 예외 없이 그들이 접근하지도 상상하지도 못했을 세계를 소개하는 데 바로 이 대화편을 활용했다. 일련의 짧은 대화는 소크라테스의 사형 집행일이 다가오는 며칠 동안 벌어진다. 그 속에 등장하는 소크라테스는 생생하고 영웅적이다. 시련을 겪는 내내 그는 "선한 삶, 아름다운 삶, 정의로운 삶은 같다"[9]고, 아테네시(市)가 자신에게 어떤 짓을 하려 들어도 철학의 실천은 포기할 수 없다고 설파한다. 아테네 젊은이들은 그를 좋아하지만 당국은 그를 참을 수 없는 골칫거리, 로마인들이 예수한테 그러했듯 위험천만한 정치적 말썽꾼으로 여겼다.

실제로 아테네 시민은 일흔 살의 소크라테스가 젊은이를 타락시키고 새로운 신들을 도시로 불러들였다며 유죄 판결을 내리고 사형을 선고한다. 소크라테스는 이 평결을 받아들이고, 친구들이 사형 집행 전 감옥에서 그를 빼내려 한 계획도 거부하고, 자신이 소중히 여겼던 도시의 법률을 받들어 정해진 시간에 독배를 마신다. 그가 타락시켰다는 혐의를 받은 바로 그 벗들에 둘러싸여, 그리고 최후의 순간까지 철학적 사색을 하며.

해마다 나는 소크라테스가 학생들—컬럼비아 제자들은 물론이고 고등학생 제자들까지—로 하여금 그의 철학이 우리한테 붙들고 씨름하라고 요구하는 궁극적인 존재론적 문제들에 대해 진지하게 사색하도록 이끄는 것을 목도한다. 나의 저소득층 가정 출신 제자들은 이런 유형의 사고가 사회 엘리트층의 독점적 특권이라고 여기지 않는다. 사실 학생들은 거기서 물질적 제약에 구애받지 않는 존엄성과 탁월성 같은 희망을 발견한다. 그들 중 일부는 내 경우가 그랬듯 엘리트 대학에 진학해 자기보다 훨씬 더 부유하고 훨씬 더 교육을 잘 받은 또래들한테 둘러싸일 것이다. 소크라테스는 그들에게 속삭인다. 이런 특권을 진정한 실력의 표시로 착각하지 말라고, 자신의 지적 온전함 속에서 또래가 자기보다 더 많이 갖고 있을지 모를 물질적 혜택을 뛰어넘는 자기 가치와 자존감의 근원을 찾으라고 말이다.

저소득층 학생들과 그 가족에게 교양 교육 옹호론을 펼칠 때 나는 노예 교육, 복종과 순종 교육, 질문하지 않는 교육으로 노동자 계층 학생들을 몰아가는 오랜 전통이 존재한다고 지적할 경우가 많다. 교양 교육이 오로지 기득권층, 애지중지 자란 엘리트만을 위한 것이라는 생각은 이 끔찍한 전통을 지속시키는 태도다. 그런 생각은 교양 교육을 거기서 가장 많은 혜택을 볼 사람들—정치적 주체의 도구를 역사적으로 차단당해 온 바로 그 사람들—의 손이 닿지 않는 곳에 두게 만든다. 나는 그들에게 묻는다. 어떤 사람이 자녀를 리버럴 아츠 칼리지에 보내는지 잘 보라고. 그리고 리버럴 아츠 칼리지 졸업생들이 자신이 받은 '쓸데없는' 교육으로 장차 어떤 일을 하는지 똑똑히 보라고. 교양 교육은 결코 엘리트들의 무의미한 탐닉이 아니다. 사실은 아래에 있는 사람들을 계속 아래에 있게 만드는 사회적 특권의 위계 서열을 전복시킬, 우리가 지닌 가장 강력한 도구다.

쓸데없는 탐닉이라는, 교양 교육을 둘러싼 기운은 프로이트의 정신분석과 그것의 현대판 후예인 심리 치료에도 도사리고 있다. 이러한 유사성은 우연이 아니다. 두 가지 모두 일상생활의 공사다망한 업무로부터 일정한 거리를 요구한다. 그러나 닮은 점은 거기에서 그치지 않는다. 심리 치료 시간과 교양 과목 세미나는 둘 다 우리 인간과 관련한 가장 심오한 문제들에 초점을 맞춘다. 둘 모두 참여자들—한편으로는 상담자와 내담자, 그리고 또 한편으로는 스승과 제자—은 성공할 경우 한 사람의 일생을 송두리째 바꿀 위력이 있는 통찰력을 창출하는 그런 유형의 탐구에 관여한다.

지그문트 프로이트는 내가 컬럼비아에서—나처럼 경제적으로나 학업적으로 '불우한' 입학생을 위한 여름 프로그램에서—처음 접한 사상가에 속한다. 그해 여름 프로이트 책을 읽은 건 아니지만, 수업을 가르친 교수가 그의 사상을 자주 언급했다. 그 첫 만남은 프로이트의 핵심적 통찰을 알아차리기에 충분했다. 바로 우리의 사고, 행동, 스스로 되고자 하는 무언가에 무의식의 정신 작용이 침투해 있다는 것이다. 프로이트는 내 마음이 내가 늘 생각해온 대로 명료한 자아가 아니라 일종의 테라 인코그니타(terra incognita), 즉 보이지는 않지만 내 성격을 좌우하는 비밀과 알 수 없는 장치들로 가득한 곳이라는 사실을 환기시켰다. 이런 인식이 성숙하고 깊어짐에 따라 내 정신세계는 강의실 안팎에서 최우선 연구 대상이 되었다.

프로이트의 유산은 마치 분열된 종교처럼 많은 종파로 쪼개졌고, 격렬하게 논의 및 재해석되고 넓어졌으며, 때로는 신뢰가 땅에 떨어지기도 했다. 그러나 정신 탐구에 있어 현재 가장 흔히 '대화 요법'이라고 알려진 그 특유의 접근법은 프로이트의 가치를 폄하하는 이들 사이에서도 계속 성행하고 있다. 소수의 현역 실무자는 프로이트의 대표적 기법인 정신분석—주 4~5회 면담을 요구하는 집중적 형식의 대화 요법—을 이어가고 있다. 정신분석에서는 프로이트의 많은 핵심 개념—무의식, 꿈의 의미, 전이(transference: 내담자와 타인의 관계가 상담자를 향한 정서적 반응으로 나타나는 것—옮긴이), 유아 성욕 등—을 자기 탐구의 길잡이로 진지하게 다룬다.

2학년이 되어 코어 커리큘럼 강좌에서 프로이트 책을 읽을 무렵, 나는 컬럼비아에서 내가 만난 거의 모든 이들이 상담 치료를 받는 중이거나 받은 적이 있다는 사실에 익숙해 있었다. 이윽고 나 역시 대학원 시기 대부분에 해당하는 6년간 정신분석을 받았고, 그것을 통해 내 인생에 축적된 뒤엉킨 정신적 실타래를 일부 풀기 시작했다.

프로이트는 임상학적일 뿐 아니라 철학적·문학적이기도 한 그의 저서에서 인간 정신의 작용을 관장하는 근본 메커니즘을 밝히는 데 착수했다. 임상가로서 그는 우리가 인정할 수밖에 없는 합당한 이유로 대개는 무시당한다. 그러나 우리가 가진 개인 대행(personal agency, 個人代行: 자신의 삶을 형성해나가는 데 영향을 줄 수 있는 주체적인 능력에 대한 자기 인식—옮긴이), 의식(consciousness), 섹슈얼리티 및 자기 이해에 대한 생각을 복잡하게 만든 사상가로서 그의 중요성은 여전히 어마어마하다. 그의 사고는 인간이 자기 삶을 이해하는 방식은 물론 책을 읽고, 그림을 보고, 타인의 말을 듣는 방식에도 영향을 미친다. 그의 노력은 우리에게 형태는 기묘하지만 효과는 높은 자기 탐구 과제의 도구를 남겨주었다.

나는 서구현대문명개론(Introduction to Contemporary Civilization in the West) 강좌의 내 담당 시간에 모한다스 간디를 가르치기 시작했다. 2학년 전체 필독 도서 목록에 그의 책이 포함되기 몇 년 전이었다. 공통 강의 계획서에 보충 자료를 소개해야 하는 강사들 각자가 보유한 약간의 재량권을 활용한 것이었다. 결국 간디는 공통 도서 목록에 추가됐고, 2012년 이래 그 자리를 죽 지켜왔다.

내가 학생들과 간디의 책을 읽기 시작한 것은 한편으로 우리가 1년간 공부하며 보낸 '서구'의 전통에 깊이 영향받았으면서도 세상을 이해하는 다른 방식, 즉 아주 오래되고 가끔은 생경하기도 한 방식에 뿌리를 둔 사상가를 그들이 붙들고 고민하게끔 만들고 싶었기 때문이다. 간디는 유럽의 정치적 전통에서 당연시하는 통념—인간 삶의 최고 가치, 폭력을 자기 방어로 사용할 때의 정당성, 개인적 권리의 우위, 자연에 대한 기술 지배의 타당성—에 도전장을 던진다. 간디는 그의 글과 정치 활동 그리고 생활 방식에서 우리가 서구 문명이라 부르는 것의 밑바탕에 깔린 전제들을 냉엄하고 놀랍도록 선명하게 밝혀낸다.

간디는 산업 혁명으로부터 출현한 문명을 부와 안락과 장수를 인간의 최고선(最高善)으로 삼는 물질주의 세계관으로 이해했다. 간디가 보기에 이런 가치관의 불가피한 결과는 그가 유럽의 전 세계 식민지화 시도에서 목격한 폭력, 탐욕, 사람과 사람 이외의 생명에 대한 경시였다. 하나의 해결책으로 간디는 내면의 스와라지(swaraj)—즉, 자치·독립 혹은 서구식 정치 계몽의 표제어를 사용하면 자유—능력에 중점을 두고 개인 및 집단 번영에 접근할 것을 제안했다. 내 경험에 의하면, 학생들은 간디와의 만남을 개인적으로나 정치적으로 신세계라 생각한다.

이 책에서 내가 다루는 다른 저자들과 달리, 나는 정규 교육을 다 마친 뒤에야 간디를 알게 됐다. 자칭 무신론자인 한 친구가 하마터면 신을 믿게 만들 뻔한 책이라고 내게 언급한 적 있는 그의 《자서전(Autobiography)》이 학부 때부터 궁금하기는 했었다. 대학원을 마치고 얼마 지나지 않아 나는 그제야 간디의 《자서전》을 집어 들었다. 그보다 1년 전 일상에서 명상을 실천하기로 한 터라 이 습관이 서서히 내 마음을 어떻게 변화시키는지 알려고 노력하는 중이었다. 서구에 명상을 들여온 영적 수행과 동일한 기반에 간디가 뿌리를 두고 있다는 점이 나의 호기심을 더욱 고조시켰다. 그 무렵 컬럼비아의 코어 커리큘럼에서 서구의 주요 텍스트를 가르치며 보낸 지도 여러 해가 지났다. 나는 이 전통을 확장해 그 외에 어떤 세계가 있는지 맛보고 싶었다. 이것을 시작하기에 간디는 완벽한 방안이었다. 내게는 그가 학문적 연구 프로젝트로서는 물론 내 마음속 가장 심오한 힘들(forces)에 대해 캐묻고 실험할 모델로서도 의미가 있었다.

간디는 자서전에 '나의 진리 실험 이야기(The Story of My Experiments with Truth)'라는 부제를 붙였다. 아마 다른 무엇보다 간디는 스스로를 인간 존재의 본질을 탐구하는 연구자로 보았던 듯하다. 그가 삶에서 가장 열중한 것은 '진리' 탐구였다. '실험' 도중 죽음의 문턱까지 간 적도 여러 번이 있었다. 그는 《자서전》에 이렇게 썼다. "지난 30년간 내가 이루려 한 것은 자기실현, 신과의 직접적인 대면, 〔죽음과 환생의 순환으로부터 궁극적 해방을 뜻하는〕 모크샤(Moksha)의 달성이었다. 이 목표를 추구하면서 나는 살고, 움직이고, 존재한다. 말과 글로써 내가 하는 모든 일, 정치 분야에서 내가 하는 모든 모험은 이 동일한 목적을 지향한다."[10]

간디의 주된 실험 분야는 자기 자신이었다. 그의 실험에는 단식, 독신주의, 모든 종류의 금욕을 통한 신체적 자기는 물론 기도, 명상, 종교적 연구를 통한 정신적 자기도 포함됐다. 그러나 그 자신이 실험 분야였다면, 그의 실험실은 자신이 사는 넓은 사회였다. 간디는 개인적 해방 추구와 거기에 필요한 사회적 의무 사이의 긴장을 해소하는 데 있어 급진적 영성(靈性)과 국가 정치의 현세적 혼란을 통합하는 방안을 발전시켰다.

내가 서구현대문명개론 강좌에서 간디를 가르치기 시작한 것은 바로 그의 독특한 종교와 정치의 융합 때문이었다. 그는 《자서전》 마지막 부분에서 이 관계에 대해 고찰하며 "종교가 정치와 무관하다고 하는 이들은 종교의 의미를 모르는 것"[11]이라고 적었다. 간디에게 개인적인 것은 곧 정치적인 것이었다. 하지만 그 관계는 현대의 운동가들이 이해하는 방식이 아니었다. 조카에게 쓴 글에서 그는 "공연히 네 머릿속에 인도를 해방시키겠다는 짐을 떠안지 말라"고 충고했다. "모든 것을 너 자신에게 집중해라. 영혼의 숭고함은 네가 곧 인도임을 깨닫는 데 있다. 너의 해방 안에 인도의 해방이 있다."[12]

종교에 대한 간디의 생각은 두 가지 기본 원칙으로 요약할 수 있다. 바로 진리와 비폭력이다. 이는 사탸그라하(satyagraha)—평범한 인도인들의 삶을 단단히 옥죄던 철권통치를 남아프리카공화국과 인도 당국이 내려놓을 수밖에 없게끔 만든 대규모 비폭력 저항 운동—의 밑바탕에 있는 원칙과도 같았다.

내 경우가 그랬듯 많은 학생에게 간디는 계시로 다가왔다. 간디는 대다수 학생이 자기가 누구인지, 세상은 어떤 곳인지에 관한 그들의 가장 기본적인 가정이 도전받고 흔들린다고 느끼는 학년의 서구현대문명개론 강좌가 끝나갈 때 등장해 도덕적으로 일관된 우주의 관점을 제시한다. 여기서는 진리, 사랑, 자기희생, 심지어 구원 같은 개념이 여전히 의미를 지닌다.

현실적이고 겉보기에는 비(非)이론적인 간디의 진리와 비폭력 개념은 서구 학문의 포스트모더니즘 흐름에 강력한 대척점을 제시한다. 이 흐름은 19세기 말 프리드리히 니체(Friedrich Nietzsche)와 함께 등장해 사회과학과 인문학의 지배적인 틀이 되었다. 진리·덕(德)·이성의 개념에 제기한 이런 흐름의 근본적 도전은 교양 교육의 핵심을 강타하며, 교양 교육이 대학에서 왜 비호의적인 지적 풍토에 놓이게 되었는지를 해명해준다. 오늘날 교양 교육을 방어하려면 이 포스트모더니즘의 도전에 대응해야 한다. 간디의 생애와 업적은 이런 대응의 근거를 제공한다.

나는 기회 프로그램(Opportunity Programs)—저소득층 학생들을 재정적·학업적으로 아낌없이 지원하는 뉴욕주 고등 교육 기회 프로그램(New York State Higher Education Opportunity Program, HEOP)의 요건을 충족하기 위해 만든 입학 전형—을 통해 컬럼비아에 입학했다. 도미니카공화국에서 미국으로 온 지 6년 만이었다. HEOP 학생은 SAT 점수가 다른 입학생들의 평균에 못 미치는, 주로 피부색 짙은 빈곤층 학생 집단에 속한다는 사실을 컬럼비아에서 알 만한 사람은 다 알았다. 우리는 캠퍼스의 베테랑 교수와 노련한 행정가 그리고 눈치 빠른 학생들의 눈에 띄었고, 서로가 서로를 알아봤다. 나와 약 20명의 HEOP 학생 무리를 기다리고 있는 것은 1937년 이래 컬럼비아 신입생 전체를 맞아온 그 방대하고 대담한 과정, 바로 교양문학 강좌였다.

학부 1학년이던 그해에 나는 아직도 많은 영어 단어를 새로 익히는 중이었고, 주변의 거의 모든 사람한테는 상식인 것들을 힘들게 짜 맞추곤 했다. 교양문학 강좌는 미국 문화, 아니 적어도 1991년도 컬럼비아 칼리지 입학생이라는 미국 문화의 특정 부분에 내가 처음으로 완전히 몰입한 계기였다. 그러니까 내게 1학년은 교양문학 강의 계획서에 있는 저서뿐 아니라 다른 모든 애들한테는 말할 필요도 없이 당연한 것—내가 살아가기 시작한 사회에 주어진 조건—을 교육받는 기간이었다. 그리고 이 두 가지 형태의 교육은 서로를 비춰주고 서로의 특수성을 부각시키며 혼합되었다. 그러한 혼합은 강의실과 내가 주 20시간 근로 장학생 일자리를 따낸 제너럴 스터디즈 학부(School of General Studies: 고등학교 재학 중이나 졸업 후에 학업 공백이 있었던 학생을 대상으로 독자적인 심사를 거쳐 선발하는 컬럼비아 대학의 4년 과정—옮긴이) 학장실의 대화 속에서 일어났다. 강의실에서는 대화에 그다지 일조하지 않았다. 여론을 받아들일 만큼 친숙하게 느껴지지 않았기 때문이다. 나는 주로 또래들을 관찰했다. 책만큼이나 그들을 연구했다. 월요일에 2시간, 그리고 수요일에 2시간. 주말은 방과 기숙사 라운지에 앉아 책을 읽으며 보냈다.

그 첫해가 끝나갈 무렵, 나의 교육에는 사람들이 그런 오래된 책과 그것이 제기하는 위대한 질문을 둘러싸고 어떻게 행동하는지에 관해 쌓인 정보가 포함되었다. 내가 착륙한 독특한 세상의 표현·정서·감성 규범에 대한 최초의 잠정적 감각이라고나 할까. 나는 표현 스타일, 악센트, 특이한 버릇, 어조, 문장 전환법, 곧 한 사람이 되는 방법을 관찰하며 흡수하고 있었다. 하지만 그 첫해의 통찰은 내가 읽던 책이나 내가 관찰하던 또래들보다는 나 자신에 관한 것일 때가 더 많았다. 교양 교육의 가장 큰 가치가 바로 여기에 있다는 걸 그때는 몰랐다. 학생들의 시선을 이런 자기성찰을 불러일으키는 힘이 있는 것으로 입증된 작품들의 자극을 받아 내면으로, 자신의 인간성 탐구로 돌리는 데 있다는 걸 알지 못했다.

나는 텍스트와 저자들에 대해 배우길 기대하며 교양문학 수업에 들어갔다. 내가 배울 내용의 이런 구체적 측면이 사람을 변화시키는 한층 더 심오한 종류의 교육을 위한 수단에 불과하다고는 꿈에도 생각지 못한 채 말이다. 내면을 향한 교육은 서서히, 거의 부지불식간에 찾아왔다. 조명 스위치를 찰칵 켜는 게 아니라, 여명이 밝아오는 것과 같았다. 쇄도하는 책과 생각에 관해 강의실에서 우리가 나눈 숱한 대화를 나는 잘 이해하지 못했다. 하지만 밀려올 때마다 얇은 퇴적층을 남기다 결국에는 눈에 띄는 구조물을 생성하는 밀물과 썰물의 반복처럼, 집중적인 책 읽기와 주 2회 토론은 내가 누구인지와 내 삶의 가능성에 관한 새로운 의식으로 한데 합쳐지고 있었다.

헝클어진 머리카락에 듣도 보도 못한 스타일을 고집하는 옷차림으로 내가 강의실에 나타나던 시절, 나의 교양문학 교수는 베테랑 노장이었다.

내가 대학원 재학 중일 때 돌아가신 분이다. 그는 연구 대학에서는 더 이상 좀처럼 보기 힘든 인물 중 한 명, 바로 학부 종신교수였다. 1980년대 말 컬럼비아 칼리지와 대학원 프로그램 교수진을 통합했을 때도 월리스 그레이(Wallace Gray)는 계속 학부생만 가르쳤고, 교수진 중 최장기 근속한 교양문학 교수가 되었다. 분필을 손에 쥔 채 죽는 게 소원이라고 그가 강의 시간에 했던 말이 기억나는데, 하마터면 정말 그렇게 될 뻔했다. 학생들한테 도스토옙스키의 《카라마조프가의 형제들》에 나오는 구절을 읽어주다 눈물을 흘리던 그가 기억난다. 내게 신경을 써줬던 것도.

그는 희곡 쓰는 걸 좋아했지만, 학술 서적 집필은 탐탁지 않아 했다. 그의 책 중 하나인 《호메로스에서 조이스까지(Homer to Joyce)》는 교양문학 강의 계획서에 있는 도서들에 관한 18편의 눈부신 수필 모음집이다. 마지막 수업 날, 그는 내가 갖고 있던 그 책에 서명을 해줬다. 여러 해가 지난 후 코어 커리큘럼 연구소 소장으로 부임한 나는 새 사무실 책장에 그의 책을 꽂으면서야 비로소 그가 거기에 적어준 내용을 살펴봤다. 책에 쓰인 헌정사는 대문자로 이렇게 적혀 있었다. "나의 제자들에게(FOR MY STUDENTS)." 그 아래 1992년 5월 1일이라는 날짜와 함께 그는 이렇게 적었다. "그리고 특히 로오세벨트 몬타스에게—우리에게는 인문주의 전통을 교직에서 이어갈 지성과 감성을 겸비한 그대 같은 젊은이들이 필요하네." 월리스 그레이가 나에 대해 그런 말을 했다니 아직도 겸허해진다. 그 문구를 쓸 때 그는 자신이 9년 뒤 74세의 나이에 심장마비로 세상을 떠나리라는 걸 알지 못했고, 나는 그가 내 책에 적어주던 말이 예언이었음을 알지 못했다.

나 자신에게 다시 관심을 돌리다

성 아우구스티누스

1992년 1월 성 아우구스티누스의 《고백록》을 읽고 있던 컬럼비아 학생은 나만이 아니었다. 사실 1학년 전교생이 1년짜리 서구 문학 고전 읽기 필수 과정인 교양문학 강좌의 일환으로 같은 주에 그 책을 읽고 있었다. 내가 속한 교양문학 그룹의 학생 22명은 이 책을 비롯해 다른 '위대한 저서'들에 관한 얘기를 나누기 위해 월요일과 수요일마다 2시간씩 모이곤 했다. 우리 선생님은 내가 그의 교양문학 수업을 신청할 무렵 이미 나이가 지긋했던 전설적인 영문학 교수 윌리스 그레이였다.

내가 그레이 교수의 수업을 듣게 된 건 수강 신청 줄을 서 있다가 내 앞의 어떤 학생이 하는 얘기를 우연히 들었기 때문이다. 그는 자기 형도 컬럼비아에 다닐 때 그레이 교수의 교양문학 강좌를 들었다면서 이렇게 덧붙였다. "그것이 자기 인생을 바꿔놓았다고 하더라." 이는 내가 퓰리처 홀(Pulitzer Hall) 앞 8월의 산들바람 속에서 우연히 낚아챈, 사회학자들이 말하는 상당히 큰 '사회적 자본'이었다. 대학 입학 책자에는 내가 동급생들 주변에 있는 것만으로도 많이 배우게 될 거라고 적혀 있었다. 어쩌면 그것이 그 말의 의미였는지도 모른다. 그리하여 나는 2번 연필로 'OMR 카드'에 적당한 동그라미들을 채웠고, 첫 수업 교재로 지정된 《일리아드(Iliad)》의 처음 여섯 권을 진득하게 읽기 시작했다.

> 노래하소서, 여신이여, 펠레우스의 아들 아킬레우스의 분노를.
> 아카이오이족에게 헤아릴 수 없이 많은 고통을 안기고,
> 숱한 영웅들의 굳센 영혼을 하데스에게 보내고,
> 그들의 육신은 개들과 온갖 새들의 먹이가 되게 한 그 파괴를.
> 인간들의 왕인 아트레우스의 아들과
> 고귀한 아킬레우스가 처음에 서로 다투고 갈라선 그날부터
> 이렇듯 제우스의 뜻은 이루어졌도다.[1]

교양문학 강좌를 수강한 수만 명의 컬럼비아 신입생들(freshmen)—그리고 1983년을 기점으로 여자 신입생 학우들(freshwomen)—과 마찬가지로 나의 컬럼비아 교육은 그렇게 시작됐다. 이 수업은 1937년 가을에 1학년 필수 과정으로 도입된 후 자크 바전(Jacques Barzun), 마크 반 도런(Mark Van Doren), 라이어널 트릴링(Lionel Trilling) 등 직급이 혼재된 다양한 전공의 교수진이 가르쳤다. 《일리아드》는 당시에도 그랬고 그 뒤로도 늘 강의 계획서의 첫 번째 책이었다. 아마 컬럼비아에 진학한 다른 고3 학생 대부분이 그랬겠지만, 나는 합격 직후 《일리아드》를 갖고 있었다. 실은 고등학교 때 사회 선생님인 존 필리피디스(John Philippides)로부

터 크리스마스 선물로 받은 것이었다. 필리피디스 선생님은 내가 컬럼비아에 지원하도록 격려하고—돌이켜보니 깨닫는 건데—내가 거기에 맞춰 준비할 수 있도록 최선을 다했다. 이 괴물 같은 텍스트를 이해하려고 노력하는 게 모든 컬럼비아 재학생들이 겪는 지적 성년식, 일종의 통과 의례다.

이미 대여섯 번은 읽었는데도 후텁지근한 그날 오후 위의 문장은 도통 낯설어 보였다—부조화스럽고 너무 격식적인 데다 분석하기 어렵겠다는 생각이 들 정도로 들쭉날쭉했다. 여신. 하데스. 영웅. 영혼. 육신. 개. 분노를 어떻게 노래한단 말인가? 파괴는 또 어떻고? 분노에 **관해**, 파괴에 **관해** 노래하는 것 이상의 의미가 있는 걸까? 분명 그렇겠지. 시인은 "여신이여, 나를 **통해** 노래하소서"를 의미한 걸까? 아니면 "노래하소서, 여신이여, 그러면 제가 듣겠나이다"라는 뜻인가? 더 이상 존재하지 않는 언어로 쓰인 3000년쯤 전의 목소리에서 내가 무엇을 어떻게 이해할 수 있단 말인가? 내가 이걸 읽고 거기에 대해 진지하게 생각한다 한들 도대체 무슨 가치가 있을까? 그리고 거기에 대해 얘기한다고 한들 무슨 가치가 있을까? 틀림없이 아주 유명하고 박식한 분일 우리 교수님은 이 이상한 시에 관해 과연 어떤 통찰을 전달하려는 걸까?

한 쪽 한 쪽 읽을 때마다 끊임없이 증식하며 쏟아지던 이런저런 질문은 곧 해답을 찾든지, 아니면 적어도 내 무지가 어느 정도인지 점진적으로 자각하는 데 한 자리를 차지할 터였다. 그리고 강의 계획서에 있는 책 한 권 한 권, 이를테면 《오디세이(Odyssey)》, 데메테르에게 바치는 찬가(Hymn to Demeter), 《오레스테이아(Oresteia)》 3부작, 소포클레스(Sophocles)의 테베 희곡들(Theban plays), 에우리피데스(Euripides)의 《바카스의 여신도들(Bacchae)》, 아리스토파네스(Aristophanes)의 《구름(Clouds)》, 헤로도토스(Herodotos)와 투키디데스(Thucydides)의 역사서들—전부 컬럼비아 학생이 되어 기숙사 생활을 하면서 새 인생을 시작한 처음 몇 주 동안 읽은 책이다—이 당혹감과 자극 그리고 인식을 불러일으킬 것이었다.

교양문학 강좌의 모델은 1919년 존 어스킨이 컬럼비아 칼리지에 만든 제너럴 아너스라는 과정이었다. 이 과정은 대개 번역본이지만 매주 문학·철학·역사 분야의 고전 한 권 읽기로 이뤄진 집중적 비학제 과정이 학부생들한테 도움이 될 거라는 단순하지만 급진적인 생각에 바탕을 뒀다. 어스킨은 "《일리아드》와 《오디세이》 같은 명작을 마치 즉각적인 연구와 토론이 필요한 최신 출간물처럼 다루는 건 어떨까?"[2]라는 질문을 던졌다. 학계 내부가 어떻게 돌아가는지 잘 모르는 사람이라면 그것이 이미 표준적인 학부 교육의 일부가 아니라는 점이 의아할 테고, 이런 과정을 제공하는 데 어려움이 있다거나 대부분의 경우 불가능할 거라고는 아마 절대 의심하지 않을 것이다.

처음에는 어스킨이 생각한 대로 "교수진이 위대한 저서의 정의를 내리지 못한다는 점이, 적어도 정의에 대해 합의를 보지 못한다는 점이 곧 분명하게 드러났다"(168). 이런 난관으로 인해 하마터면 계획 전체가 무산될 뻔했다. 비록 다른 우려 때문이긴 하지만 지금까지도 가장 중요한 사안에 대해 합의를 이루지 못하는 것은 학부 일반교양 교육의 공통 교과 과정 채택에 계속해서 근본적인 걸림돌이 되고 있다. 컬럼비아 칼리지 교육위원회는 "무의미한 토론에 지칠 대로 지쳐" 이 과정의 '위대한 저서' 선정 임무를 어스킨 본인에게 맡겼고, 어스킨은 "위대한 저서란 오랜 기간 다양한 사람에게 의미가 있고 앞으로도 의미를 지닐 책"이라는 지극히 보편적인 원칙에 따라 75권 정도의 목록을 작성했다(168-169).

어스킨의 제너럴 아너스 프로그램은 1920년부터—어스킨이 신설된 줄리아드 음대(Julliard School of Music) 총장으로 부임한—1928년까지 3·4학년생들에게 소그룹으로 제공되었다. 이 과정은 잠시 중단되었다가 1932년 자크 바전 등에 의해 '중요한 저서들에 관한 콜로키움(Colloquium on Important Books: 'colloquium'은 전문가를 초빙해서 해당 주제를 공동으로 연구하는 모임을 가리킴—옮긴이)'이라는 순진무구한 명칭으로 부활했다.[3] 새 이름은 '위대한 저서 이설(heresy, 異說)'—특정 '위대한 저서'들이 '서구 문명'의 권위 있는 토대를 이룬다는 생각—로부터 거리를 둔다는 표시로 '위대한 저서'라는 말을 의식적으로 피했다.[4] 향후 몇 년 안에 확연해질 콜로키움 과정은 소수의 최우수 학생들에게 국한되었던 제너럴 아너스 과정보다 더 민주적이고자 하는 열망을 담고 있었다.

제너럴 아너스 과정에서는 25~30명의 학생으로 이뤄진 여러 그룹이 수요일 밤마다 만났고 "서로 반대되는 성향 때문에 선정한 강사 2명"(170)이 각 그룹을 지도했다. 제너럴 아너스의 한 유명하고 중요한 그룹을 가르친 이들은 마크 반 도런과 모티머 애들러(Motimer Adler)였다. 애들러는 당시 단 한 권의 소설도 읽은 적이 없다는 소문이 돌던 예일 대학 법학대학원 학장 로버트 허친스(Robert M. Hutchins)에게 이 위대한 저서 아이디어를 소개했다.[5] 허친스는 여기에 푹 빠졌고, 1929년 시카고 대학 총장이 되자마자 애들러를 데려와 학부 교과 과정의 중심에 위대한 저서 읽기

프로그램을 개설했다. 이렇게 위대한 저서 운동이 탄생했다.[6]

1937년 컬럼비아는 학부 교과 과정의 정점으로서 오직 가장 진지하고 야심 찬 칼리지 학생들만 받아들였던 '중요한 저서들에 관한 콜로키움'을 1학년 공통 필수 과정으로 전환하는 과감한 조치를 단행했다. 또한 명의 유명한 교수이자 문학자로 1940년 가을 이 과정을 가르치기 시작해 1956년부터 1961년까지 프로그램 전체를 이끌었던 쿠엔틴 앤더슨(Quentin Anderson)은 5주년을 맞아 초기의 교양문학 강좌를 돌아보며 이 실험이 제기했던 몇 가지 문제를 떠올렸다.

> 컬럼비아 칼리지는 과연 무슨 일에 착수한 것인가!? 스무 권 정도의 책을 번역본으로 읽는다고 영국의 신사 교육을 그럭저럭 대체할 수 있을 거라고 생각한 걸까? 더욱이 그것들을 서둘러 읽고, 특정 전공 분야의 훈련만 받은 탓에 대부분의 독서 목록에 관해 아마추어 수준 이상을 내세우지 못할 교직원들에 의지하면서 말이다. 이 과정은 생각건대 결코 치유할 수 없는 문화적 상처를 감싸는 척하는 시늉에 불과했던가? 더구나 특정 학년에 읽을 도서를 선정하는 행위 자체가 묵시적 공격은 아니었던가? 서구적 전통에 필수적인 게 무엇인지 우리가 과연 규정할 수 있다고 생각했던 것인가?[7]

나는 영국 신사가 되겠다는 하등의 욕망도 없이, 아니 그게 무엇인지에 대한 아무런 생각조차 없이 컬럼비아에 입학했다. 어쨌든 고등 교육 문화에 전혀 노출되지 않은 채 컬럼비아에 온 것은 사실이다. 《성경》 해석에 열심히 몰두한 것과 어릴 때 아버지가 마르크스주의를 독학할 때 주워들은 것을 제외하면 나는 아마 250년에 가까운 컬럼비아 역사상 문학에 가장 무지한 학생이었을 것이다.

어스킨은 "젊은 세대의 문학적 무지"[8]에 관한 나이 든 동료 교수들의 불평에 부응해 1917년 제너럴 아너스 방안을 처음 마련한 터였다. 같은 해 컬럼비아 칼리지는 입학 자격 요건에서 라틴어를 철회했는데, 이는 이민자가 많은 뉴욕 공립학교 출신 학생들이 늘어나고 고전어(古典語)에 중점을 두는 엘리트 사립 중학교 출신은 줄어들 거라는 뜻이었다.[9]

이러한 전통을 관리하던 칼리지의 프레더릭 케펠(Frederic Keppel) 학장은 "컬럼비아에 관해 들려오는 가장 흔한 말 중 하나가 유럽 이민의 관문에 위치한 이곳의 입지 때문에 교양 있는 가정 출신의 학생들한테는 사회적 매력이 떨어진다는 것"이라고 논평했다. 케펠이 명쾌하게 인정했듯 문제는 교내의 유대인 학생 수, 아니 그보다 "컬럼비아는 유럽계 유대인들로 넘쳐나지 않는가?"라는 흔해빠진 질문의 이면에 깔린 "서서히 사라져가는 편견"이었다. 케펠은 상당수 유대인 학생이 컬럼비아에 입학하는 것을 변호하면서 "한두 세대 동안 품위 있는 사회적 배경의 이점을 지녀온" 사람들은 "전적으로 만족스러운 동반자"라고 언급했다. 그러나 그는 또 다른 유형의 유대인 학생들, 즉 "그들의 운 좋은 동포가 지닌 사회적 이점은 없고" 오직 야망만으로 고등 교육을 고려한 사람들에 대해서도 언급했다. "이들 중 일부는 그다지 기분 좋은 동반자가 아니지만 총인원이 많지 않고, 공공 서비스에 뜻을 둔 평판 좋은 기관이라면 어디든 정직성과 좋은 도덕적 품성을 지닌 사람들에게 그들이 큰 희생을 감수하며 얻고자 하는 혜택을 제공할 준비가 되어 있어야 한다."[10]

이러한 말은 1914년이라는 머나먼 세상에서도 보기 드물게 솔직했고, 그렇지 않았다면 상류층이었을 컬럼비아 칼리지 학생들 사이에 오늘날 우리가 '사회적 불우 계층'이나 '소외 계층'이라 부르는 집단을 끌어들이는 걸 옹호하며 쓰였다. 그러나 케펠의 말은 반유대주의 냄새를 풍긴다. 그리고 어쨌든 그것은 컬럼비아의 이른바 '유대인 문제'가 걱정스러운 이들을 납득시키지 못했다. 1920년대와 1930년대에 컬럼비아는 다수의 대학들과 함께 이렇게 '사회적으로 바람직하지 않은' 지원자 수를 엄격하게 제한하기 시작했다. 심지어 1928년에는 브루클린(Brooklyn: 뉴욕시의 다섯 행정구 중 하나—옮긴이)에 '세스 로 주니어 칼리지(Seth Low Junior College)'를 개교했다—말로는 컬럼비아 칼리지와 입학 요건이 똑같은 두 번째 대학이었지만, 사실은 자격을 갖춘 넘쳐나는 지원자를 걸러내는 수챗구멍으로 작용했고, 모닝사이드(Morningside)에 있는 메인 캠퍼스에서 유대인 학생 입학 정원제를 시행할 수 있게 해줬다.[11]

유대인 학생의 유입을 견제하려고 분투한 지 60여 년이 지난 후, 나는 케펠 학장이 의미했던 "한두 세대 동안 품위 있는 사회적 배경"의 이점을 갖고 컬럼비아에 입학한 게 아니었다. 나는 확실히 **다른** 부류의 학생이었고, 비(非)유대인이기는 하지만 그분 말대로라면 아마 나의 컬럼비아 칼리지 동급생 다수에게 "그다지 기분 좋은 동반자"는 아니었을 것이다.

나는 고등 교육 기회 프로그램, 즉 HEOP를 통해 컬럼비아에 입학했다. 이는 대학들과 제휴해 재정적 도움과 학업 수준 미달이라는 혼합 기준에 부합하는 학생들에게 학자금—도서 구입을 보조하는 현찰 지급 포함—을 지원하는, 언제나 공세에 시달리는 뉴욕주의 프로그램이다. 나는 너끈히 두 기준에 부합했다. 여전히 영어 구사력은 불안하고 이민의 충격에서 전혀 헤어나지 못한 상태로 컬럼비아 칼리지에 맞는 학업적·사회적 준비를 마무리할 6주짜리 여름 '브리지(bridge)' 프로그램을 위해 1991년 컬럼비아에 얼굴을 디밀었다. HEOP는 1914년 케펠이 모든 "평판 좋은 기관"에 요구했던 "공공 서비스"의 현대식 구현이었다. 그곳에 내가 있었다, 컬럼비아에, 그런 학생들 중 한 명으로. 나와 내가 속한 30명가량의 HEOP 학생 집단을 기다리고 있는 것은 교양문학 강좌였다. "노래하소서, 여신이여, 펠레우스의 아들 아킬레우스의 분노를."

많은 세월이 지난 후, 나는 이 과정을 가르치기 위해 컬럼비아에 왔다. 처음에는 대학원생으로, 다음에는 대학원을 갓 졸업한 계약직 교수로. 나한테는 9월엔 HEOP 학생들을 가려내는 게 보통은 쉬운 반면, 이듬해 5월이 되면 이들이 눈에 별로 띄지 않는다는 점이 놀라웠다. 도덕 및 정치 철학 텍스트를 살펴보는 교양문학과 비슷한 2학년 수업인 서구현대문명개론의 교수로서 나는 HEOP 학생들의 발전을 면밀하게 흥미를 갖고 계속 관찰했다. 2학년이 끝나갈 무렵이면, 그들은 학문적 세련미란 측면에서 나머지 학생들과 구별되지 않는 경향을 보인다. 그리고 졸업한 그들과 마주치면 그들이 HEOP 학생이었는지 아닌지가 기억나지 않을 때도 있다.

나는 1991년 7월 중순 소지품을 넣은 낡은 트렁크를 들고 암스테르담 애비뉴 쪽 입구를 통해 컬럼비아 캠퍼스로 들어갔다. 케이시(Keysi) 형이 얼마 전 구입한 중고차이지만 쓸 만한 머큐리 링크스(Mercury Lynx)로 나를 태워다줬고, 엄마와 남동생 라이(Ray)가 곁다리를 끼었다. 어떻게 보면 집에서 멀리 간 것도 아니었다. 언제든 지하철을 타고 퀸즈로 돌아갈 수 있었으니까. 그런데도 케이시가 존 제이 홀(John Jay Hall: 미국의 초대 연방대법원장 존 제이의 이름을 딴 기숙사 건물—옮긴이) 안내 데스크에 나를 남겨두고 떠난 후 13층으로 가는 엘리베이터를 탔을 때 심연으로 뛰어든 것 같은 기분이 들었다. 살면서 내가 완전히 분리되어 유체 이탈한 느낌, 발가벗겨지고 외로운 기분에 압도된 몇 안 되는 순간 중 하나였다. "도대체 여기서 내가 뭘 하고 있는 거지?" "난 어디에 있는 걸까?" "집에 가고 싶어." 당시 휴대폰이 있었다면, 당연히 케이시한테 전화를 걸어 다시 와서 나를 데려가달라고 부탁했을 것이다.

그날 아침 일찍 나는 순례 여행에 필요한 막바지 준비물 몇 가지를 사러 사촌인 릭(Rick)과 퀸즈의 코로나 99번가에 있는 울워스(Woolworth) 매장에 갔었다. 릭은 자신의 직감에 따라 진열대에서 푸른색 반다나(bandana)를 고르더니 예식이라도 치르는 양 내게 작별 선물로 건넸다. 나는 그 자리에서 그것을 머리에 두른 다음 가슴을 쫙 폈고, 우린 둘 다 웃음을 터트렸다. 그날 아침은 모든 게 평범하게 느껴졌다. 마치 그냥 똑같은 하루이고, 나는 빨래방에 옷가지를 가져갈 채비를 하고 있을 뿐인 듯했다. 세상이 돌연 바뀌고 있었지만, 내가 그걸 알아차리는 건 역부족이었을 터이다. 지금 와서 생각하니, 그날 아침 내 기분이 극도로 평범했던 게 오히려 수상쩍어 보인다. 돌아가는 상황과 완전히 맞지 않았으니까. 누가 봐도 맞지 않았으니까. 엄마, 케이시, 라이에게 작별 인사를 하고 나서야 내가 알던 모든 것과 단절된 듯한 세상에 또다시 발을 들여놓았다는 사실을 깨닫기 시작했다.

그 전날 밤 집에서 잠자리에 든 후 릭의 엄마인 둘세(Dulce) 이모가 방문을 두드리더니 80달러가 든 봉투를 건넸다. 이모가 가족과 친구들한테서 모은 돈이었다. 그게 그들 나름의 배웅이었고, 장차 벌어질 일을 알아차리는 둘세 이모 특유의 방식이었다. 이모가 아니고서는 누구도 그렇게 할 생각을 못 했을 것이다. 사실 모두가 그때의 상황에 꽤 무심해 보였다. 우리 중 트렁크를 싸 들고 대학에 공부하러 떠난다는 게 무슨 뜻인지 잘 아는 사람은 아무도 없었다. 아이비리그에 대해 들어본 사람조차 단 한 명 없었다. 그러나 둘세 이모는 그날 밤—그 침대, 그 아파트, 그 동네에서 보내는 나의 마지막 밤—이 내 인생의 평범한 밤이 아니라는 걸 알았다. 이모는 일종의 염원이자 인정이기도 한 선물을 내게 전해준 것이었다.

둘세 이모가 그날 밤 내 방문을 두드렸던 기억이 떠올라 눈물을 한바탕 터뜨린 게 불과 몇 년 전 일이다. 어떻게 그 심오한 몸짓을 잊을 수 있었을까? 왜 내가 그걸 잊어버렸을까? 그리고 왜 내가 그때서야 그 일을 기억해냈을까? 판별할 만한 이유가 없는 어떤 임의의 도화선이 나를 강력한 기억에 노출시킨 순간은 그때가 처음이 아니고 마지막도 아니었다. 마치 중력의 왜곡을 유발했기 때문에 천문학자들이 감지한 달 표면 아래의 거대한 물체처럼 이전에는 보이지 않았으나 지하에서 줄곧 위력을 발휘해온 기억이랄까. 이런 기억들 하나하나가 일종의 수수께끼, 선창(船倉)에서 들려오는 알 듯 모를 듯한 메시지, 알고 싶지 않았지만 이제는 어쨌든 표면을 뚫고 나와버린 진실을 말하는 신탁이다.

나는 주머니에 둘세 이모의 봉투를 찔러 넣은 채 교정에 도착했고, 그 봉투는 내가 대면하고 싶지 않은 어떤 것—곧 잊어버릴 테고, 많은 시간이 지나 내 인생의 불안정함이 더 이상 확연하거나 위협적이지 않을 때까지는 기억하지 않을 어떤 것—을 의미했다.

나는 뉴욕시에 있는 대학들에만 지원했다. 살던 곳을 떠나 또다시 낯선 세상으로 옮겨가는 건 견딜 수 없었다. 그러나 여기에 내가 있었다, 이 기숙사 방에 우두커니 선 채. 트렁크와 함께 달랑 혼자, 아무 할 일도 할 말도 갈 곳도 없이. 그날 늦게 이 상황을 정리해줄 오리엔테이션까지 남은 시간을 나는 어떻게 채웠을까? 당장은 심적 공백이 있었다. 내 방 창문 너머로 여름날 일요일의 빈 교정—남쪽 잔디 마당(South Lawn), 로 메모리얼 도서관(Low Memorial Library), 어렴풋이 내 쪽을 보고 있는 왕좌 위의 알마 마테르(Alma Matter) 동상, 요란하게 울려대지만 내 귀에는 공허하게 들리는 리버사이드 교회(Riverside Church)의 종소리—을 바라봤다.

짐도 풀지 않고 나는 아래층으로 내려가 캠퍼스를 거닐었다. 슬픔과 상실감이 서서히 걷히고, 오리엔테이션이 시작될 무렵에는 기본적으로 괜찮았다. 그러나 이 이야기는 흔적을 남겼다. 지금 겪는다면 나는 그와 같은 증상을 공황장애라 부를 것이다.

HEOP는 내가 대학 수업의 강도와 특히 내 글쓰기 실력의 부족함을 깨닫는 데 엄청난 도움을 줬다. 컬럼비아 캠퍼스에 익숙해지고, 온갖 행정 서비스에 대해 알게 되고, 나처럼 컬럼비아에서 가장 가난하고 가장 '위험에 처한' 학생으로 대학 생활을 시작한 학생 집단과 가까워지게 해주기도 했다. 이 정도면 얼떨떨했던 대학의 처음 몇 주를 그래도 조금은 감당할 수 있게끔 만든 상당히 큰 혜택이었다.

그런가 하면 이 프로그램은 내가 다소 불편한 방식으로 낙인찍혔다는 기분이 들게 했다. 여름 동안 학교 측에서는 나의 컬럼비아 입학이 완전히 마무리된 사안이 아니라 여름 프로그램의 성공적인 완수 여하에 달려 있다는 사실을 수시로 상기시켰다. 프로그램은 학업 준비 외에도 우리의 신뢰성을 시험하기 위해 설계한 듯했다. 우리가 캠퍼스에서 얼마나 멀리 벗어날 수 있는지와 관련해서는 엄격한 규칙이 있었다. 110번가에서 125번가 사이, 모닝사이드와 리버사이드 드라이브(Riverside Drive) 사이의 직사각형 구역을 벗어나선 안 되었다. 야간에는 외출을 금지했고, 상주하는 카운슬러들이 매일 밤 우리가 방에 있는지 확인하기 위해 문을 두드리곤 했다. 우리가 규정을 준수하는지 시험하는 것 외에 다른 목적은 없어 보이는 임의의 행동 제약도 있었다. 마치 진짜 컬럼비아 학생이 되었다고 인정받기 전에 우리가 관리하기 쉬운 아이들임을 입증해야 하는 것 같았다. 나는 그런 끊임없는 감시가 굴욕적이라고 생각했다. 그렇지 않다는 명백한 단언에도 불구하고, 내가 입력한 이면의 메시지는 틀림없이 이랬다—우리는 **사실상** 컬럼비아에 속하지 않았다.

여름 동안의 내 경험을 인종차별주의, 엘리트주의 및 역사적 배제의 틀에서 바라보고픈 이들이 있을 수 있다. 하지만 그건 그렇게 간단치 않다. 여름 프로그램을 기획·운영한 사람들은 모두 유색인이었으니까. 게다가 그중 일부는 HEOP 졸업생이었다. 그들은 대체로 자신이 대학 입학 준비를 시키고 있는 학생들과 같은 배경을 갖고 있었다. 우리가 받은 대접이 누가 봐도 우리의 가장 강력한 옹호자이자 지지자인 사람들로부터 나온 게 아니었다면 그걸 버텨냈을 것 같지 않다. 그들은 엘리트 대학 환경의 1세대 저소득층 학생으로서 보통은 자신의 경험에서 우러난, 자신이 보기에 우리한테 가장 필요한 것을 제공하고 있었다. 그들은 우리에게 승부를 걸었고, 컬럼비아 같은 곳에서 우리와 비슷한 배경을 가진 사람들이 성공하는 데 필요한 거의 군대식의 규율을 주입하기로 작정했다. 아마 그들은 6주 프로그램이 다루고자 했던 '불리한 조건'에 맞서 우리가 보유한 최상의 무기는 남들이 당연하게 누리는 것을 자제하는 의지라고 이해했던 것 같다. 우리 앞에 놓인 세상은 사회적 혼란의 심리 통증을 견디는 역량의 시험대가 될 터였다. 아직도 그들의 접근 방식이 옳았다고는 생각하지 않지만, 그 경험에 대해 내가 느꼈던 불만은 세월이 지나면서 누그러졌다.

학부 이후 엘리트 칼리지가 1세대 저소득층 학생들을 대하고 지원하는 방식은 많이 달라졌다. 그러나 심각한 문제는 계속되고 있으며, 일부는 쉽게 해결될 기미가 없다. 내 여름날의 경험이 그 복잡성을 어느 정도 보여준다. 이 프로그램은 내게 전적으로 필요한 도구를 제공했지만, 나의 아웃사이더 지위를 일깨워주기도 했으니 말이다.

오늘날 '소외 집단 정체성'을 가진 학생들에게 중점을 둔 캠퍼스 프로그램의 표어는 '포용'과 '소속감'이다. 그러나 소속감이란 미묘한 것이다. 사람들은 자신이 소속되어 있다는 말을 **듣는다**고 해서 소속감을 느끼지는 않는다. 소속감은 굳이 말로 할 필요가 없는 것에 속한다. 포용에 대한 명백한 제도적 제스처도 거의 언제나 역효과를 부른다. 하지만 제스처는 꼭 하기는 해야 한다. 그것을 제대로 하는 건 적지 않은 도전이지만, 맞닥뜨려야 할 도전이다.

학부 칼리지는 미국의 자유 기업 체제가 만들어내는 사회경제적 계층화에 대응할 강력한 도구다.[12] 칼리지가 이 임무를 적극적으로 추진하지 않을 때, 그것은 사회적 특권을 재생산하고 강화하는 또 하나의 메커니즘이 된다.

칼리지가 평등화 기능을 강화할 수 있는 방안 중 하나는 학생들에게 시민 생활과 사회적 발현을 준비시키는 일반교양 교육 과정을 편성하는 것이다. 현재 많은 사람이, 심지어 학자들까지 고전 공부에 기초한 교양 교육이 엘리트주의적이고 배타주의적이라는 접근 방식을 취한다. 그 밑바탕에 깔린 민주화 욕구, 아니 그것이 계속해서 수행하는—절실하게 공공 담론 및 행위의 도구를 소개받고자 하는 나 같은 학생뿐 아니라 모든 대학생을 위해—민주적 기능은 거의 알지 못한 채 말이다.

소수자 학생들을 전통적인 교양 교육 과정에서 멀어지게 할 때, 우리는 그들에게 비양심적인 폐해를 끼치는 셈이다. 그런데도 이런 짓을 우리는 너무나 흔하게 저지른다. 그들이 자신의 인종적 혹은 문화적 정체성을 확인시켜준다고 생각하는 작품만이 그들의 인간적 경험을 진정으로 밝혀줄 수 있다고 가정한다면, 우리는 그들을 무시하는 것이다. 코어 커리큘럼 안에 기록되어 있는 역사적 발달상의 개념·전통·제도 및 규범은 1990년대 초, 아니 1900년대 초 못지않게 현대 생활에도 스며들어 있다. 코어 교육은 오늘날에도 마찬가지로 모든 학생에게 세상이 어떻게 현재의 상태에 이르렀는지에 대한 역사의식을 각인시키고, 그 역사를 기술하며 거기에 의거해 행동할 공통 어휘를 제공하고, 다양한 배경과 시각을 대화에 끌어들이는 타인들과 소통할 수 있도록 준비시키면서 평등화 기능을 수행한다.

나의 대학 생활 첫해의 1월 말에 교양문학 강의 계획서는 성 아우구스티누스의 《고백록》 차례에 이르렀다. 《구약》의 〈창세기〉와 복음서들을 제외하면 수업 시간에 읽은 다른 모든 텍스트처럼 무슨 내용일지 전혀 예상할 수 없었다.

《고백록》은 성 아우구스티누스가 기독교로 개종하는 여정 이야기다. 그는 어떤 방법으로 신이라는 존재에게 말을 걸 수 있을지 궁금해하며 여러 쪽에 걸쳐 정교하게 《성경》 인용구를 엮으면서 책을 시작한다. 그에게는 자신의 계획—이미 알고 계시며 그에게 표현력 자체를 내려주신 신에게 자신이 도대체 어떻게 해서 그분한테 다가가게 되었는지 설명하겠다는 계획—에 대한 진심 어린 불안이 있다. 그가 태어나기도 전의 이야기에서 이러한 영점(zero-point, 零點)은 마치 아우구스티누스가 자신의 얘기를 시작하지도 못한 채 제자리에서 뱅글뱅글 돌고 있는 것처럼 동어 반복과 역설로 가득 차 있다. 그러나 내게는 깊은 인식의 열쇠인 연약함과 진실함도 있다. "누가 주님을 제 마음속으로 오시게 하여, 제 마음을 사로잡으시는 것입니까?" "제가 주님께 어떤 존재이기에, 제게 주님을 사랑하라고 명하시고, 제가 주님을 사랑하지 않으면 노하시는 것입니까?"[13]

그러나 처음 읽을 당시, 도입부를 지나고 얼마 되지 않아 아우구스티누스가 "내가 유아기에 저지른 죄악"이라고 부르는 것을 묘사하는 대목부터 이해가 안 가기 시작했다. 그는 '유아기(infancy)'라는 말을 글자 그대로의 의미로 사용한다. 'in-fant', 즉 말을 할 수 없는 자(in-fant는 라틴어로 '반대'라는 뜻의 접두사 'in'과 '말하다'는 뜻의 동사 'for'의 변형인 'fans'가 결합한 'infans'에서 파생한 단어—옮긴이). 그는 자신의 인생에서 그 시기를 기억하지 못한다고 인정하면서도, 어린아이들을 관찰해 자신의 유아기 죄악을 고백하는 데 필요한 정보를 얻는다고 말한다. 그는 아기들의 "젖 달라는 탐욕스러운 울음"과 자신이 바라는 걸 얻지 못할 때 "몹시 분노하는"(9) 데서 다른 사람이 "내 뜻대로 하도록"(10) 만들겠다는 욕망에 불가항력적으로 이끌리는 병적인 의지, 죄악 본성의 흔적을 본다. "제게 복종하지 않는 어른들에게, 제가 원하는 것을 들어주며 섬기지 않는 자유인들에게 분노하곤 했습니다. 그러면 저는 큰 소리로 시끄럽게 우는 것으로 그들에게 복수했습니다"(7)라고 그는 말한다.

이 부분을 처음 읽을 때는 아우구스티누스가 분명 기본적인 실수를 하는 것 같았다. 예컨대 계획적이고 고의적인 것처럼 상징을 매개로 아기가 세상을 이해하는 방식의 일부일 가능성이 절대 없는 것을 언어 습득 이전 유아들의 인지 과정 탓으로 돌리고 있으니 말이다. 아기는 **추론**하지 않는다. **선견지명**을 가지고 행동하지 않는다. **전자**를 성취하기 위해 **후자**를 하지 않는다. 그냥 본능에 따라 자기 보호 프로그램을 실행할 뿐이다. 진화에 대해 전혀 모르더라도 그건 알 수 있다. 아우구스티누스는 이 개연성 없는 말을 왜 힘들여 하는 것일까?

《고백록》 앞부분에는 흥미를 잃게 만드는 대목이 또 있었다.

> 저는 질투하는 아기를 직접 관찰하고 연구했습니다. 그 아기는 아직 말을 할 줄 모르는데도, 질투와 괴로움으로 낯빛이 하얘져서는 자기가 먹던 엄마의 젖

> 을 빨고 있는 자신의 형제를 노려보는 것이었습니다. ……어떤 아기가 혼자 배불리 먹고도 넘칠 만큼 젖이 풍부한데 오로지 그 한 가지에 생명 줄이 달린, 너무나 허기진, 피를 나눈 형제에게 그 일부가 돌아가는 것을 용납하지 못한다면, 어떻게 그런 아기를 순진무구하다고 말할 수 있겠습니까?(9)

아기에 대한 아우구스티누스의 이런 묘사는 인간이 잉태되는 순간의 죄악으로 인해 선천적으로 타락하고 더럽혀졌다는 기독교 교리에 맹목적으로 몰입한 데서 나온 것 같았다. 내 생각에 이 교리를 잠자코 받아들이는 것과 아기의 행동을 지켜보며 그것을 악의적인 의도 탓으로 돌리는 것은 전혀 달랐다. 그것이 나한테는 그가 신앙의 문제로 받아들였다가 이제 아기의 전의식(前意識)적 행동에 대한 모호한 해석을 기초로 발전시켜보려던 미심쩍은 생각의 엉성하고 불성실한 정당화로 보였다. 이는 내가 도미니카공화국에서 자랄 때 내 주변의 기독교인들에게서 본 적 있는 행태의 아주 약간 더 정교한 버전이었다. 나는 그게 늘 짜증 났었다. 그런데 컬럼비아 교수진이 고대 사상의 눈부신 업적 중 하나라며 내게 내놓은 고대의 존경받는 출전(出典)에서 그것을 목격하다니 당혹스러웠다. 아우구스티누스의 논법이 부정직한 억지라고 느꼈다. 이걸 내가 진지하게 받아들여야 했을까? 아니면 맹목적인 신앙이 어떻게 '위대한' 사상가마저 단세포적인 광신도로 둔갑시킬 수 있는지에 대한 본보기로 이 책을 읽고 있었던 걸까?

하지만 유아기의 죄악에 관한 이 당황스러운 도입부의 반복적인 문구에도 불구하고, 《고백록》은 내게 엄청난 영향을 미쳤으며 몇 주 동안은 삶의 한 가지 가능한 방식으로서 기독교에 대한 내 의식을 되살리기까지

했다. 나는 아우구스티누스에게서 내 경험이 메아리치는 것을 여러 차례 발견했다. 그가 오랫동안 거부하고 조롱하다 기독교를 받아들인 것이 몇 년 전에 한 나의 개종을 상기시켰다. 암브로시우스(Ambrosius) 주교와 그의 관계는 나의 목회자가 된 에르네스토 세르반테스(Ernesto Cervantes)와 나의 관계를 떠올리게 했다. 젊은 시절 무시했던 기독교가 유일하게 가능한 버전은 아니라는 그의 발견, 부인하고 회의에 빠졌다가 개종한 그의 점진적 변화, 그의 절실한 필요성, 지칠 줄 모르는 그의 지성, 채워지지 않는 그의 호기심…… 이 모든 것이 내게 깊은 반향을 불러일으켰고, 아우구스티누스한테서 나와 아주 가까운 친족 같은 존재, 내면생활의 종잡을 수 없는 뭔가를 이해하는 듯한, 그리고 그 진솔함과 열정으로 나를 무장 해제시키는 그런 작가의 존재를 인식하게 만들었다.

대학 신입생인 나는 낯설고 혼란스러운 내 삶을 파악하고 내가 처한 이 종잡을 수 없는 세상에서 발 디딜 곳을 찾으려 필사적으로 몸부림치고 있었다. 나는 고등학교 때 내가 복음주의 기독교로 이끌렸던 경위를 알아내려 애쓰는 한편, 그것이 제공하는 확실성과 정서적 위안을 힘겹게 내던지고 있었다. 내가 어떤 사람이고, 장차 어떤 사람이 될지 알고 싶었다.

열여덟 살에 퀸즈의 친척들로부터, 에르네스토의 도움을 받아 믿기 시작한 교회로부터, 도미니카공화국의 어린 시절로부터, 그리고 부모님으로부터 벗어난 나는 내 처지를 파악하고 정체성의 확고한 중심을 찾기 위해 다급하게 노력하고 있었다. 열두 번째 생일을 맞이하기 이틀 전인 1985년 5월, 나는 영어 한마디 못 하고 나한테 무슨 일이 벌어질지 전혀 모른 채 뉴욕의 존 F. 케네디 국제공항에 도착했다. 다른 사람들도 모르는 건 마찬가지였다는 사실을 나는 이제야 깨닫는다. 1980년대 중반에는 도미니카공화국에서 미국으로 갈 합법적 이민 기회가 생기면, 왜 그래야 하는지 혹은 도착하고 나서 뭘 할지 묻지 않았다. 그냥 그렇게 했다. 그래서 그렇게 된 것이다.

미국에서 내게 벌어진 일은 이윽고 변칙적인 형태를 띠기 시작했다. 형과 나를 데리고 온 아버지는 미국에서 엄마와 재결합해 새로운 삶을 시작할 생각이 없었다. 그는 도미니카공화국으로 돌아가 내가 다섯 살 때 엄마와 이혼한 후 꾸린 가정과 일생을 보낼 작정이었다. 뉴욕 생활 3년째인 엄마는 복잡한 삶을 헤쳐 나갈 준비가 안 되어 있었다. 브루클린에 있는 공장의 최소 임금 일자리에서 잘리더니 형과 내가 신뢰할 수 없어 함께 살기를 거부했던 한 남자와 어울리기 시작했다. 대신 우리는 후안(Juan)과 페파 알칸타라(Fefa Alcántara)의 집 지하방에서 아쉬운 대로 삶을 꾸려나갔다. 밥은 대가족인 알칸타라 식구들과 먹었다. 형은 백화점 경비 자리를 얻었고, 버는 돈을 거의 모두 생활비로 내놓았다.

똑같이 오순절교회 신자인 아버지와 사촌 페파는 별로 가깝지 않았다. 사실은 공식 석상에서만 다정했다. 그러나 아버지는 페파의 남편 후안과는 평생지기였고, 캄비타에 살 때 친구 후안과 사촌 페파의 절절한 청춘의 사랑이 이뤄지는 데 핵심 역할을 했다. 우리가 페파의 집으로 이사한 것과 관련해서는 비용에 대한 어떤 명백한 합의도 없었다. 1980년대 중반임에도 마치 다른 시대로 되돌아간 듯한 세상의 친구와 친족 사이에서만 이해할 수 있는 어떤 게 있었을 뿐이다. 그 구식의 세계에서 상호 간 의무란 굳이 명시할 필요가 없는 것이었다. 어려움에 처한 사람은 도움을 청하지 않았다. 도움을 주는 사람도 그것을 언급하지 않았다. 그러나 우리가 도미니카공화국 사람들이 말하는 이른바 아리마도(arrimado)—딱히 손님도 아니고 하숙인도 아닌 그 중간, 말하자면 주인이 가족이라는 의무를 갖고 받아들이는 데 의존하는 난민—가 되리라는 건 부인할 수 없었다.

그렇게 해서 뇌하수체가 내 몸을 청소년으로 변모시키기 시작한 바로 그 시기의 몇 달 사이에 내가 그때까지 살았던 삶은 나 자신도 알 수 없는 뭔가로 변질되어버렸다. 그리고 그렇게 종교의 기운이 내게서 무르익었다.

온 가족이 종교적으로 각성하는 대격변이 일어난 것은 안 그래도 많은 페파의 부양할 식구와 신경 쓸 아이들 명단에 형과 내가 추가된 바로 그 시기였다. 형은 받아들이지 않았지만, 나는 정신없이 휩쓸려갔다. 나는 나의 아버지, 나의 이성, 내가 아는 자칭 기독교인들의 광신주의가 내 안에 불러일으켰던 연약한 무신론을 내버리고 새로우면서도 경이로운 구원의 달콤함에 빠져들었다.

도미니카공화국에서부터 가져온 금욕적인 오순절교회를 대체하며 가정에 급속히 퍼진 기독교 종파는 '믿음의 말씀(Word of Faith)'이라 불렸는데, 카리스마 있고 화술 뛰어나고 기적을 행하고 번영을 내세우는 미국인 사도들의 탄탄한 족보를 갖고 있었다. 그러나 나를 끌어당긴 건 이런 면들—내게는 항상 좀 의심스러워 보였다—이 아니었다. 무엇보다 새로운 복음을 주창한 인정 많고 자석처럼 사람을 잡아끄는 사자(messenger, 使者) 에르네스토 세르반테스 때문이었다. 새로운 계시는 도미니카공화국에서 내가 알았던 산간벽지 오순절교회의 독선적인 엄격함과 편협함을 거부했다. 그것은 신앙생활이 사실은 이성과 양립할 수 있다고 주장했다.

이 메시지는 페파의 가정에 들어와 변혁을 일으켰다. 기독교에 대한 이 새롭고 활기찬 지식은 가족이라는 기둥이 받치고 있던 현지 오순절교회와의 대립을 불러왔다. 새로운 운동에는 저항의 풍조도 있었다. 에르네스토가 낡은 교리의 독단으로부터 가족을 해방시키는 걸 지켜보면서 나는 짜릿했다. 게다가 에르네스토는 그 일을 내가 신앙인한테서 한 번도 본 적 없는 매력과 온정과 지성으로 해냈다.

명석하고 꼼꼼한 독서가 에르네스토는《성경》공부를 위해 월요일 밤마다 가정 방문을 시작했다. 나는 예의상 참석하긴 했지만 그것이 점차 진정한 흥미로 바뀌었다. 그는 나의 관심과 호기심을 알아챘다. 딸의 생일 파티에 나를 초대하기도 했다. 그는 내 질문을 진지하게 받아들이고, 내가 제기하는 모든 쟁점—하느님의 예지와 우리의 자유 의지에 관해, 아버지가 상세히 설명하는 걸 들으며 커져버린《성경》의 내부적 모순에 관해, 기독교와 제국주의의 공모에 관해, '대중의 아편'으로서 종교에 관해—에 답변을 해줬다. 훌륭한 답변을.

에르네스토의 개인적 흥미와 내게 자양분이 되는 관심—그리고 그의 기독교적 시각이 제공하는 새로운 파노라마—이 거부할 수 없을 만큼 나는 좋았다. 지목과 관심을 받는다는 게 마냥 좋았다. 누군가 나를 지켜본다는 게 좋았다. 머지않아 나는 암브로시우스 주교의 설교에 영향받은 밀라노의 아우구스티누스와 같은 입장이 되었다. "우리를 속인 저들이《성경》을 비방하기 위해 얼기설기 엮어놓았던 저 교묘한 매듭들이 풀릴 수 있다는 것을 점점 더 확신하게 되었습니다."[14]

새롭게 얻은 신앙은 내 삶에 행복한 나날을 안겨줬고,《흠정영역성경》을 매일 열심히 탐독하면서 내 영어 학습 속도도 빨라졌다. 페파의 집에서 나는 더 이상 부담스러운 이교도가 아니라 기적적인 축복이자 새로운 메시지의 위력을 보여주는 증거였다. 나의 개종은 이 가족에게 빛을 선사했고, 페파의 자녀들과 더 친하게 만들어줬고, 낯선 세상의 이방인이라는 나의 기분을 일시적으로나마 없애줬다. 우리는 함께 기도하고, 함께 노래하고, 함께 교회에 갔다.

이 모든 기억이 1992년 1월 성 아우구스티누스의 《고백록》을 접했을 때 나에게, 생생하게 나와 함께 있었다. 《고백록》은 대단히 개인적인 책이며, 언제나 은밀하게 속삭이는 대화 속으로 막 걸어 들어가는 느낌을 준다. 이 책은 당신을 초대해 아우구스티누스와 그의 하느님 사이의 마음 툭 터놓는 질문과 절박한 대화를 들여다보게 한다. 주체는 아우구스티누스 본인이다. 아우구스티누스가 되는 여정. 관심의 대상은 자기(自己)다. 이것은 아우구스티누스의 자기 분석이다.

우리는 아마 성 아우구스티누스의 심리와 내면생활을 다른 어떤 고대인에 대해서보다 더 많이 알고 있을 것이다. 개종하기 전에 그는 유명한 수사학 선생이었고, 따라서 자기 탐구와 인생 이야기를 들려줄 때 타의 추종을 불허하는 다양한 수사학 도구를 마음껏 사용했다. 그의 표현력—특히 감정과 내적 경험을 묘사하는 기량—은 근대 이전의 어떤 누구와도 다르다.

《고백록》의 처음 몇 권은 느리게 진행되며, 아우구스티누스는 쓸데없이 돌려 말하기 일쑤다. 가장 흔한 얘기를 할 때조차 《성경》 인용에 의존하고 어떤 주제에도 진득하게 몰두하지 못한 채 호기심으로 여기저기 기웃대는 것처럼 느껴져 짜증이 날 수도 있다. 책의 두 번째 단락이 어떻게 시작되는지 보자. "주님, 저로 하여금 알게 하시고 깨닫게 해주소서(〈시편〉 118: 34, 73, 144). 주님의 이름을 부르는 것과 주님을 찬양하는 것 중에서 어느 쪽이 먼저이고, 주님을 아는 것과 주님의 이름을 부르는 것 중에서 어느 쪽이 먼저인지를. 그러나 주님을 알지 못하는데 누가 주님의 이름을 부를 수 있겠습니까? 주님을 알지 못하는 자는 주님의 이름을 부른다고 해도 주님 대신 다른 존재를 부를 것이기 때문입니다. 그러나 주님이 알려져 있는 기도 속에서는 주님의 이름을 분명히 부를 것입니다."(3) ……그리고 계속 또 이어진다. 가히 짜증을 부를 만하다. 특히 내가 교양문학 수업을 들었을 때처럼 급하게 읽고 있다면 말이다. 그러나 그 힘든 도입부를 일단 통과하고 나자 아우구스티누스가 나를 잡아끌었다. 인간 심리를 파고드는 그의 통찰은 명료하고 심오했으며, 내가 이해하는 언어로 다가왔다.

여러 해가 지난 후 이 책을 컬럼비아 1학년 학생들에게 가르치면서 나는 나를 변화시켰던 텍스트와의 첫 만남이 일반적인 18세 아이들한테는 규칙이라기보다 예외라는 걸 알았다. 많은 학생이 문학 작품과의 강렬한 만남을 뒷받침할 공감대를 구축하는 데 어려움을 느낀다. 학생들이 아우구스티누스와 이런 유대를 형성하기 힘든 이유는 우리에게 깊숙이 박혀 있는 탈기독교·탈근대적 상황 때문이라는 게 내 생각이다. 탈신앙적인 우리의 세상에서는 신의 존재를 생생하게 의식하며 살아가는 사람의 정신세계에 머무르기가 어렵다. 학생들 중 일부는 진리에 대한 진심 어린 갈망, 진리의 가능성을 인정하는 것마저 주저한다. 그런 것은 지적인 유행에 뒤떨어지기 때문이다.

교양문학 과정의 《고백록》 수업은 학생들에게 이러한 정서적 확대를 촉진하는 작업도 포함된다. 모든 인문학 교육이 그렇듯 어떤 면에서는 신비롭고, 명확한 설명보다는 마음에서 마음으로의 연쇄적 파급을 통해 더 많이 일어나는 과정이다. 인문학 교수법을 효과적으로 만드는 것은 학생들에게 낯설 수도 있는 것에 생기를 불어넣고 얼핏 보면 죽은 것처럼 보이는 것에서 활력 넘치는 강렬한 목소리를 불러내는 강사의 역량이다.

교양 과목 수업에서 선생 개개인이 그토록 중요한 이유는 그 때문이다. 특히 1학년의 토론식 수업에서는 선생이 강의의 성패를 좌우한다. 내가 코어 커리큘럼 연구소 소장을 맡았던 초기에 본인 역시 학부 시절 코어 과정을 거친 자닌 드 노바이스(Janine de Novais) 부소장은 소수 집단 학생들이 코어 수업 시간에 겪는 경험을 논의하는 교수 회의 자리에서 벌떡 일어나더니, 내 생각엔 어디 눈에 잘 띄는 장소에 새겨서 전시해야 마땅한 발언을 했다. "코어는 잘 가르치지 않으면 가르친 게 아닙니다."

자닌의 금언은 유색인 학생이나 외국 학생 또는 가난한 학생이 배제 혹은 뭔가 소외되었다고 느끼는지 여부를 결정하는 것은 코어 과정의 독서 목록이 아니라는 사실을 시사한다. 결정적 요인은 그 텍스트를 가르치는 방식과 강사가 교실에서 조성하는 분위기다. 그리고 자닌의 요지는 소수 집단 학생들의 경험이 아니어도 유효하다. 의욕적이고 능숙한 가르침은 교양 교육의 필수 구성 요소다. 부가적 요소나 보너스가 아니라, 그것 없이는 교양 교육이 그야말로 이뤄지지 않는다. "코어는 잘 가르치지 않으면 가르친 게 아닙니다." 좋든 나쁘든 교양 교육은 인격이 중심을 이루는 모험이고, 선생과 학생 간 대단히 개인적이고 다소 특별한 방식의 친밀한 유대를 통해서만 이 과업을 달성할 수 있다.

제너럴 아너스 과정이 선생에게 무엇을 요구하는지에 관한 존 어스킨의 고찰은 교양 교육 전반에도 해당한다.

위대한 책이 우리의 삶 자체가 아니라면, 그것을 우리가 직접 읽거나 우리 학생들이 그것에 대해 토론하는 걸 들을 수 있는 다음 기회를 갈구하듯 고대하지 않는다면, 캠퍼스나 학교 복도를 거닐 때 충동적으로든 자진해서든 우리가 머릿속으로 그것을 곰곰이 생각하지 않는다면, 그것은 우리가 제자들에게 내놓는 식은 요리일 뿐이며, 그들은 우리의 본을 받아 위대하고 숭고한 사상을 저온(低溫)에서 저급한 수준으로 논의하게 될 것이다.[15]

교양 교육은 이 과업에 대한 개인적 투자가 없으면 해낼 수 없고, 판에 박힌 일과로 수행해서도 안 되며, 조작할 수도 없고, 대량 생산할 수도 없다. '신학 대학 연설(Divinity School Address: 에머슨이 1838년 하버드 신학대에서 전통적인 기독교의 오류를 지적하며 교회의 변화를 주창한 연설—옮긴이)'에서 랠프 월도 에머슨(Ralph Waldo Emerson)은 교양 과목 교수에게 바로 적용할 만한 표현으로 목회자의 역할에 대해 얘기했다. "진정한 목회자는 이것으로 알 수 있다. 즉, 그는 회중에게 자신의 삶—사상의 불꽃을 거쳐온 삶—을 나누어준다."[16] 말하자면, 교양 과목 선생은 자신의 지적 활력으로 학생들 앞에 불꽃을 일으킨다. 이 불꽃 일부가 마른 불쏘시개에 내려앉아 학생들 각자의 불꽃을 피우기 시작한다.

대학 새내기 때 나만의 종교적 경험은 장점이 되었다. 다른 애들한테는 없는, 아우구스티누스에게로 들어가는 입구를 내게 마련해주었으니 말이다. 그의 정신력, 그의 표현미, 그의 글에 깃든 통찰의 깊이가 나를 사로잡았다. 아우구스티누스는 자기 정신세계의 바닥까지 보여주면서 나의 내면에 접근할 수 있는 언어를 나에게 제공해줬다. 그는 미국에서, 뉴욕시에서, 컬럼비아에서 성년기로 넘어가던 나의 의심과 혼란 가득한 감정적 황무지를 탐구할 하나의 모델과 일련의 질문을 나에게 던져주었다. 내가 이 성자에게서 가장 놀란 점은 아마도 자신의 마음이 불가사의하다는, 그 내부 깊숙한 곳은 어두운 미지의 세계로서 보통은 접근할 수 없다는 그의 자각이었던 것 같다. 하지만 그는 자신의 내부로 점점 더 깊이 파고들어 기어이 자신이 받아들일 유일한 형태의 진리를 발견하는 데 집요하게 몰두했다. 나는 전혀 현학적이거나 독단적인 성인이 아닌, 세상에서 자기 존재를 이해하려고 필사적으로 애쓰는 불안정하고 어린아이 같은 한 인간을 보았다.

아우구스티누스는 지칠 줄 모르는 지성뿐 아니라 관능적이고 열정적인 성격의 소유자였다. 《고백록》 전체에서 그가 가장 즐겨 하는 말 중 하나가 '달콤함(suavitas)'이다. 그는 쾌락—영적·지적·육욕적—에 아주 민감했다. 가령 그가 개종하는 데 큰 장애물은 성관계를 포기해야 한다는 것이었다. 인간 삶의 육체적 쾌락 및 고통은 《고백록》이 극히 일부를 차지할 뿐인 그의 저술 전체에 걸쳐 탐구와 신학적 사색의 끊임없는 대상이다. 그의 글은 쾌락에 대한 집착이 금욕주의자의 진정한 표시라고 설명한다. 금욕적 삶을 택하는 사람은 쾌락에 가장 둔감한 이들이 아니라, 마치 술을 너무나 좋아하기 때문에 음주를 전적으로 포기해야 하는 알코올 중독자처럼 그것의 매혹에 가장 취약한 이들이라는 얘기다. 그리하여 아우구스티누스는 모든 금욕주의자와 마찬가지로 쾌락에 아주 약했고, 자신이 택한 금욕적 삶의 영적 쾌락과 황홀경을 거듭 강조한다. 아우구스티누스가 독신주의와 그 밖의 고된 수도 생활을 수행할 때 사실은 쾌락을 포기하지 않았다는 생각이 불현듯 선명하게 떠올랐다. 대신 그는 한 종류의 쾌락을 다른 종류와 맞바꾼 것이었다. 그의 인생은 무미건조한 단조로움과 고립적인 생활이 아니라, 내면의 드라마와 모험 그리고 삶을 확장하는 발견들로 꽉 찬 삶이었다.

그럼에도 불구하고 아우구스티누스가 가장 강한 애착을 가졌던 것은 결국 진리와 거기에 다다를 가능성이었다. 《고백록》에는 진리를 찾아내고 그것에 따라 살겠다는, 다른 무엇보다 우선시되는 인식론적 절박함이 있다. 이 책의 에너지는 앎에 대한 불안감, 지적인 닻을 내릴 곳을 찾아야 한다는 불안감에서 나온다. 아우구스티누스의 말을 옮기면 이렇다. "제가 확실히 찾을 수 있는 것을 발견해야 한다는 걱정이 저의 활력을 갉아 먹었습니다"[17] "우리의 마음은 주님 안에서 안식할 때까지 쉴 수가 없습니다."[18] 이것이 그의 방식이었다. 그리고 이는 또한 내 안 깊숙한 곳에 있는 어떤 핵심을 건드린 자극이기도 했다.

《고백록》은 386년 7월 밀라노에 있는 아우구스티누스의 저택에서 절정에 다다른다. 아우구스티누스와 그의 절친한 벗 알리피우스(Alypius)는 그들 두 사람과 마찬가지로 로마 제국 말기의 복잡한 사회 계급 체제 안에서 상당한 성공을 거둔 폰티키아누스(Ponticianus)라는 또 다른 아프리카 출신 망명자의 방문을—예고도 없이 불쑥—받는다. 폰티키아누스는 한 이집트 수도사에 관한 전기 《안토니우스의 생애(The Life of Antony)》를 읽고 막 기독교로 개종한 참이었는데, 안토니우스는 어떤 면에서는 알렉산드리아(Alexandria)의 아타나시우스(Athanasius)가 쓴 이 전기 때문에 기독교 수도 생활의 대표적 인물이 된 터였다. 동료와 한가로이 산책을 하던 중 그 책에 대해 알게 된 폰티키아누스는 거기에 담긴, 신에게 완전히 몰두하는 삶의 매력에 압도되었다. 아우구스티누스는 이렇게 쓴다.

> 그 사람은 책을 읽다가 갑자기 거룩한 사랑과 건전한 수치심으로 충만해서, 자기 자신한테 화가 나서 자신의 친구를 쳐다보며 이렇게 소리쳤답니다. "우리가 도대체 무엇을 이루기 위해서 이렇게 죽도록 일하는 것인지 제발 자네가 내게 말 좀 해주게. 우리 인생의 목표는 무엇인가? 우리가 공직을 맡아 일하는 동기가 무엇인가?"[19]

나는 1992년 내가 가진 책의 이 문단 옆 여백에 이렇게 썼다. "질문들." 이것들이 내게는 사실상 가장 커다란 질문처럼 보였다. 지금도 여전히 그렇다. 그것을 한마디로 요약하면 이렇다. "애써 얻으려고 노력할 가치가 있는 것은 무엇인가?" 이는 자유인의 삶에 대한 질문, 행동과 추구의 자유가 불가피하게 제기하는 질문이다. 교양 교육이 계속해서 던지는 질문이다.

개인의 자유가 정치적 가치의 길잡이가 되는 자유민주주의 국가에서는 이 오래된 질문이 특히 강력한 기세로 한 사람에게 닥쳐온다. 자유민주주의 국가에서 국민의 실질적 선택은 흔히 많은 제약을 받으며 개인의 자유라는 꿈은 다수에게 그야말로 꿈일 뿐이라는 사실을 부인하자는 게 아니다. 그러나 많은 이들에게—그 안에 속하는 나에게도—현대 생활은 역사상 다른 어떤 시대에도 상상할 수 없었을 만큼 인간이 자신의 운명을 개척할 자유를 제공하는 것 또한 사실이다. 내가 막 청소년기에 접어들 무렵 미국에 온 것은 그 자유를 엄청나게 확대해줬다. 낯설고 상상할 수 없는 가능성으로 가득 찬 세상이 내 앞에 놓여 있었다. 나는 죽도록 일해서 무엇을 이루고 싶은가? 내 인생의 목표는 무엇이었나? 내가 고군분투하는 목적은 무엇이었는가?

폰티키아누스의 개종은 아우구스티누스가 밀라노 저택 정원의 무화과나무 아래에서 쓰러지고, 그에게 신의 은총이 내리는 《고백록》의 절정의 순간을 유발한 계기다. 폰티키아누스처럼 개종의 순간 그 매개체가 된 것은 텍스트—이 경우는 신자들에게 방탕하거나 술에 취하지 말며 음란하거나 호색하지 말며 다투거나 시기하지 말고 "오직 주 예수 그리스도로 옷 입고 정욕을 위하여 육신의 일을 도모하지 말라"[20]고 가르친 사도 바오로의 말씀—다.

참되게 느껴지는 영성(靈性)을 나는 아우구스티누스를 통해 처음 봤다. 그것은 내 최초의 경험이었다. 그것이 어떤 특정 신앙을 강화한 것은 아니지만, 나를 더 깊이 있게 만들어줬다. 나는 아우구스티누스를 읽었다. 아우구스티누스를 게걸스럽게 섭취했다. 내 마음속에 아주 사소한 의혹으로만 남아 있던, 가장 심오한 질서를 갖고 있던 신학적 질문들이 갑자기 눈부신 계시가 되었다. 묻고, 묻고, 또 묻기를 두려워하지 않으며 자신의 이성을 납득시키는 동시에 마음을 충족시키지 않으면 어떤 것에도 안주하지 않으려는 한 인간이 여기 있었다.

나는 아우구스티누스를 통해 예전에는 전혀 몰랐던 세상에 관해 알았다. 나는 나 자신에 관해, 그리고 진정으로 살아볼 만한 가치가 있는 것처럼 보이기 시작한 종류의 삶에 관해 알았다. 나는 아우구스티누스를 통해 어쩌면 내가 미국에 올 때 가졌던 것과는 다른 무신론, 아니 어쩌면 더 높은 부류의 신앙, 진리에 온전히 충실한 마음의 토양에서 자라난 신앙을 위해 복음주의 신앙과 교회를 영원히 떠나야 한다는 걸 알았던 것 같다. 어디로 갈지는 몰랐지만 나는 방향을 재설정했고, 왠지 명확해졌고, 그런대로 내 인생을 진짜처럼 여길 만한 조건을 알게 되었다. 나는 여전히 삶의 수수께끼들을 진솔하게 붙들고 씨름하는, 진리에 충실한 삶의 가능성을 봤다. 아우구스티누스를 통해 나는 진리를 향한 나의 가장 깊은 갈망과 그 진리가 지닌 집요한 모호성에 관해 확대되는 인식의 화해 가능성을 봤다.

나의 대학 첫해는 일종의 새로운 생명을 내게 불어넣었다. 그 시기는 나의 개인적 경험을 더 넓혀 우주적이기까지 한 맥락 속에 위치시켰다. 그리고 아우구스티누스는 신에 대한 내 믿음을 명확하게 부활시킨 것은 아니지만 나 자신의 경험에 대한 믿음을 되살렸고, 기독교와의 은밀한 만남에 존엄성과 정당성을 부여했고, 궁극의 선(善) 추구에 전념하는 삶을 지향하는 나의 가장 깊은 충동을 긍정해줬다. "이것이 폰티키아누스가 들려준 이야기였습니다. 그러나 주님, 그가 이런 이야기를 들려주는 동안 주님께서는 저 자신에게 다시 관심을 돌리게 하셨습니다. 저는 그동안 저 자신을 찬찬히 뜯어보기 싫어서 제 등 뒤로 던져놓았는데, 주님은 그런 저 자신을 끄집어내시어(《시편》 20:13) 제 코 앞에 들이미셨습니다(《시편》 49:21)." "주님, 당신은 지극히 온유하시고 자비로우신 손길로 조금씩 제 마음을 어루만지고 안정시켜주셨습니다."[21]

독자로서, 선생으로서 내가 아우구스티누스와 함께 살아온 지도 이제 거의 30년이 되어간다. 처음 젖 달라는 아기의 울음소리에 대한 아우구스티누스의 독단적이고 편협한 판단이라 생각했던 부분도 지금은 다른 시각으로 보인다. 컬럼비아 코어 커리큘럼에서 내가 읽고 있던 다른 오래된 이상한 책들이 대부분 그렇듯 이따금 거슬리기도 하는 아우구스티누스의 관찰은 내가 처음 의심했던 것보다는 이치에 더 맞는다는 게 드러날 것이다.

나는 도미니카공화국의 큰 산맥 골짜기에 자리한 소도시 캄비타가라비토스에서 천진난만한 아동기를 보냈다. 캄비타에는 한쪽 방향에 6개, 다른 쪽 방향에 4개의 길이 뻗어 있었다. 내 어린 시절 기억 속에 마치 주문처럼 입력된 주소는 calle seis, casa siete, 즉 6번가 7번째 집이다. 지금은 길마다 이름이 있고, 도시 변두리에는 내가 자랐던 원래 블록보다 더 넓은 동네들이 우후죽순 생겼다. 도로는 내가 아주 어릴 때 어느 시점엔가 포장을 했다. 어렴풋이 트럭, 자갈, 타르의 뜨거운 냄새, 거대한 롤러(roller)가 기억난다. 덜커덩거리며 마을로 들어오던 거대한 기계는 우리 꼬마들 중 누구도 본 적 없는 단연 가장 멋진 볼거리였다. 내 어린 시절의 또 다른 어느 시점에는 우리한테 반쯤 믿고 마실 수 있는 수돗물이 생겼다. 아버지가 한동안 '송수로'를 해결하려고 '건달들'과 자주 어울렸던 기억이 나는데, 어느 날 개통식이 열리더니 부엌 수도꼭지에서 물이 나왔다. 캄비타에는 마을에 하나뿐인 전화기를 보유한 주유소가 있었다. 사람들은 전화기를 들고 기다리곤 했다. 이윽고 여성 교환원이 반대편에서 뭐라 뭐라 말을 하면 그녀에게 걸고 싶은 전화번호를 얘기했다.

나는 어디든 마음껏 달릴 수 있었다. 그래서 많이 뛰어다녔다. 거의 발가벗은 채 비포장도로와 먼지투성이 길을 따라 달리며 이웃집 나무의 과

일을 몰래 따먹었다. 하지만 유명한 배 도둑질 사건 이후 아우구스티누스를 괴롭혔던 것과 같은 고통은 절대 따라오지 않았다. 나는 훨씬 더 맛좋은 별미 과일을 찾기 위해 위험을 무릅쓰고 산에 오르기도 했다. 집에는 TV도, 난로도, 냉장고도, 전화기도 없었다. 가끔 나는 간단히 줄여서 내가 18세기에 성장한 사람들 사이에서 19세기에 컸다고 말한다.

주변에는 폭력—야만적이고 적나라하고 거의 일상적인 부류의 폭력—이 비일비재했다. 사람들은 마체테(machete: 남미의 정글이나 산림에서 쓰는 칼—옮긴이)로 서로를 죽이곤 했다. 10대 연인들은 독약을 들이켰다. 남편들은 아내를 살해했다. 아이들은 물에 빠져 죽었다. 초짜 전기 기사들은 고압에 발뒤꿈치가 터져 감전사했다. 친구끼리 밤에 술을 마시고 도미노 게임을 하다가 악마 같은 분노에 사로잡혀 한쪽이 다른 쪽을 죽일 때까지 싸워댔다. 그러나 어른들의 이런 폭력은 한 번도 나한테 직접 다가오지 않았다. 진짜 벌어지고 있는 일이라고 느꼈지만, 그건 마치 매주 일요일 라디오에서 듣는 국영 복권 당첨자들처럼 항상 멀리 있었다.

주변에는 아기도 많았다. 형제자매가 아버지는 12명, 엄마는 5명이었다. 그래서 나한테는 온갖 연령대와 생김새의 사촌과 육촌이 1만 명은 있었다. 우리 집만 해도 아버지의 두 번째 결혼(나는 그것을 결혼이라 부르지만, 이 결합에 대한 공식 서류는 없었다)으로 생긴 아기가 둘 있었다. 내가 뉴욕으로 떠날 때 다섯 살이던 여동생 루트(Ruth)와 두 살이던 남동생 레위스(Lewis)다. 뉴욕의 페파 집에도 아기가 많았다. 딜시아(Dilcia, 페파의 여동생)와 세쿤디노(Secundino)의 아기. 모이세스(Moisés)와 룰리(Luli)의 아기 둘. 사촌 루트(Ruth)의 아기. 노에미(Noemí)의 아기들과 추이토(Chuíto)의 아기들. 밀시아데스(Milciades, 페파의 남동생)와 둘세의 아기. (그들은 모두 근처에 살았다.)

그러다 내가 고2 때 케이시 형하고 페파의 집에서 길 하나 아래에 있는 아파트를 임대하려고 머리를 굴리던 시기에 남동생 라이가 사우스브롱크스(South Bronx)에서 태어났다. 우리는 근처에 방을 임대해 살고 있던 캄비타 출신 지인과 합쳐 그 아파트를 빌렸다. 케이시 형이 우리 몫의 임대료에서 가장 큰 부담을 졌고, 나는 여름에 일을 해 모은 돈을 첫 임대 보증금으로 냈다. 나는 필사적으로 자상하고 다정하게 라이한테 신경을 쓰면서—지금에서야 깨달은 것이지만, 내가 케이시 형 탓으로 돌렸던 단점과 잔인성을 고치려고 애쓰면서—그 애와 금세 아주 친해졌다.

그래서 나는 아우구스티누스의 반추(rumination, 反芻)와 마주했을 때 내가 아기들에 대해 꽤 잘 안다고 생각했다. 그리고 《고백록》에 담긴 그 밖의 아주 많은 내용이 옳다고 느꼈음에도 불구하고, 나는 이 부분에 대해서만큼은 그가 틀렸다는 걸 알았다. 하지만 아우구스티누스는 설득의 기교인 수사학 선생이었다. 책을 읽는 도중 어디선가 나는 유아들에 관한 묘사에서 그가 자신이 무슨 말을 하는지 아주 잘 알고 있는 것 아닐까, 그리고 내가 미처 보지 못한 뭔가가 있는 것 아닐까 하는 의구심을 갖기 시작했다. 그의 독단적인 순진함에 대한 나의 첫인상이 과연 맞았던 걸까? 아니면 나의 섣부른 판단 자체가 순진해빠졌던 걸까?

아우구스티누스의 유아기에서 아동기로 이동, 전(前) 언어 단계에서 언어 단계로 넘어가는 중대한 전환기는 충분히 관심을 끌었다. 나는 늘 언어에 민감했던 것 같다. (학교에 가기도 전에 자음과 모음이 모여 어떻게 소리를 내는지

순식간에 깨달으며 단번에 글의 비밀을 파악했던 옛 기억이 있다.) 그러나 열두 살 때 미국에 와서 주변 상황을 완전히 인식하며 영어를 배우다 보니 언어 학습이 특별한 관심의 대상으로 바뀌었다. 아무런 이론적 지식도 없었지만 나한테 언어 습득 과정에 특별한 통찰력이 있다는 걸 느꼈다. 이것을 아우구스티누스는 이렇게 설명한다.

> 현재까지 오는 동안, 저는 유아기를 벗어나 소년기에 도달했습니다. 아니, 소년기가 제게 와서 유아기를 이어받은 것이라 하는 편이 더 옳겠습니다. 유아기는 '가버린' 게 아닙니다. 간 곳이 없기 때문입니다. 하지만 저는 이제 더 이상 말할 줄 모르는 유아가 아니라 이미 재잘거릴 줄 아는 소년이 되었습니다. 이게 제가 기억하는 부분입니다. 그러나 어떻게 제가 말하는 법을 배웠는지는 나중에 가서야 알게 됐습니다. 나중에 제가 글자와 알파벳을 배우게 된 것처럼 어른들이 어떤 정해진 교수법을 통해 특정 순서로 된 단어들을 제게 보여주면서 가르쳐준 게 아니었습니다. 주님이시여, 주님께서 제게 주신 지성을 통해 저 자신이 말하는 능력을 습득한 것이었습니다. 옹알이와 다양한 소리 그리고 제 신체 부위의 다양한 움직임으로 저는 사람들이 제 뜻에 복종하도록 설득하기 위해 제 마음의 의도를 표현하려 애쓰곤 했습니다.[22]

시간은 어떻게 흘러가고, 또 어떻게 한 사물을 다른 것이 되도록 만드는지가 아우구스티누스를 끊임없이 매료시킨다. 그는 일단 자신의 개인사를 다 얘기하고 나서 《고백록》의 마지막 책 중 한 권을 시간—그의 삶과 모든 창조가 펼쳐지는 매개체—의 본질에 대한 놀라운 철학적 탐구에 할애한다. 이 대목에서 그는 너무나 이상하면서도 너무나 만연해 우리가 좀처럼 주목하지 않는 한 현상을 내비친다. 바로 현재가 마치 과거 속에 포함되어 있었던 것처럼 과거로부터 나타난다는 것이다. 시간은 물질이 아니기에 이는 실패한 비유지만, 그게 다른 어떤 종류의 것인지 설명하라고 하면 사람들은 쩔쩔맨다.

어쨌든 한 상태가 다른 상태를 이어받는다. 우리는 말 못 하고 기억력도 없는 유아였다가 점차 "망각의 어둠"(10)으로부터 인식과 기억의 빛으로 나온다. 우리는 어디서 나타났고, 그 시간은 어디로 갔는가? 어느 지점에서 우리는 인식과 기억의 문턱을 넘었으며, 그 이전의 지점은 어디이고 무엇이었는가? 아니면 인식과 기억력은 마치 여명이 밝아오듯 식별 가능한 시작점이 없는 빛이었을까? 나의 아동 초기를 돌아보면, 기억은 흐릿하고 단편적인 사건들로 이뤄지다가 다섯 살 때쯤 점차 한 줄기의 기억이 확연해진다. 현재까지도 내가 대략 따라갈 수 있는 기억이다. (이런 한 줄기 기억이 시작된 날이 부모님이 전날 밤 마지막으로 싸운 뒤 영원히 갈라서고 내가 이모네 집에서 잠이 깬 날이기에 정확히 기억한다.)

이 대목에서 유아의 언어 습득에 관한 아우구스티누스의 반추는 그의 정교한 이해를 보여준다. 어른들이 가르쳐준 게 아니라 그 자신이 "〔주님께서〕 제게 주신 지성을 통해" 말하는 능력을 습득한 것이었다. 아우구스티누스는 아이들이 언어를 배우는 과정의 어떤 신비를 가리키고 있다. 유아가 복잡한 의미를 익히고 심층적인 문법 구조를 파악하는 속도와 정확성은 비교적 제한적인 언어적 기폭제 요법에 노출되고 나면 이른바 복잡하고 규칙에 지배되는 언어 체계를 생성하는 내재된 소질이 아이 안에 있음을 시사한다.

놈 촘스키(Noam Chomsky)가 이 개념을 받아들여 인류의 모든 언어에 공통적이며 뇌의 생물학적 구조 덕분에 인간이 직감하곤 하는 보편적 문법이라는 혁신적 개념을 도입함으로써 여러 면에서 언어학 분야를 변모시키고 새로 창출해냈다. '언어 능력(language faculty)'이라는 이 인간 특유의 자질을 이해하는 것은 현대 과학이 고안한 어떤 방법론 못지않게 '인간 본성'을 이해하는 데 유망한 접근법이다. 이 언어 능력의 밑바탕에 관해 가능한 한 모든 것을 규명하는 것이 촘스키 프로젝트가 되었고, 이는 계속해서 놀라운 통찰을 끌어내고 있다.

플라톤은 일찍이 모든 지식은 기억—뭔가를 '배운다'고 할 때, 당신은 단지 이미 아는 것을 기억하거나 명확히 하는 것일 뿐이다—이라는 소크라테스의 이론을 가지고 이 개념을 해석한 바 있다. 대화편《메논(Meno)》중 이를 극적으로 보여주는 한 대목에서 소크라테스는 자신의 간단한 질문에 대답하게 함으로써 한 노예 소년이 어려운 기하학 문제를 풀도록 한다. 그러면서 그 노예가 이미 어느 정도 해답을 '알지'만 자신이 안다는 것을 깨닫지 못했음을 보여주는 설명을 활용한다. 소크라테스는 소년이 이미 갖고 있는 지식으로 그의 주의를 돌리기만 했을 뿐이다. 마찬가지로 아우구스티누스는 어른의 가르침이 아니라 "주님이시여, 주님께서 제게 주신 지성을 통해" 언어를 배운다.

내가 학부생들과 하듯이 아우구스티누스를 비롯한 고대인들의 책을 읽는 것은 일종의 고고학 훈련이다. 낯설고 동떨어져 보이는 것 대부분이 사실은 우리가 현재 세상을 이해하는 방식과 계통적 관련성을 갖는다. 이런 생각과 시각을 가지고 시간을 보내다 보면 오늘날 우리의 사고방식이 어떻게 폐기된 기초들에서 생겨났으며, 그것들에 의해 어떻게 형성되었는지 밝혀지면서 현대 세계에 대한 이해가 심화된다. 가령 고대 신화 같은 아주 오래된 신조(信條)는 우리한테 지나치게 단순하고 엉뚱하며 우리의 인식 및 확신과는 상충한다고 여겨질 수 있다. 하지만 우리가 더 이상 이해하지 못하는 언어로 표현되어 있거나 우리가 더 이상 공유하지 않는 형이상학적 가정에 뿌리를 두고 있다 하더라도 거기에는 심오한 인간의 진리가 담겨 있을 때가 많다. 그런데 고고학자처럼 주의 깊게 관심을 가진다면 고대의 지식을 일부 되찾아 현대의 지식을 풍부하게 만들고 질감을 더하는 데 활용할 수 있다. 이런 훈련은 우리가 확신하는 것들 안에 작은 의혹의 씨앗을 뿌리고, 우리 또한 역사라는 테두리 안에 국한되어 있음을 상기시켜주는 유익한 효과가 있다. 무조건 틀린 것 같다고 일축하기에 앞서 고대인들이 그랬듯—그리고 사실은 누구나 그랬듯—"그들이 어떤 점에서 옳을까?"라고 질문해볼 가치가 있다.

아우구스티누스의 언어 습득 설명에서 이론상 가장 중요한 문장을 들어보자. "옹알이와 다양한 소리 그리고 제 신체 부위의 다양한 움직임으로 저는 **사람들이 제 뜻에 복종하도록 설득하기 위해서** 제 마음의 의도를 표현하려 애쓰곤 했습니다"(강조는 내가 추가한 것이다). 아우구스티누스는 언어 습득을 통해 확실히 드러나는, 다른 사람을 지배하고 자기 뜻에 굴복시키고자 하는 뿌리 깊은 욕구를 감지한다. 언어 학습 능력만큼 선천적인 것은 다른 어떤 고려보다 자신의 특권을 내세우고자 하는 성향이다. 인간의 마음속에 있는 구제 불능의 이 무법자는 우리가 최선의 의도를 갖고 한 행동마저 더럽히고 우리의 선의인 것처럼 비쳐진다. 아기들마저도 그렇다. 이것이 원죄 교리다.

학부 1학년 때 아우구스티누스의 정신에 대한 나의 존경, 그가 선택한 종교적 삶에 대한 나의 매혹과 가장 화해시키기 어려웠던 것이 이 원죄 교리(또는 칼뱅주의자들이 말하는 선천적 타락)에 대한 그의 전면적 지지였다. 그는 어떤 점에서 옳았을까?

나는 2학년 때 현대문명(Contemporary Civilization) 또는 간단히 'CC'라고 더 많이 알려진 2학년 코어 필수 과정, 즉 서구현대문명개론 시간에 아우구스티누스 책을 좀더 읽었다. 교양문학처럼 CC는 '중요한 저서들'을 읽는 1년 과정으로 한층 철학적인 책들에 중점을 둔다. 이는 컬럼비아 코어 커리큘럼의 독창적인 과정으로 제1차 세계대전의 참사가 아직 생생하던 시기에 기획해 1919년 9월에 처음 실시했다. 자크 바전이 말했듯 그것은 "트라우마에서 탄생한"[23] 교과 과정이었고, 학생들에게 "끈질기게 계속되는 현재의 문제점"을 소개하는 데 목적이 있었다. 원래 이 과정은 중세부터 현재에 이르기까지 서구 체제의 지성사는 물론이고 사회과학의 최신 연구 성과도 제공했다. 하지만 CC는 1940년대부터 동생격인 교양문학 강좌를 본받아 서구의 윤리적·정치적 탐구 전통에 속하는 주요 텍스트 읽기 기반의 과정으로 진화했다.

이따금 '위대한 저서'라 부르는 과정으로 바뀌고 나서도 현대문명 강좌는 미국 시민이 자치 정부 실험에 효과적으로 참여하기 위해 쌓아야 할 지식 기반과 확실히 관계가 있었다. 한동안은 2년 연속 과정이었고, 2년 차에는 미국의 경제 문제에 주력했다. 이 2년 차 과정은 현재의 서구현대문명개론이라는 공식 명칭에 그림자처럼 남아 있기는 하지만 결국 중단되었다. 2년 차 과정이 폐지됨에 따라 1년 차 과정이 현시대까지 확장됐고, 그리하여 오늘날의 과정은 교차성(intersectionality), 대량 투옥, 탈식민지 상황 같은, 현대에 들여온 텍스트와 쟁점으로 마무리된다. 이 교과 과정은 시민의 정치적 자질과 동시대의 문제에 중점을 두다 보니 그

개념 자체가 비학제 과정으로 자리 잡았다. 교양문학을 개인의 의미에 관한 강좌라고 한다면, 현대문명은 공동체의 일원이 된다는 게 무슨 의미인지 알아보는 과정이라 할 수 있다.

고대 정치 생활에 관한 가장 중요한 탐구서 중 엄청나게 두꺼운 아우구스티누스의 《신국론(City of God, 神國論)》은 현대문명 수업의 가을 학기 단골 서적이다. 거기서 나는 원죄 교리의 위력이 정치 생활에서 관찰할 수 있는 대단히 많은 양상의 특성을 설명해준다는 것을 깨닫기 시작했다. 아우구스티누스가 이 책 앞부분에서 들려주는 한 일화는 세속 정치에 관한 그의 전반적인 시각을 잘 보여준다.

> 그것은 붙잡혀온 한 해적이 알렉산드로스 대왕에게 한 재치 있고 정직한 응수였기 때문이다. 왕은 그 사내에게 물었다. "어찌하여 바다를 어지럽히는 것이냐?" 그러자 그 해적은 거리낌 없이 거만한 태도로 이렇게 대답했다. "전 세계를 어지럽히는 폐하와 같습니다! 하지만 저는 작은 배 한 척으로 그 일을 하기에 해적이라 불리고, 폐하는 막강한 함대를 거느리고 계시니 황제라 불리는 것입니다."[24]

아우구스티누스는 정치권력의 본질에 관해 귀에 거슬리지만 예리한 지적을 하고 있다. 나는 직감적으로 그것이 옳다고 느꼈다. 나는 아버지의 정치적 영웅들이 미국의 후원과 응원을 받는 우익 독재 정권에 의해 축출·수감·추적당하는 것을 보면서 라틴아메리카 좌파의 시각으로 미국의 대외 정책을 경험하며 자랐다. 아버지는 1965년 미국의 도미니카공화국 침공에 반대하면서 처음 정치에 눈을 떴다. 이 침공은 친(親)카스트로(Castro: 쿠바의 혁명가—옮긴이)파 사회주의자로 민주적으로 선출되었으나 집권한 지 겨우 7개월 만인 1963년 말 CIA의 지원을 받은 쿠데타로 실각한 후안 보스크(Juan Bosch) 대통령의 복귀를 막기 위한 것이었다. 그의 자리를 꿰찬 독재자 호아킨 발라게르는 도미니카공화국을 향후 30년간 지배하게 된다. 그는 우리 집에서 미움을 받았고, 아버지와 동료 정치가들은 발라게르 정권의 미움을 받았다.

어린 나이에 나는 냉전 시대 미국 대외 정책의 현실 정치와 그것이 라틴아메리카의 권력 남용을 정당화하는 데 어떻게 사용되는지를 알았다. 그리고 아버지와 그의 동지들이 미국이 후원하는 정부에 의해 핍박받고 시달리는 것을 봤다. 나는 아버지가 감옥에 가는 것을 목격했다. 아버지는 음식이나 물 없이 독방에서 5일을 보낸 적도 있다. 아버지의 동지 몇몇의 미심쩍은 사망 소식도 들었다. 나는 캄비타의 경찰 병력 증강과 함께 아버지가 공교롭게도 한밤중에 갑자기 산속에서 휴일을 보낸다며 부리나케 집을 떠나곤 했던 일이 뭘 뜻하는지 알았다. 엘 임페리알리스모 양키(el imperialismo Yanqui: 양키제국주의—옮긴이)는 내가 잘 아는 국제 관계 용어였다.

나중에 가서야 나는 아버지가 존경하던 정권들, 즉 소비에트 블록, 아프리카, 쿠바, 니카라과의 산디니스타(Sandinista: 1979년 독재 정권을 무너뜨린 니카라과의 사회주의 및 민족주의 정당—옮긴이) 등 같은 맥락의 다른 정권들이 총을 덜 사용하고 배(boat)가 더 작았을 뿐 양키들과 똑같은 게임을 하고 있다는 걸 알았다. 아우구스티누스는 오래전에 그것을 알고 있었다. 그의 황제와 해적 일화는 국제 질서가 개인적 인간관계의 확대된 세계임을, 즉 권력자들이 자신의 뜻을 강요하고 정의의 규범이 사욕이라는 특권 앞에 언제나 무릎을 꿇는 토머스 홉스(Thomas Hobbes)식 세계임을 보여주려는 것이었다.

《신국론》에서 아우구스티누스는 신의 나라(City of God)와 인간의 나라(City of Man)를 구분한다. 신의 나라는 기독교인들로 이뤄진 신비로운 실체이며, 이들에게 지상에서의 삶은 신의 품에 안겨 영원으로 가는 일종의 순례 여행이다. 반면 인간의 나라는 회개할 줄 모르는 자들의 세속적 세계이며, 아우구스티누스의 머릿속에서는 로마 제국으로 가장 분명하게 대표된다. 《신국론》에서 로마 제국의 흥망성쇠를 분석 및 진단하며 아우구스티누스는 인간 사회, 정부, 정치 및 역사의 본질에 관한 확장된 사유를 우리에게 제공한다. 그는 인간의 나라에서는 모든 인간관계가 궁극적으로 권력 관계임을 드러낸다. "저는 작은 배 한 척으로 그 일을 하기에 해적이라 불리고, 폐하는 막강한 함대를 거느리고 계시니 황제라 불리는 것입니다."

아우구스티누스는 내게 한 가지 질문을 던졌는데, 그 질문을 받자마자 이내 그 내용이 대단히 풍부하다는 게 드러났다. 나는—그리고 다른 사람들은—도대체 어느 정도까지 타인을 지배하고 예속시키고 내 뜻을 그들에게 관철시키려는 욕구에 의해 움직이는가? 니체의 공식적인 어구를 사용한다면, 세상은 어느 정도까지 '권력을 향한 의지'인 걸까? 종교적이든 아니든, 인간의 삶에 대해 이런 유형의 관점을 공유한 사상가에는 오랜 계보가 있다. 아우구스티누스와 홉스 그리고 니체는 물론이고 투키디데스, 루터, 마키아벨리와 프로이트 등이 여기에 속한다. 나는 이 사상가들을 권력 이론가라고 생각한다. 토머스 홉스는 그것을 이렇게 설명했다. "그러므로 우선 모든 인간의 일반적 성향에 대해 나는 영원토록 끊임없이 권력을 탐하는 욕망이라고 표현하겠다. 그것은 오직 죽음으로써만 사라진다."[25] 아우구스티누스로 인해 나는 이런 질문을—습관적으로—고민하기에 이르렀다. 권력과 지배를 향한 욕망은 나의 행위와 생각 그리고 선택에 얼마나 스며들어 있을까? 아니, 아우구스티누스식 언어로 되돌아가서, 나의 기질 안에서 원죄를 얼마나 관찰할 수 있을까?

원죄 교리는 부인할 수 없는 인간 조건의 어떤 측면을 가리킨다. 그것은 단지 종교적인 생각이 아니며, 단순히 성인(聖人)들의 편견도 아니다. 사실 이러한 조건은 시대와 장소를 불문하고 사상가들의 성찰 대상이었다. 그것은 특히 제임스 매디슨(James Madison)의 저 유명한 《연방주의자 논집(Federalist Papers)》 51호의 표현을 빌리면 "만일 인간이 천사라면 어떤 정부도 필요치 않을 것"이므로 "야심은 야심에 대항하게 만들어야 한다"며 정부를 조직한 미국 헌법 입안자들의 정치철학 속에 있다.[26]

미국 신학자 라인홀드 니부어(Reinhold Niebuhr)는 원죄의 조건을 인정하고 그것의 지배에 따라 살아가는 사람을 "어둠의 자식들", 즉 "자신의 뜻과 이익 이외에 어떤 법도 알지 못하는 도덕적 냉소주의자들"이라 부르곤 했다. 반면 "빛의 자식들"은 "도덕률의 규율로 이기심을 억제해야 한다고 믿는다". 그리고 건조하고 매서운 혜안으로 빛의 자식들이 고질적인 천진난만함 때문에 피해를 본다고 말한다. 그들이 "어리석은 것은 단지 어둠의 자식들이 가진 이기심의 힘을 과소평가하기 때문이 아니다. 자신들 사이에 존재하는 이 힘을 과소평가하기 때문이다".[27]

아우구스티누스는 빛의 자식들처럼 잘 속아 넘어가는 이런 특성을 가진 것 같지 않으며, 이런 이유로 세속적 영역에서 정의의 가능성에 관해 어둡고 우울한 시각을 제공한다. 우리는 가장 신중하게 판단을 내릴 때조차 결함이 있고, 최선의 의도조차 정직하게 조사해서 밝혀보면 탐욕과 이기심으로 훼손되어 있다는 것이다.

《신국론》 후반부에는 '진실이 감춰졌을 때 인간 판단의 오류'라는 제목의 장이 있는데, 여기서 아우구스티누스는 대놓고 인간의 나라의 법률 집행으로 주의를 돌린다. 그의 결론은 위증하는 증인, 허위 자백, 법적 절차의 모호성, 그리고 궁극적으로는 인간 판단의 타고난 불완전성 때문에 세속의 정의가 사실상 불가능하다는 것이다. "지혜로운 판사가 해를 끼치려는 의도를 가지고 이런 식으로 행동하는 건 아니지만, 무지는 불가피하기 때문이다. 그럼에도 불구하고 인간 사회의 긴급 사태가 판결을 또 피해갈 수 없게 만들기 때문이다. 여기에 내가 말하는 인간 상황의 비참함이 있다." 바꿔 말하면, 인간 사회는 법률 집행을 요구하지만 실제로 판결을 내릴 수 없다. 그것이 우리의 불행이다.[28]

아우구스티누스에게 인간의 나라는 정의가 아니라 정복과 예속에 입각해 있다. 인간의 제도와 정의의 실상은 우리의 권력을 향한 욕망, 쾌락에 대한 갈증, 도덕률로 자기 이익을 억제하지 못하는 습성과 떼려야 뗄 수 없다. 그에게 플라톤, 아리스토텔레스, 키케로—사실은 모든 비기독교 정치철학—의 결함은 그들이 옹호하는 정의와 질서 그리고 시민정신 개념에 있는 것이 아니라, 인간 본성을 놓고 봤을 때 그것들의 실현이 전적으로 불가능하다는 사실을 알아차리지 못한 데 있다. 세속의 정치사상가들이 제기하는 이상적인 노선을 따라 스스로를 체계화하기에는 우리의 죄악과 부패의 흠집이 너무 깊다. 이런 세상에서 정의에 대한 우리만의 이상(理想)은 부족하기 마련이고, 우리는 이성에 따라 살지 못할 수밖에 없다. 이런 세상에서는 법률, 강압, 처벌, 유언 집행자—이런 것들 전부가 사실 우리가 내세우는 정의를 무가치하게 만든다—가 필요할 것이다.

이는 모두 받아들이기 힘들다. 세속의 구제 가능성, 인간의 노력과 품위에 바탕을 둔 구원 가능성은 정말 없는 것일까? 초자연적 개입으로 구원받지 않는다면 우리는 이 세상에서—내세는 고사하고—속절없이 불행에 처할 운명인가? 아우구스티누스는 어떤 점에서 옳을까?

아우구스티누스는 내게 진정으로 지적인 삶, 심지어 진정으로 영적인 삶의 가능성을 확인시켜줬다. 하지만 초월적 질서에 항복하고, 그런 다음 내세에 실제로 그것이 이뤄지길 바라는 것 외에는 여지를 남기지 않았다. 그럼에도 불구하고 아우구스티누스한테서조차 우리는 사람의 선천적 타락이 인간성의 전부가 아님을 본다. 우리는 데이비드 흄(David Hume)이 《도덕 원리에 관한 탐구(Enquiry Concerning the Principles of Morals)》에서 말했듯 "우리의 틀 속에 늑대와 뱀의 성분과 함께 섞여 있는 비둘기의 입자"[29]도 갖고 있다. 우리 안에 만연한 이기심과 지배욕의 영향만큼이나 자신의 특권을 상쇄하고, 종종 견제하고, 한정하고, 가끔은 무효화하는 다른 경향을 향한 충동을 발견하거나 얼핏 보기도 한다.[30] 아우구스티누스의 의도와 반대로, 나는 인간 미덕의 가능성, 살 만한 가치가 있는 세속적 삶의 희망을 찾기 위해 그의 책을 읽었다.

열일곱 살 청년이던 아우구스티누스 자신은 이 방향을 향한 맥락을 발견했다. 그는 철학을 공부하다 그것을 찾았다. 그에게는 진리와 지혜를 좇는 철학적 탐구 자체가 신에게 이르는 길, 즉 구원에 이르는 길이 되었다. 《고백록》에서 그는 젊은 시절 키케로의 글을 처음 만났던 일을 회상한다.

> 철학을 공부하라는 권유를 담은 그 책의 제목은 《호르텐시우스(Hortensius)》입니다. 그 책은 제 마음을 바꿔놓았습니다. 주님, 그것은 당신을 향해 기도하도록 만들었습니다. 제게 다른 가치관과 우선순위를 부여했습니다. 갑자기 온갖 헛된 희망이 제게는 무의미해졌고, 불멸의 지혜를 추구하고자 하는 열망이 제 마음속에 믿을 수 없을 정도로 강렬하게 타올랐습니다. 저는 일어나 주님께로 되돌아가기 시작했습니다.[31]

철학적 삶에 관한 키케로의 권유를 수용함으로써 "저는 일어나 주님께로 되돌아가기 시작했습니다"라니. 내가 상상하지 못한 세상, 지금까지도 내 인생에서 가장 소중하고 가까운 많은 이들에게 내가 충분히 대변하지 못한 세상으로 여행을 시작하면서 읽은 이 문장은 종교를 떠나 하나의 삶의 방식을 시사했다. 그것은 아우구스티누스 자신이 부인하는 인간의 가능성을 드러내 보여주었다. 그것은 이런저런 분야에서 두각을 나타낸다거나 혹은 내가 자라면서 갖지 못했던 물질적 안락을 성취하는 것보다 더 높은 차원의 길이 있음을 내게 말해주었다. 내가 추구해야 할 훨씬 더 가치 있는 뭔가가 있었던 것이다.

배움의 최종 목표가 신이라는 관념은 오래되고 영향력 있는 생각이다. 플라톤과 아리스토텔레스 같은 다른 이들은 '신' 대신 그것을 지상선(Supreme Good, 至上善)이라 하고, 혹은 간디처럼 간단히 진리라고 부르기도 한다. 플라톤의 책에서는 교육, 즉 철학 교육이 이 길로 나아가는 방법이었다.

> 교육은 몇몇 사람이 선언하는 것처럼 마치 눈먼 이들에게 시력을 주듯 지식이 부족한 사람들에게 그것을 주입하는 게 아니다. ……그러나 한편으로 우리의 현재 토론은 배움의 힘이 모든 사람의 영혼에 존재하며 각자가 배우는 도구는 몸 전체를 바꾸지 않고서는 어둠에서 빛으로 변화할 수 없는 눈과 같다는 걸 입증한다. ……그렇다면 교육은 바로 이것, 즉 이런 방향 전환과 관련한 기술, 그리고 영혼이 어떻게 가장 쉽고 가장 효과적으로 그렇게 하도록 만들 수 있는지와 관련한 기술이다. 그것은 영혼에 시력을 불어넣는 기술이 아니다. 교육은 시력이 거기 있으나 옳은 쪽을 향하지 않거나 바라봐야 할 방향을 보고 있지 않다는 것을 당연히 여기고 그걸 제대로 되돌리고자 하는 것이다.[32]

영혼이 철학적 사고를 향하도록 되돌린다는 이러한 생각은 우리의 동시대 교육 관행과 여전히 관련이 있는가? 이런 생각은 청년을 직업적 진로와는 상관없는 탐구와 성찰의 삶을 걷도록 아직도 움직일 수 있는가? 우리는 그 안에서 우리의 타락한 본성을 가지고 살아가면서 그것을 길들일 방안을 찾을 수 있는가? 학생의 영혼을 인간 미덕에 대한 탐구로 되돌리는 것이 고등 교육의 목표여야 할까? 이는 우리가 오늘날 대학에서 교양 교육의 위치를 논의할 때 공방을 벌이는 문제들이다. 칼리지의 교과 과정, 특히 모든 학생의 필수 교과 과정 부분을 설계할 때, 우리는 인간 본성에 관한 관점과 그런 본성에 가장 적합한 교육에 암암리에 집중한다. 만일 교육을 협의의 도구적 관점에서 생각한다면—바꿔 말해, 그것을 훈련과 혼동한다면—우리는 근본적으로 오류를 범하게 된다. 교육이란 말 그대로 학생으로부터 이미 거기 있는 것을 **끌어낸다**는 뜻이며, 그것의 성공적 함양은 인간의 최고선(最高善) 성취를 나타낸다. 이런 의미에서 교육은 교양 교육—생계를 위한 교육이 아니라 의미 있는 삶을 살기 위한 교육—이다.

현재 교양 교육의 지배적 관행은 고전적인 학습 전통이 제시하는 인생 변화 프로그램의 희미한 그림자다. 교양 교육 전문 실무자들—교수와 대학 행정가—은 교육의 근본 목적을 자신이 속한 기관과 직업적 야망 안에서만 유의미할 뿐인 전문화한 학문적 추구보다 부수적으로 취급함으로써 자신의 활동을 변질시켜왔다.

그러나 참으로 진정한 의미에서 언제나 교양 학습의 핵심은 비물질적 재화(goods), 즉 인간의 덕이라는 최상의 개념을 구성하는 재화를 향해 감성과 지성의 방향을 전환하는 것이다. 이런 원대한 개념을 염두에 두는 것, 그리고 거기에 수반되는 것이 무엇이며 그걸 어떻게 이뤄낼 것인가에 관한 지속적인 탐구가 교양 교육의 생존 방식이다.

성찰하는 삶

소크라테스, 플라톤 그리고 아리스토텔레스 약간

대학과 유사한 최초의 기관은 기원전 387년경 플라톤에 의해 아테네 외곽에 세워졌다. 이 학교는 신화 속 영웅 아카데모스(Academos)의 이름을 따서 간단히 아카데메이아(Acadēmeia)로 알려졌다. 설립한 지 약 20년이 지난 후 아카데메이아는 아리스토텔레스라는 열일곱 살의 한 마케도니아 학생을 받았다. 그는 기원전 347년 플라톤이 사망할 때까지 그곳에 머물렀고, 마침내 자신이 직접 철학 학교인 리시움(Lyceum)을 세웠다. 이 두 사람이 시작한 철학적 전통을 특징짓는 움직임 안에서 아리스토텔레스는 스승의 학설을 숭상한 게 아니라 반박함으로써 명성을 얻었다.

플라톤과 아리스토텔레스, 이 두 인물은 이견 없는 철학의 거인이다. 나는 고등학교 때 플라톤의 대화편은 즐겨 읽었지만, 아리스토텔레스는 대학 1학년 때까지 접한 적이 없었다. 첫 만남은 그다지 잘 풀리지 않았다. 플라톤의 글이 지닌 매력과 아름다움이 내가 철학에서 기대하는 기준치가 되어버렸다는 게 한편으론 문제였다. 그 차이가 얼마나 신경을 건드릴 수 있는지 떠올리며 나는 현대문명 수강생들이 아리스토텔레스의 《니코마코스 윤리학(Nikomachos Ethics)》을 접할 차례가 되면〔하필 플라톤의 《국가(Republic)》 바로 다음이다〕 아리스토텔레스의 책을 읽을 때 골판지를 씹는 기분이 들 수 있다고 경고한다. 아리스토텔레스한테 마법을 기대하지 말라는 얘기다.

새내기 때 읽은 텍스트는 《시학(Poetics)》이었는데, 그것 역시 문제였다. 수업은 1학년 코어 커리큘럼 필수 강좌인 교양문학이었고, 아리스토텔레스가 끝나면 몇 달 후 성 아우구스티누스의 책을 읽어야 했다. 강좌의 공식 독서 목록에 있지는 않았으나 월리스 그레이 교수가 고대 그리스 희곡들의 홍수 속에서 허우적대는 와중에 우리한테 《시학》을 불쑥 던진 것이다.

《시학》이 완결된 작품이라기보다는 강의 모음집이라는 사실을 감안했다면, 나는 아리스토텔레스의 현학적이고 무미건조한 문체쯤은 아마 지나칠 수 있었을 터이다. 그러나 문체를 떠나서 아리스토텔레스가 말하고자 하는 내용이 정말 마음에 들지 않았다. 나를 어처구니없게 만든 한 가지 특이한 주장이 기억난다. 그는 "아름다움은 크기와 질서의 문제"[1]라고 했다. 그런 식이었다. 그 상스러움이 난 도무지 믿기지 않았다. 단지 찬성하지 않는 게 아니었다. 그 발상이 불쾌하다고 생각했다. 아름다움을 구성 요소의 공식으로 환원할 수 있다는 생각을 용납할 수 없었다. 내게 그것은 생명이란 순환과 호흡의 문제라고 말하는 것과 같아 보였다. 그 말은 핵심을 놓쳤다. 나는 아름다움은 반드시 분석을 초월하며 양으로 환원할 수 없다고 생각했다.

그 학기에 나의 첫 리포트는 아리스토텔레스가 시를 모멸적으로 취급한다고 여겨지는 부분에 대해 반박하는 앞뒤 안 맞는 비판이었다. 윌리스 그레이는 감동하지 않았다. 총평 때 그는 내게 사무실로 와서 자기를 따로 좀 보자며, 내가 왜 아름다움과 시에 관해 공통된 시각을 가진 에드거 앨런 포(Edgar Allan Poe)나 프리드리히 슐레겔(Friedrich Schlegel) 같은 낭만파한테는 끌리지 않았는지 의아해했다. 그에게 말하지는 않았지만, 내가 그들을 인용하지 않은 이유는 낭만파가 뭔지 몰라서, 혹은 포가 낭만파인지 몰라서, 혹은 슐레겔이 누구인지 몰라서였다. 나는 그게 중요하다고 생각지도 않았다. 나의 시각은 문학의 권위자들로부터 얻은 게 아니었다. 그저 내가 옳다고 느끼는 것이었을 뿐이다.

그렇게 나는 리포트에 대해 얘기하려고 해밀턴 홀(Hamilton Hall) 건물에 있는 그의 사무실로 갔다. '면담 가능 시간(office hour)'이라 부르는 이 칼리지의 의례를 이용해보기는 처음이었다. 너무나 확연하게 내가 곤경에 빠졌다는 기분이 들었다. 들어가고 싶지 않았지만, 빠져나갈 방도를 찾을 수 없었다.

지정된 시간에 도착한 나는 내 앞사람이 나올 때까지 그의 사무실 밖 벤치에 앉아 대기했다. 이윽고 겁에 질린 채 천천히 그의 사무실로 들어갔다. 내가 기억하기로 그레이 교수는 인사조차 없이 단도직입적으로 나와 하고 싶었던 얘기를 꺼냈다. "자네 리포트를 보면 말이야." 그가 말했다. "자네는 좀 …… 건방지다(cocky)는 인상을 주네만." 순간 나는 얼어붙었다. 말투로 보아 틀림없이 내 반응을 기대하는 듯했다. 내가 대답할 수 있는 방법은 하나뿐이었다. 나는 침을 꿀꺽 삼키고 주뼛주뼛 말했다. "죄송합니다만, 교수님, 무슨 말씀인지 모르겠습니다."

이는 아직도 이따금씩 내가 마주치는 경험의 가슴 아픈 사례다. 학교

운동장에서 쓰는 단어나 표현은 내가 책으로 배운 영어의 영역을 벗어났고, 그 간극은 때아닌 순간에 나타난다. 그레이 교수가 이번에는 목소리를 누그러뜨리고, 그 말이 무슨 뜻인지 내게 말해줄 좋은 방법을 찾는 듯했다. 그가 리포트에서 마주친 어조와 수업 시간에 본 수줍음 많고 소심한 학생은 서로 일치시키기가 어려웠을 거라는 생각이 든다. 나는 그레이 교수가 어떤 점을 나무라는 건지 알 수 있었다. 그가 건방지다고 해석하는 부분은 전혀 다른 것, 당시에는 내가 딱 잘라 말하거나 간파하지 못했지만 내가 생각하기에 컬럼비아 경험 전체와 얽혀 있는 어떤 것이라고 이해했다.

컬럼비아에 입학했을 때 나는 멍한 상태였다. 그 첫해에 대한 기억은 깨고 나면 기분 나쁜 꿈처럼 드문드문 선명하다. 나의 영어는 대학에 입학할 만큼—비록 아슬아슬하기는 했어도—괜찮았지만, 나의 문화적 유창함이나 다른 학생들과 어울리는 능력은 전혀 드러나지 않았다. 약간은 흐릿하고 혼란스러운 방식으로 나도 그런 점을 알고 있었지만, 나 자신은 그걸 인정할 수 없었다. 해독할 수 없는 상황 속에서 자리를 찾으려는 나의 몸부림을 그레이 교수는 감지하고 있었던 것이다.

나는 그레이 교수의 말—'건방지다'—을 대수롭지 않게 받아들였다. 모욕감을 느끼거나 기죽지 않았다. 하지만 그래도 쓰라리긴 했다. 그레이 교수가 컬럼비아에서 살아남기 위해 내가 구축하고 있던 외피를 콕콕 찌른 셈이니까. 그 보호막이 내가 학부를 다니는 동안 한 번도 융화시키지 않은 죽은 공간(dead space)을 나와 동급생들 사이에 창출했다. 내가 동급생들과 유지한 거리는 그들을 대등한 조건으로 상대할 수 없는 상황에서 존엄성을 유지하는 방법이었다는 걸 알기까지 많은 시간이 걸렸다. 이게 윌리스 그레이가 봤던, 아리스토텔레스를 참을 수 없을 만큼 무신경한 작자라고 일축한 그 리포트에서 내가 했던 짓이다. 우리 둘 다 그걸 몰랐지만 말이다.

이것이 아리스토텔레스와 나의 첫 만남이었다. 플라톤과 소크라테스의 경우, 이야기는 완전히 달랐다. 드라마와 낭만과 천부적 재능이 있었다.

고등학교 2학년 때였다. 우리는 케이시와 내가 살았던 페파의 집 지하방에서 그리 멀지 않은 지니아 스트리트(Xenia Street)의 아파트로 막 이사한 참이었다. 이 아파트를 임대하느라 우리는 케이시가 경비원 일을 해서 번 돈(케이시도 이제 퀸즈 칼리지에 다니고 있었다)과 내가 라과디아 커뮤니티 칼리지(LaGuardia Community College) 우편물실에서 여름 방학 동안 일해 저축한 300달러를 모조리 끌어 모았다. 첫 달 임대료와 한 달치 보증금 일부는 근처에서 방을 임대해 살고 있던, 캄비타에서부터 알고 지낸 엘리아스(Elías)가 댔다. 엘리아스는 우편집배원 일자리를 얻은 상태였고, 덕분에 주거 환경을 업그레이드하고 도미니카공화국에 있는 아내의 입국에 대비할 수 있었다. 그의 아내 역시 조만간 우리와 함께 지내게 될 터였다.

우리는 1989년 1월 16일 침실 3개짜리 아파트로 이사했다. 엘리아스가 가장 큰 침실을 쓰고 엄마와 라이는 그 옆방, 케이시는 거실 옆 조그만 방을 차지했다. 나는 엄마랑 라이가 같이 쓰는 침대 옆에 작은 침대를 하나 놓고 그들과 함께 잤다. 10대 청소년에게는 갑갑한 상황이었겠다 싶을지 모르지만, 자기 침대 하나 없이 다른 사람의 지하실에 살며 격주로 엄마를 만나야 하는 것보다는 훨씬 나았다.

우리 옆집에는 에스파냐어를 못 하고, 따라서 우리와는 좀처럼 대화를 나누지 않는 친절한 노부부가 살았다. 그해 겨울 어느 날 저녁, 그 다정한 미국인들이 쓰레기 수거일에 맞춰 한 무더기의 책을 버렸다. 다음 날 아침 일찍 수거용 트럭이 가져갈 수 있도록 도로변에 내놓은 것이다. 나는 책 더미를 보자마자 냉큼 가서 살펴봤다. 그중 일부는 근사했다. 목사와 독실한 신자들이 갖고 다니는 값비싼 《성경》처럼 양장본에 페이지마다 금테를 두른 책도 있었다. 그것들을 몽땅 가져가고 싶었으나 너무 많은 데다 우리 집에는 책장이 없었다. 게다가 내 영어 실력은 어른들 책을 큰 어려움 없이 술술 넘길 만큼 좋지 않았다. 결국 나는 양장본 두 권만 집었다. 그중 한 권이 플라톤의 대화편 중 하나였다.

이건 참 미국인들이 가진 많은 이상한 점 중 하나였다. 완벽하게 좋은 물건을 버린다. 주 2회 도로변의 쓰레기 더미를 샅샅이 뒤져 보물을 건지는 건 퀸즈에 늘어나고 있던 도미니카공화국 사람들의 흔한 관행이었다. 거기엔 소파, 화장대, 의자, TV, 스탠드 및 그 밖에 완벽하게 멀쩡한 상태이거나 조금만 고치면 되는 값비싼 물품 같은 보물이 있었다. 도미니카공화국에서는 이런 습득물이 전설처럼 회자되곤 했다. 사람들은 거리에 버려진 물건을 줍기만 해도 먹고살 만큼 풍족한 곳이라는 생각에 사로잡혔다.

누에바욜—우리가 미국을 지칭하는 이름—에서 누군가가 도착할 때마다 늘 처음 몇 시간은 미국 생활의 놀라운 일화들에 관한 열띤 이야기가 이어졌다. 이 이야기들은 웃음과 눈물을 자아내고 대부분 감탄을 일으키곤 했다. 막 도착한 사람들은 조그만 컵에 연신 따라주는 커피를 연료

삼아 지혜를 나누고, 선물을 돌리고, 뉴욕의 친구와 가족들이 보낸 짐 꾸러미를 전달했다. 그들은 마치 텔레노벨라(telenovela: 중남미에서 최고의 인기를 누리는 TV 연속극 장르—옮긴이)에서 막 걸어 나온 것처럼 어떤 광채를 내뿜었다. 트렁크에서 나온 물건은 하나같이 누에바욜의 향기로 가득했다. 옷가지에 파묻힌 채 트렁크 안에 며칠 들어 있는 동안 밴 부티 나는 특유의 청결한 냄새로 가득했다. 나를 포함한 아이들은—흔히 그랬듯—지갑이나 주머니에서 이번에는 또 어떤 이국적인 진귀한 물건이 나올까 기대하며 눈을 휘둥그레 뜬 채 옆에 서 있곤 했다.

그렇게 나는 귀한 책들의 보물 창고 앞에 서 있었다. 누군가 내버린 것들. 단순한 물건으로서도 그것들은 아름다웠다. 영문을 알 수는 없었지만, 내 앞에는 내가 미국에서 찾으려 한 보물이 있었다. 난 뭘 골라야 할지 도무지 알 수 없었고, 거기에 서서 그것들을 찬찬히 살펴보기에는 날이 너무 추웠다. 마침내 내가 고른 두 권의 책은 무더기 중에서도 가장 아름다운 하버드 클래식 전집—읽기 위해서라기보다는 부잣집 책장을 우아하게 장식하기 위해 기획한 과시성 책들—의 일부였다. 내가 습득해 아직도 소장하고 있는 그 두 권은 이 전집의 제2권과 제46권, 즉《플라톤, 에픽테토스, 마르쿠스 아우렐리우스(Plato, Epictetus, Marcus Aurelius)》와《엘리자베스 시대 희곡 1(Elizabethan Drama I)》이었다. 내가 희곡을 집어 든 건 책등에 금박으로 적힌 이름 2개 중 하나를 알아봤기 때문이다. 말로(C. Marlowe)와 셰익스피어. 플라톤이란 이름 역시 친숙했다. 에픽테토스와 마르쿠스 아우렐리우스는 완전히 낯설었지만, 아주 고전적인 이름 같았다.

하버드 클래식 전집은 1910년에 출간했는데, '총장님의 5피트(feet: 1피트는 약 30.48센티미터—옮긴이) 서가(書架)'라 불리기도 한다. 그 '총장'은 그때 당시 퇴임한 찰스 엘리엇(Charles W. Eliot) 하버드 대학 총장으로, 한 연설에서 노동자 계층 청중(하버드 대학에 가겠다는 열망 따윈 한 번도 품어보지 않았을 이들)에게 5피트 높이 서가에 딱 들어갈 책을 매일 15분씩만 '열심히' 읽어도 교양 교육의 기초를 닦을 수 있다고 말한 적이 있었다. 기획력 있는 출판인 피터 콜리어(Peter Collier)가 그 책들의 이름이 뭔지 말해달라고 요청하자 엘리엇은 51권으로 이뤄진 하버드 유니버설 클래식(Harvard Universal Classics) 전집을 제시했다.[2]

필독서 목록—1828년 예일 대학 보고서에서는 교육받은 사람의 '정신적 가구(furniture)'라고 표현했다—을 편찬하겠다는 충동은 능히 이해할 만한 것으로, 문학 자체만큼이나 오래된 계보가 있다. 그러나 모든 목록은 거기서 제외된 도서와 포함된 도서를 둘러싸고 지속적인 비난을 불러일으킨다. 목록은 바람 잘 날이 없다.

주요 문헌에 대한 비판에 툭하면 사회 정의의 잣대를 들이대는 현시대의 학문적 논란 속에서 엘리엇 총장의 목록은 여성을 한 명도 포함하지 않았다는 이유로 비난의 표적이 되겠지만 아리스토텔레스를 건너뛰었으니 합격점을 받을 수도 있겠다. 이 목록의 두드러진 결함은 지적인 쪽이라기보다는 윤리적인—이 두 가지를 항상 명확히 분리할 수 있는 것은 아니지만—쪽이다. 오늘날 학계의 비판은 도덕적 질책으로 기울어져 있다. 이해하기 쉽도록 밝히기만 하는 게 아니라 아예 불을 지른다. 판단만 하는 게 아니라 아예 선고를 내린다. 거부만 하는 게 아니라 아예 무효화시켜버린다. 이것이 학자—여기서 내가 말하는 학자는 일차적으로 인문학과 인문사회과학에 종사하는 우리를 의미한다—가 자신의 학술 저작에 대한 가치 판단을 그토록 망설이는 주요 원인이다. 좀더 정확히 말하면, 우리는 우리가 주장하는 가치, 불가피하게 우리의 연구에 영향을 미치는 가치를 드러내길 주저한다. 남들이 지목할 수 있는 모든 자리(position)는—모든 '필독서' 목록과 마찬가지로—공격당할 여지가 있다. 그리고 엘리엇 총장이 제시한 목록의 경우처럼 어떤 공격은 당신의 가치 판단이 도덕적으로 타락했다거나 더 넓은 배제 및 착취 체제와 연관이 있다고 까발리려 들 것이다. 현대의 뛰어난 학자라면 도덕적 퇴행을 드러내는 경력이 끝장날 위험에 대비해 일종의 예방 접종처럼 중요 사안에 대해 어떤 확실한 입장도 취하지 않은 채 많은 말을 하고 눈부신 학문적 위업을 수행하는 방안을 고안할 것이다.

학부 교과 과정을 설계할 때도 이에 못지않게 구체적인 내용을 밝혀 지정하는 걸 꺼리는 경향이 있다. 이는 교과 과정의 가장 중요한 지점에서 가장 두드러진다. 바로 일반교양 교육 프로그램이다. 교양 과목 전통에 귀를 기울이는 미국 대학들은 여전히 학생의 전공이나 전문 분야 외에 상당량의 수업을 규정하는 경향이 있다. 이 일반교양 교육 필수 과목은 전공 교육이나 전문 대학원 입학 준비 과정 교육에 덧붙여 학생들 전원이 공통 비학제—다시 말해 교양—교육을 반드시 받도록 하는 것을 목표로 삼는다. 교양 교육 필수 과목은 과학적 소양과 효과적 글쓰기 같은 기초 기술뿐 아니라 인문학을 강조한다. 그러나 대학들은 이 수업을 위해 규정된 내용을 구체화하기보다는 일반적으로 학생들이 전공 외에 다학제적 접근법을 맛보길 요구해왔고, 이것을 일반교양 교육이라 불렀다. 추세는 지식보다는 능숙함에, 알아야 할 대상보다는 아는 방법에 초점을 맞추는 것이다.

나는 칼리지 학장과 대학 총장들이 필수 과목 비중이 낮은 교과 과정, 그리고 학생들이 자기가 공부할 과정을 설계하는 선택권의 장점을 극찬하는 것을 들은 적이 있다. 학생들 본인이 가장 연관성이 크거나 매력적이라고 생각하는 과목(즉, 'A' 학점을 따기 가장 쉬운 과목)을 스스로 고르게 해 보면 어떨까? 어떤 학교는 한정된 특정 학점을 이수하는 것 말고는 필수 과목이 전혀 없다며 자랑하기까지 한다. 커리큘럼 자체를 아예 규정하지 않는 것보다 그 다양성과 대표성에 대한 강력한 요구에 부응하는—아니, 기피하는—더 나은 방법이 어디 있겠는가?

하지만 학부 커리큘럼의 붕괴를 배후에서 부추기는 것은 학생의 선택권에 대한 열정 혹은 다양성에 대한 전념이 아니라 가장 **알아야** 할 가치가 높은 내용이 무엇인지에 관한 대학 인문주의자들 간 합의의 위기다. 그리고 교육 과정에 관한 논란은 도덕적 관점에서—교육적으로 무엇이 좋고 나쁜지가 아니라 윤리적으로 무엇이 순수하고 타락했는지를 놓고—일어날 확률이 높기 때문에 대학으로선 그것들을 한데 모아놓길 피하는 쪽이 그냥 더 편하다. 이와 같이 대학은 학생들에게 우리의 지적·문화적 유산 중 도대체 어떤 측면에 그들이 가장 주의를 기울일 만한지 깊이 숙고한 관점을 제시하는 전통적인 책임에서 대부분 발을 빼왔다.

오늘날 미국에는 보편적 학습을 정당화할 만큼 충분히 공유된 지적·문화적 유산이 없다는 주장은 우리 모두가 관여하고 우리 모두가 이해관계를 가지고 있는 여러 공통된 제도, 규범, 범주 및 가치를 통해 공적 생활이 이루어진다는 사실로 인해 틀렸음이 드러난다. 이런 제도, 규범, 범주 및 가치에는 비록 논란이 가득하기는 하지만 우리의 공통적인 유산을 구성하는 역사가 있다. 내가 도미니카공화국 출신의 갈색 피부 이민자라고 해서 미시간주 시골 태생의 백인 여성인 내 아내보다 미국 헌법과 더 무관한 것은 아니다. 아내는 나보다 또는 앞으로 자라날 두 살배기 우리 아들보다 호메로스나 소크라테스와 더 가깝지도 더 멀지도 않다. 이런 이유로 흔히 서구적 전통이라고 알려진 것은 그 전통으로부터 등장했거나 거기서 강한 영향을 받은 사회의 일반교양 교육 커리큘럼에서 특별한 가치를 갖는다.

특정 대학에 속한 모든 학부생이 공통된—항상 잠정적이기는 하지만—자극과 논쟁과 문제에 관심을 기울이도록 하는 것은 대학교수들의 기본 의무다. 인문학의 경우, 이는 아마도 특정 교재나 쟁점의 목록을 의미할 것이다. 어떤 면에서 이것은 엘리엇 총장의 5피트 서가가 하려 했던 일이기도 하다.

5피트 서가는 출간하고 처음 20년간 3500세트(세트당 51권) 넘게 판매함으로써 작지만 쏠쏠한 사업임을 입증했다. 그건 권수가 많은 양장본 책이었다. 나는 그중 얼마나 많은 책이 다락, 폐쇄된 도서관, 1989년경 퀸즈의 코로나에 있는 내 이웃한테서 나왔던 것 같은 쓰레기 더미 속에 처박히는 신세가 되었는지 궁금하다. 그중 얼마나 많은 책이 하버드에 가려는 열망을 품지는 못했어도 그것을 열심히 읽고 거기서 교양 교육의 기초를

�

닦은 사람의 손에 들어갔을까? 적어도 두 권은 그랬다. 아니, 아주 정확히 말하면, 단 한 권, 그중에서도 내가 책을 집어 든 후 바로 읽기 시작한 플라톤의 세 가지 대화편이 그랬다.

그때 플라톤의 책을 처음 읽은 것이 내게 많은 도움을 줬다. 그중 하나는 평생 멘토가 될 사람, 바로 존 필리피디스 선생님과의 우정에 촉매제 역할을 한 것이다. 나는 8학년 때 필리피디스 선생님을 처음 만났다. 그때 케이시는 존 바운(John Bowne) 공립고등학교 2학년에 재학 중이었는데, 다음 해에 내가 입학하기로 되어 있는 그 학교로 나를 데려갔다. 필리피디스 선생님은 형의 다리 뒤에서 수줍게 자기를 응시하던 나의 아주 작은 체구가 기억난다고 했다.

그때도 그랬지만, 나는 오랫동안 존 바운 고등학교가 얼마나 놀라운 곳인지 몰랐다. 학교 관계자들은 존 바운 고등학교가 뉴욕시에서 인종적으로 가장 다양한 고등학교로서 학생들이 51가지의 다른 언어를 사용한다고 자랑했다. 그러나 그건 나한테 별 의미가 없었다. 퀸즈가 뉴욕에서 내가 아는 유일한 지역이었고, 존 바운 고등학교도 그냥 퀸즈와 마찬가지였으니까.

뉴욕시의 많은 대규모 공립학교가 그렇듯 사실 존 바운 고등학교는 학생들이 완전히 다른 학업 및 사회적 배경을 갖고 있었다. 나는 이민자들로 꽉 들어찬 학교에서 학업 성취도가 정말 높았던 학업 우수자 반열에 들었다. 이 집단에서 나는 절대 최고는 아니었지만, 이런 학교 속 학교에 있게 된 것을 내 인생 최고의 행운 중 하나라고 여겨도 될 것 같다. 여기엔 본토박이 미국인도 약간 있었지만, 대부분은 영어 능력 수준이 제각각인 이민자였다. 이 집단은 숙제를 내주면 해야 하고, 시험이 발표되면 그에 따른 공부를 해야 하고, 선생님이 무슨 말을 하면 주의를 기울여야 하고, 아무리 이상하거나 아둔해도 모든 교사는 어느 정도 존경을 받아야 마땅하다고 생각하는 학생들로 이뤄진 일종의 수도원이었다. 이 수도원이 나를 키웠고, 그렇지 않았다면 어수선한 질풍노도 청소년 패거리처럼 느껴졌을 무리로부터 나를 보호해줬다. 나는 늘 반에서 가장 작고 마른 아이였다. 학교에서 나의 기본 모드는 겁에 질린 상태였다. 사람들을 피하려고 일찌감치 등교해서는 늦게까지 머물곤 했다. 카페테리아에서 점심을 먹기보다는 '봉사 시간'을 신청했다. 내 또래보다는 선생님과 경비원들 사이에서 친구를 구했다.

고2 때 어느 날 나는 플라톤 책을 들고 '연구' 생물학 수업 때문에 학교에 일찍 등교한 터였다. 이 일과 전(前) 수업은 연례행사인 과학박람회에 출전할 프로젝트가 나오지 않을까 기대한 생물학과장 마틴 앨런(Martin Allen) 박사가 제공한 것이었다. 내가 선택한 프로젝트는 '아스피린이 노랑초파리(*drosophila melanogaster*)의 눈 색깔 잡종에 미치는 효과'였다. 대체로 프로젝트에 관해서는 할 일이 거의 없었지만, 나는 일찌감치 등교해 텅텅 비어 있다시피 한 카페테리아에서 따뜻한 아침을 먹고 내 초파리들을 돌보러 가는 게 좋았다.

이런 조용한 어느 날 아침, 복도에 앉아 읽다 만 플라톤 책을 보고 있는데, 마침 필리피디스 선생님이 지나갔다. 책의 반짝이는 종이가 눈길을 잡아끈 듯 그가 내게 다가와 뭘 읽고 있느냐고 물었다. 나는 말했고, 그는 기뻐했다. 부리부리한 그의 눈에서 가르침의 열의가 불타오르는 것을 볼 수 있었다. 그는 플라톤과 소크라테스에 대해 많이 아는 듯했고, 그것에 관해 나한테 얘기해주고 싶어 죽겠는 게 분명했다. 그들이 자신의 친척이라는 둥 자기가 그리스 사람이라는 둥 농담을 던졌다. 그리고 내가 읽고 있는 내용에 대해 어떻게 생각하는지 그에게 말할 수 있도록 용기를 북돋워줬다.

그날 짧은 홈룸(homeroom: 학생들이 출석 체크 등을 위해 모이는 교실. 또는 그 교실에서 보내는 시간—옮긴이) 동안 나는 필리피디스 선생님의 교실에 들렀다. 어휘에 대해 질문할 게 있어서였다. 'gadfly'라는 단어가 무슨 뜻인지 알고 싶었다. 그의 눈에서 불꽃이 더욱더 피어올랐다. 그는 나한테 날개 달린 거머리처럼 들리는 뭔가를 설명하다가 방과 후 더 얘기를 나누게 자기를 찾아오라고 했다. 나는 그렇게 했고, 그것이 향후 몇 년간 정말 많은 시간 동안 이어질 온갖 학습 주제에 관한 방과 후 대화 연장의 시작이었다. 그와 나눈 대화는 대부분 내 이해를 완전히 벗어났다. 그러나 나는 빽빽한 지적(知的) 논고(disquisition, 論考)에서 가능한 한 모든 것을 흡수했다. 무엇보다 필리피디스 선생님이 내게 소나기처럼 퍼붓는 학구적 관심과 주목이 좋았다. 대학에 지원할 시기가 왔을 때 컬럼비아에 넣어보라고 격려해준 사람도, 내가 자기소개서를 보여준 유일한 사람도 필리피디스 선생님이었다. 그리고 졸업 학년이던 그해에 마치 예언적 통찰에 이끌린 것처럼 그는 크리스마스를 맞아 새로 출간한 로버트 페이글스(Robert Fagles)의 《일리아드》 번역본을 내게 줬다.

소크라테스가 마치 램프를 문지르자 튀어나온 지니처럼 도로변의 그 책 더미에서 튀어나오다니 기묘한 뜻밖의 행운이었다. 플라톤의 소크라테스보다 더 다가가기 쉽고 강렬하고 중요한 교양 교육 입문은 아마 없을 터이다. 그는 교사의 원형이요, 자유사상가의 원형이요, 성현(聖賢)의 원형이다. 앨프리드 노스 화이트헤드(Alfred North Whitehead)가 했던 유명한 말처럼 "유럽 철학의 전통이 가지고 있는 전반적 특징을 가장 신중하게 정의한다면 그것이 플라톤 철학에 대한 일련의 각주로 이뤄져 있다는 점이다".[3] 아니, 그렇지 않다. 오히려 소크라테스에 대한 일련의 각주다. 나의 '위대한 저서 교육'을 시작할 더 나은 곳, 펜실베이니아 농장의 그리스 이민자 소년으로 프린스턴 대학에 들어갔던 그 사람보다 더 나은 안내자를 나는 찾지 못했을 것이다. 그는 부동산업계에서 은퇴하고 뉴욕시의 공립학교 교사가 되면서 다행히도 몇 명의 영혼을 구했다. 그 자신의 영혼도 포함해서.

내가 쓰레기 더미에서 구해낸 소크라테스 책은 낭만으로 가득하다. 청소년기의 굶주린 내 심장이 어찌 그를 뿌리칠 수 있었겠는가? 책의 세 가지 대화편, 즉 《소크라테스의 변론(Apology)》《크리톤(Crito)》《파이돈(Phaedo)》은 그의 재판에서 처형까지의 시기에 걸쳐 있다. 《소크라테스의 변론》은 소크라테스가 아테네의 배심원들 앞에서 자기를 변론하는 과정을 기록한 것이다. 그는 일흔의 나이에 젊은이들을 타락시키고 도시에 새로운 신들을 불러들였다는 죄목으로 법정에 끌려나왔다. 그리고 유죄가 인정되어 사형 선고를 받았다.

이어지는 대화편 《크리톤》은 부조리한 재판으로 흘러간다. 상황은 손쓸 수 없게 되었다. 아무도 정말 그런 결말을 바라지는 않았을 테지만 말이다. 소크라테스가 자신이 종사하는 활동에 관여했다고—아무리 성가시다 한들—아테네인들이 일흔 살 노인을 사형에 처하다니 어처구니없는 일이다. 소크라테스의 부유한 옛 친구 크리톤은 그를 탈옥시킬 준비를 하고 감옥에 있는 그를 찾아간다. 아테네시 당국은 지금 벌어지고 있는 사태에 당황한 듯 보이고, 만일 소크라테스의 친구들이 그가 아테네를 떠나도록 주선한다면 눈감아줄 태세다. 그리하여 크리톤은 사형 집행까지 단 며칠밖에 남지 않은 상황에서 소크라테스를 재빨리 빼낼 준비를 하고 그곳으로 갔다. 그러나 소크라테스는 "아니네. 난 갈 수 없네"라고 말한다. 그러고는 도망치는 것은 자신이 목표로 삼아온 모든 것에 위배되는 일이며, 그가 살아온 모든 방식이 이 도시가 합법적으로 내린 사형 선고를 받아들일 것을 요구한다고 주장한다. 크리톤한테는 완전히 좌절감을 안기는 충격적인 주장이다. 대화편에서 그가 마지막으로 한 말은 "소크라테스, 할 말이 없네"이다.

모음집의 마지막 대화편 《파이돈》은 소크라테스가 영혼 불멸을 거론하고, 그것을 논증하는 마지막 대화의 기록이라 일컫는다. 그런 후 대화편은 "침착하고 편안하게" 독약을 마시고 누워서 조용히 죽어가는 소크라테스에 대한 가슴 아픈 묘사로 마무리된다. 파이돈은 "이것이 우리의 친구, 우리가 알고 있는 모든 이들 중에서 가장 훌륭하고, 가장 지혜롭고, 가장 올바른 사람의 최후였습니다"[4]라고 말한다.

소크라테스의 변론은 간단명료하다. 그것은 평생을 진리와 덕을 추구—그가 철학적 삶이라 여기는 것—하는 데 바친 삶의 전형적 그림을 보여준다. 그가 배심원들에게 한 말은 3개의 연설로 나뉜다. 첫 번째이자 가장 긴 연설에서, 그는 자신에게 제기된 혐의에 맞서 스스로를 변호한다. 하지만 여기서 실패하고, 배심원들은 기소 내용대로 그에게 유죄 판결을 내린다. 아테네의 관행에 따르면, 유죄 평결 이후 배심원단은 고발인이 주장하는 처벌과 피고인이 주장하는 처벌 중 선택을 할 수 있었다. 소크라테스를 고발한 자들은 사형을 주장한다. 두 번째 연설은 소크라테스의 반대 변론이다. 처음에 그는 자신이 아네테시가 부담하는 공짜 식사를 제공받아야 한다고 주장하지만, 그다음에는 플라톤 및 다른 부자 친구들의 강력한 권고를 받아들여 자신에게는 돈이 없으므로 이들이 자기를 대신해 벌금을 지불하는 것에 동의한다. 고대의 전기 작가 디오게네스 라에르티오스(Diogenes Laertios)에 따르면, 소크라테스에게 사형을 선고한 표차가 유죄 판결을 내린 표차보다 컸다. 다시 말해, 그의 두 번째 연설은 첫 번째보다 훨씬 더 큰 실패였다는 얘기다. 《소크라테스의 변론》의 세 번째 연설은 사형 판결이 내려진 후 소크라테스가 배심원단에게 하는 훈계다.

소크라테스의 맨 처음 변론은 현란하지 않다. 적어도 나를 현혹시키지는 않았다. 그런 상황에 처한 사람한테서 내가 기대했던 도량과 열정이 없었다. 왠지 성의가 부족하다고 생각했던 것으로 기억한다. 나는 영웅적인 포효, 천둥 같은 분출을 바랐다. 그러나 가끔, 특히 연설 초반에—그를 잔인하면서도 유쾌하게 조롱한 아리스토파네스의 희곡 《구름》에서처럼—자신에 대한 통속적인 묘사에 불만을 토로할 때 소크라테스는 투덜대고 약간 거만해 보이기도 한다. 이따금 그의 변호는 배심원단이 등을 돌리게끔 하려고 정확히 계산된 것 같다. 자신을 '쇠파리'라고 말하는 다음과 같은 대목이다.

아테네 시민들이여, 사실 나는 여러분이 생각하는 것처럼 지금 나를 위해 변론하는 게 결코 아닙니다. 여러분을 위해서입니다. 나에 대한 선고로 신이 여러분에게 내린 재능을 함부로 써서 잘못을 저지르는 것을 막기 위해서입니다. 나를 사형에 처하고 나면 여러분은 나를 대체할 사람을 찾기 어려울 것입니다. 농담으로 들어서는 안 됩니다. 마치 크고 빼어난 말의 등에 앉은 쇠파리처럼 이 도시에 덧붙어 사는 나 같은 사람을 찾는 게 쉽지 않을 것입니다. 너무 커서 약간 둔해 보이는 준마는 등에 붙은 쇠파리의 자극이 필요합니다. 나는 신이 이 도시에 보낸 한 마리의 쇠파리입니다. 나는 여러분 하나하나를 일깨우는 걸, 온종일 여러분과 함께하는 모든 곳에서 여러분을 설득하고 꾸짖는 걸 절대 멈추지 않을 것입니다.[5]

정말? 소크라테스는 이런 방향의 변론이 도움을 주지 않는다는 걸 모른단 말인가? 오만하고 건방지게 들린다는 것을 모른다고? 소크라테스는 자기 앞에 있는 배심원단이 아니라 자신이 착수한 지적인 전통을 염두에 둔 것 같다. 마치 동료 시민들을 무시하고 반체제 지식인의 계보를 살피며 이렇게 말하는 것만 같다. "여러분이 할 일은 당국의 심기를 건드리고, 현 상황에 제동을 걸고, 공권력을 표방하는 이들에게 난처하면서도 불쾌한 질문을 던지고, 그렇게 한 데 따른 총비용을 지불할 준비를 하는 것입니다." 지금은 설득력 있게 들릴지 몰라도 당시의 청중들한테 이 말이 제대로 전달됐을 리 없다. '신의 계시', 즉 어릴 때부터 정계 입문 같은 특정한 일은 삼가라고 명하며 그에게 말을 걸어온 '목소리'에 대해 얘기한 것도 도움이 됐을 리 만무하다.[6]

의문스러운 수사학적 선택에도 불구하고 소크라테스의 자기 변론이

미치는 전반적 영향은 강력하다. 그 위력은 조금씩 차분하게 당신을 덮친다. 거부하기엔 너무 늦은 순간까지 당신은 눈치조차 채지 못할지 모른다.

소크라테스는 그보다 더 지혜로운 자는 없다고 선언한 델포이(Delphoe)의 신탁 이야기를 들려준다.[7] 처음에는 이 신탁을 믿을 수 없었고, 자신의 모든 철학적 탐구는 그 신탁이 과연 어떤 의미인지 파악하기 위한 노력이었다고 그는 배심원단에게 말한다. 그것을 탐구하기 위해 지혜롭다는 평판이 자자한 이들(물론 언제나 남성이었다)[8]을 있는 대로 찾아가 신앙심, 덕, 정의, 인간 선(human good, 人間善)의 본질 같은 주제에 관해 체계적으로 질문을 던졌다. 정치가들부터 시작해 그다음은 시인들, 마지막으로 장인(匠人)들을 만난 소크라테스는 "평판이 가장 높은 자들이 가장 결함이 크다"[9]는 것을, 그리하여 아테네 인구 중에 무지(無知)가 지혜롭다는 평판에 반비례해 분포한다는 것을 알게 됐다. 플라톤의 초기 대화편들에는 소크라테스와 흔히 잔뜩 화가 나 있는 대화 상대 사이의 이런 민망한 만남의 이야기가 꼬리에 꼬리를 물고 나온다. '지혜로운 자들'은 전혀 지혜롭지 않은 것으로 밝혀지고, 사실은 지혜에 대한 자만 때문에 훨씬 더 무지한 것으로 드러난다. 그들은 자신의 무지에 대해 가장 무지했다. 이런 대화를 마치고 떠나면서 소크라테스는 생각한다. "내가 이 사람보다 더 지혜롭구나. 우리 두 사람 모두 무엇이 가치 있는지 모르는 것 같은데, 그 사람은 모르면서도 안다고 착각하는 반면 나는 적어도 모르면서 안다고 착각하지는 않아. 그러니 모르는 것을 안다고 착각하지 않는 이 작은 것 한 가지에서만큼은 최소한 내가 더 지혜로운 것 같군."[10] 그러나 어렵사리 도달한 이러한 통찰은 아테네의 유력자들에게 성가신 인물이 된 대가로 얻은 것이었고, 이 부랑자를 도시에서 제거하는 데 찬성표를 던진 배심원들 가운데에도 분명 그들 중 일부가 있었을 터이다.

소크라테스는 나를 사로잡았다. 그의 대화 및 질문 방법은 내가 살고 싶었던 삶의 방식을 제시했다. 나는 소크라테스가 다른 젊은이들한테도 이와 똑같은 영향을 미치는 것을 목도했다. 10년이 넘도록 매년 여름에 '자유와 시민 정신(Freedom and Citizenship)'이라는 컬럼비아의 프로그램을 통해 나는 이 대화편들을 이제 막 고3이 된 학생들에게 가르쳤다. 이 프로그램은 미국학연구소(Center for American Studies)와 저소득층 학생들을 대상으로 하는 뉴욕시의 지역 봉사 기관 더블 디스커버리 연구소(Double Discovery Center)의 협업으로 진행된다. '자유와 시민 정신' 프로그램은 3주간의 세미나를 중심으로 이뤄진 컬럼비아 기숙사 체험과 함께 시작되는데, 여기서 학생들은 첫 번째 주에는 고대 텍스트(플라톤, 아리스토텔레스, 투키디데스)를, 두 번째 주에는 계몽주의 텍스트(홉스, 로크, 루소, 제퍼슨)를 읽으며 보내고, 세 번째 주에는 미국(에이브러햄 링컨, 프레더릭 더글러스, 마틴 루서 킹 주니어 등)을 들여다보며 지낸다. 수업을 듣는 학생은 전원이 저소득 가구 출신이며, 자신이 가족 중 최초로 대학에 다니는 사람이 되길 바란다. 여름이 지나면 학생들은 고등학교 졸업반 기간 동안 대학 지원서 작성 멘토로 봉사하는 컬럼비아 학부생 한 명과 짝을 이룬다. 3학년 내내 그들은 격주로 캠퍼스에 와서 여름 세미나 토론 때 등장했던 관심사들을 계속해서 공부하는 시민 참여 프로젝트 활동을 한다. 이 프로그램은 무료다. 지금까지 300여 명의 학생이 참여했고, 그중 거의 100퍼센트가 대학에 등록했으며, 그중 다수는 대학원에 진학한다.

나는 매년 이 프로그램에서 학생들이 일종의 내면의 깨달음을 경험하는 것을 본다. 그들 대다수는 내가 그랬던 것과 똑같이 소크라테스에게 반응한다. 소크라테스의 말을 진지하게 개인적으로 받아들인다. 내 뇌리를 떠나지 않는 학생 한 명은 아동 복지 당국에 의해 할렘(Harlem)의 학대하는 엄마로부터 벗어나고 위탁 가정에서 몇 년을 지내다 우리 프로그램에 등록했다. 프로그램이 끝나갈 무렵, 그녀는 소크라테스한테서 어떻게 자신을 봤는지, 자신이 누구인지와 관련한 가장 심층의 의식에 그가 어떤 식으로 말을 걸어왔는지 감동적으로 얘기했다. 몇 년 뒤 그녀는 리버럴 아츠 칼리지를 졸업했고, 나는 그녀의 졸업식에 참석했다. 그 자리에 가득 스며 있던 감정의 강도를 말로 다 표현하기는 힘들다. 철학을 전공한 그녀는 졸업식에서 온갖 상을 수상했고, 그중 하나는 자신을 대놓고 소크라테스에 비유해 받은 것이었다. 그녀는 이듬해에 남미로 가서 에스파냐어를 배울 예정이었다. 그녀와 소크라테스의 만남에서 무엇인가가 깊이 자리를 잡았고, 그것은 아마도 그녀의 삶을 형성하는 데 계속해서 영향을 줄 것이다.

나는 여름 수업에서 고등학생들과 《소크라테스의 변론》에 대해 얘기할 때 "나 자신과 다른 사람들을 성찰하는 철학자의 삶을 살라"[11]는 명을 신으로부터 받았다는 소크라테스의 말을 주목하게끔 한다. 자신과 타인들 성찰하기. 이것이, 소크라테스한테는 그냥 이것이 철학적 삶이다. 자신을 성찰한다는 것은 도대체 무슨 뜻일까? 당신은 자신을 완전히 알지 않는가? 스스로가 훤히 들여다보이지 않는가? 당신이 아직 모르고 있는 자기 자신한테서 과연 무엇을 알 수 있을까? 소크라테스한테는 왠지 이렇게 내면으로 관심을 돌리는 게 먼저다. 그다음이 다른 사람들에 관한 탐구다. 아마 그런 이후에야 우리는 다른 사물들에 대해 탐구하는 쪽으로 나아갈 수 있을 것이다. 당신의 마음과 다른 사람들의 마음이 철학적 삶의 출발점이다. 그리고 이러한 자아 탐구 과정에는 사색뿐 아니라 대화도 있다. 즉, 당신한테는 다른 이들과의 대화를 통해서만 알 수 있는 자신에 관한 정보가 있다.

소크라테스로부터 1000년이 지난 후 몽테뉴(Montaigne)는 이러한 접근법을 마음에 새기고 그때까지 인간 조건에 관해 다룬 가장 위대한 명상록 하나를 쓴다. 그는 이 일련의 스케치로 에세이라는 장르를 창시했고, 아예 그것을 제목으로 책을 출간했으니 바로 《에세이(Essays)》(국내에는 '수상록'이라는 제목으로 흔히 알려져 있다—옮긴이)다. 거기서 그는 소크라테스를 "우리의 스승"이라 부르며 다음과 같이 적는다. "나는 다른 어떤 주제보다도 나 자신을 더 많이 연구한다. 이것이 나의 형이상학, 나의 형이하학이다."[12] 정직한 자기 성찰에 대한 이런 지향은 가장 부담스러우면서도 가장 중요한 과제다. 일생에 걸친 탐구의 일차적 대상으로서 스스로를 표출하는 것, 곧 자신의 일상적 인간 체험을 비판적인 자기 인식으로 바라보는 습관보다 인문학 교사가 학생들에게 줄 수 있는 더 큰 선물은 없다. 이것이 교양 교육의 기본 임무—진리를 전달하는 것이 아닌, 외부를 바라볼 때조차 내면을 들여다볼 수 있는, 인생을 변화시킬 수 있는 자질의 함양—이다.

이런 이중적 지향은 위대한 문학을 이해하는 열쇠이기도 하다. 만일 셰익스피어의 《맥베스》를 이해하고 싶다면, 학술 논문과 개요는 어느 정도까지만 안내를 해줄 수 있을 뿐이다. 《맥베스》를 깊이 이해하려면 자신을 깊이 들여다봐야 한다. 권력욕에 지배된다는 것은 도대체 무엇일까? 영광을 맛본다는 것은 또 무엇일까? 배신의 충격은 어떤 것일까? 진정되지 않는 죄책감의 정신적 대혼란이란 무엇일까? 문학은 그것이 없었다면 인간의 내면생활에서 철저히 검토하지 않고 넘어가거나 피상적으로만 볼 수 있는 면면들을 집중 조명하는 이런 능력 때문에 비로소 인간미가 넘친다. 그것은 정신적 과업 중에서도 가장 어렵고 가장 결정적인 일을 요구한다. 바로 자기 자신을 가차 없이 응시하는 것이다.

소크라테스에 따르면, 철학적 삶은 이런 자기 성찰 활동과 떼려야 뗄 수 없으며 타인들과의 자유롭고 심층적인 대화를 수반한다. 그리고 이것은 단지 전문적인 철학자들한테만 국한된 활동이 아니라 인간 생활을 통틀어 가장 중요한 노력이다. 소크라테스가 배심원들에게 직접 변론하며 이 점을 납득시키는 다음 대목은 그의 연설 중 가장 설득력 있는 순간 중 하나다.

여러분은 이 점에 대해 제게 이렇게 말할 수도 있습니다. "소크라테스여, 우리는 이제 아니토스(Anytos: 소크라테스를 고발한 3인 중 한 명—옮긴이)의 말을 믿지 않습니다. 우리는 당신이 무죄임을 선고합니다. 단, 조건이 있습니다. 당신이 더 이상 이런 탐구에 시간을 보내지 않고 철학을 실천하지 말아야 한다는 것입니다. 만일 이후에도 그런 일을 하다 잡힌다면, 그때 당신은 죽게 될 것입니다"라고요. 만일 제 말대로 여러분이 그런 조건으로 저를 방면한다면, 저는 여러분에게 이렇게 말할 것입니다. "아테네 시민들이여, 여러분에게 감사드리며 저는 여러분의 친구입니다만, 저는 여러분이 아니라 신에게 복종할 것입니다. 그리고 제가 숨이 붙어 있고 능력이 되는 동안은 철학을 실천하고 여러분에게 조언하고 여러분 중 우연히 마주치는 모든 이에게 제가 지금까지 해왔듯이 이렇게 지적하는 일을 멈추지 않을 것입니다. 선생님들, 여러분은 지혜와 힘 양쪽에서 가장 위대한 명성을 가진 가장 위대한 도시의 시민, 아테네인입니다. 그런 여러분이 어떻게 하면 가장 많은 재물과 명성 그리고 영예를 가질 수 있을까 간절히 바라면서도 지혜나 진리, 혹은 어떻게 하면 여러분의 영혼을 가장 선한 상태가 되게끔 할 수 있을까에 대해서는 신경 쓰지 않고 생각조차 하지 않으니 도대체 부끄럽지도 않습니까?" 그러다가 만일 여러분 중 한 명이 이 말을 반박하며 자기는 그런 것들에 진심으로 신경 쓴다고 한다면, 저는 그 사람을 당장 놓아주거나 그에게서 떠나지 않고 캐묻고, 조사하고 또 시험할 것입니다. 그리하여 만일 그 사람이 말한 대로 그가 선량한 수준에 도달했다는 생각이 들지 않는다면, 저는 그에게 정작 가장 중요한 것은 거의 중시하지 않으면서 그보다 덜 중요한 것들은 더 중시하고 있다며 꾸짖을 것입니다. 그 사람이 젊은이든 노인이든, 시민이든 이방인이든, 저는 마주치는 사람 누구에게나 이런 식으로 대하겠지만, 시민들에게는 더더욱 그렇게 할 것입니다. 여러분은 저와 같은 동포이기 때문입니다. 이것이 신이 제게 명하신 일이라는 것을 명심하십시오. 저는 제가 신을 섬기는 것보다 이 도시에 더 큰 축복은 없다고 생각합니다. 왜냐하면 제가 돌아다니면서 하는 일은 오로지 "덕은 재물로부터 생겨나지 않지만, 재물을 비롯해 인간에게 개인적으로든 공적으로든 그 밖의 좋은 것들은 전부 덕에서 생겨납니다"라고 말하며 젊은이든 노인이든 모두에게 육신이나 재물에는 신경 쓰지 말라고, 그보다는 어떻게 하면 영혼을 가장 선한 상태로 만들 수 있을지 열심히 신경 써야 한다고 설득하는 것이기 때문입니다.[13]

처음 읽었을 때 이 말이 내게 어떤 영향을 미쳤는지 정확히 기억나지 않지만, 지금은 그 영향이 엄청나다. 이 문장은 1980년대보다 2020년대에 더 적절하고 더 시급하게 느껴진다. 사실 5세기 소크라테스의 아테네보다 21세기 우리 사회에 더 딱 들어맞는다는 느낌이 든다. 내 강의실에 얼굴을 내미는 청년들에게 설득력 있게 다가간다. 비록 경제적 미래의 확보를 기대하며 대학에 오기는 하지만, 학생들 대부분이 시장 주도 문화가 지배하는 우리의 가치 체계에 대해 목소리를 내지 않으면서도 끊임없는 의혹을 품은 채 입학한다.

컬럼비아 학생들은 자신들이 악랄한 경쟁과 명성의 사다리에서 최상위에 있다는 것을 의식하지만, 그중 다수는 이런 성취가 삶의 의미에 대한 갈증을 채워주지 않는다는 깨달음 때문에 고심하는 듯하다. 나는 내 강의실이—일부 관찰자들이 묘사하는—타이틀만 얻었지 약해빠진 '눈송이들(snowflakes: 미국의 기성세대가 젊은 세대를 가리켜 과민하고 나약하다며 쉽게 녹는 눈송이에 비유한 표현—옮긴이)'이 아니라, 그 나이 때의 나처럼 존재론적 불안에 시달리고 무의미함의 위협과 싸우고 있는 정말이지 깊이 있고 성실한 젊은이들로 채워져 있다고 생각한다. 그들은 도덕적 문제에 집착하며, 미친 듯이 성공과 부와 지위를 추구하는 게 과연 자신들의 가장 깊은 갈증을 채워줄 수 있을까 생각한다. 소크라테스의 발언은 단지 직업뿐 아니라 삶의 터전이 될 길을 모색하려고 대학에 온 학생들에게 정면으로 말을 건다.

내 경험상 교수들은 제자, 그리고 자기 자신과 '민감한 이야기 하기'를 꺼린다. 하지만 이 소크라테스식 질문은 인문주의자라는 직업의 생명선—즉, 인문주의자의 소명—이다. 이런 질문을 진지하게 받아들여 실천의 중심에 놓지 않는다면 대학의 인문학은 허약하고 무기력해지며, 비정통적이고 어설퍼질 수밖에 없다. 이것은 학술지용이 아니라 교수가 학생,

동료, 스스로에게 던져야 할 질문이다. 교양 과목의 교육 및 학습은 단지 그들의 직업적 진로뿐 아니라 삶 전체로부터 유기적으로 우러나와야 한다. 진정으로 인문주의자라는 직업을 실천하는 데 있어 숭고한 개인적 헌신은 필수적인 전제 조건이다. 소크라테스가 철학적 활동을 할 때 생기 넘치게 만들고 아테네 배심원단한테 연설할 때 마음을 다잡게 한 것이 바로 이런 개인적 헌신이다.

《소크라테스의 변론》이 세 가지 연설을 거치며 진행됨에 따라 극은 고조되고, 위험은 갈수록 커지고, 재판은 터무니없는 비극적 참사에 휘말린다. 소크라테스의 연설이 완전히 마무리될 무렵 우리는 전형적인 철학자의 모습—부와 권력을 경멸하고, 자기 자신의 무지를 확신하면서 지식을 보유하고 있다고 주장하는 사람들에 대해서는 회의적이며, 초지일관 진리를 추구하고, 당국의 심기를 거스르고, 젊은이들을 자석처럼 끌어들이는—을 본다. 처형당하기 직전, 그는 감방에서 크리톤에게 이렇게 말한다. "가장 중요한 것은 목숨이 아니라 올바른 삶이네."[14] 소크라테스에게 살 만한 가치가 있는 삶이란 오직 목숨을 바칠 만한 가치에 의해서만 지속될 수 있다.

내가 기독교의 열기에 한창 빠져 있는 상황에서 플라톤 책을 읽었을 때, 소크라테스 이야기의 줄거리가 예수 이야기의 줄거리이기도 하다는 생각이 영 떠나질 않았다. 이 이야기가 예수 탄생 수백 년 전에 쓰였으며, 내가 교회에서 듣곤 하던 설교와 달리 예수가 선행에 관한 시장(市場)을 독식한 것은 아니라는 사실 또한 모르진 않았다. 이러한 깨달음은 우주 천지에 내가 받아들이고 있던 복음주의 기독교에서 꿈꾸는 것 이상으로 더 많은 것이 존재한다는 암시였다.

그러나 내게는 소크라테스가 한층 더 분명하게 상기시키는 인물이 또 한 명 있었다. 바로 우리 아버지였다. 둘의 평판은 다르지 않았다. 정부 농업연구소에서 일했던 잠깐의 기간을 제외하면(거기서 무슨 일을 했는지는 확실히 기억나지 않는다) 아버지는 일정한 직업이 전혀 없었다. 내가 아주 어렸을 때—이 시기는 거의 기억나지 않는다—아버지는 재단사로 일했는데, 외부에 문을 하나 달고 침실의 일부를 가게로 개조했다. 그는 사람들에게 옷 만들어주는 법을 독학으로 배워서 아직 총각일 때 그것으로 생계를 꾸리기 시작한 터였다. 내가 성장할 무렵에는 재단사 일을 그만두고 대신 사람들에게 가구를 만들어주며 가구 수리원이라는 이상한 일을 시작했다. 가족을 부양하기는 했지만, 거의 그렇게 볼 수는 없었다. 모두의 바람대로 돈벌이에 전념했다면 집에 가져다줄 수도 있었을 소득을 벌지 못했기 때문이다. 가장 손쉬운 길은 아버지의 입을 막으려고 애쓰는 많은 정치인 중 한 명한테 일자리를 얻는 것이었으리라. 그러나 아버지는 공안 당국을 혹평하고, 정부의 부패를 맹비난하고, 미국 제국주의를 규탄하는 특권을 절대 양보하려 들지 않았다. 돈벌이는 항상 절박한 필요에 몰릴 때 했다. 아버지는 물질적 번영이 자신의 체면을 깎아내리고, 자신에게 의지하는 사람들의 급작스러운 실망을 불러올 것이라고 생각하는 듯했다. 그러나 왠지 나는 이런 것을 원망 없이 받아들였다. 나를 가난하게 키웠지만 나로 하여금 그것을 모르게, 아니 내가 아는 범위 안에서 그것을 열등함의 증표가 아닌 덕의 표시로 여기도록 만든 것은 아버지의 특별한 재능이었다.

낮 동안 아버지가 재봉틀이나 재단 테이블에서 작업을 하고 있으면 보통 정치나 역사 또는 형이상학적 문제에 대해 토론하는 패거리—주로 떠돌이 청년과 마을의 비정규병(늘 캄비타의 많은 '미친놈'을 대변했다)—가 주위를 둘러싸곤 했다. 저녁이 되면 그 대화가 앞쪽 현관인 갈레리아(galería)로 옮겨갔는데, 지역민들은 여기에 교대로 등장해서는 하루가 멀다 하고 수리해놓는 흔들의자 중 하나를 차지하려고 자리싸움을 벌였다. 이곳에서는 캄비타 혹은 전 세계의 모든 흥미로운 지식이나 이상한 사실 또는 해프닝이 진지한 토론의 주제로 올랐다. 거의 매일 밤 벌어지는 이 심포지엄에는 단골 참가자 못지않게 캄비타의 몇 안 되는 거리 중 가장 붐비는 곳을 지나가던 행인들도 참여했다. 어떤 사람들은 그것을 라 에스쿠엘리타(la escuelita)—작은 학교—라고 불렀다. 갈레리아의 자발적이고 자유분방한 회합은 존 스튜어트 밀(John Stuart Mill)이 《자유론(On Liberty)》에서 권장했던 "최고의 주제들에 대한 자유롭고 대담한 사고"[15]의 생생한 사례였다. 어떤 신도 그가 캄비타에서 가장 지혜로운 사람이라고 공표한 적은 없지만, 만일 신이 그에 관해 독촉을 받았다면 말리긴(Malliguín)이란 별명으로 모두에게 알려진 로오세벨트 몬타스 시니어(Roosevelt Montás Sr.)라는 이름을 댔을 것이라고 나는 믿어 의심치 않는다.

《소크라테스의 변론》은 근본적으로 철학적 삶에 대한 정당화다. 그는 유죄 선고를 받고 난 뒤 아테네 시민인 청중에게 이렇게 말한다. "성찰하지 않는 삶은 살 만한 가치가 없습니다."[16] 고등학교 때 이 부분을 읽을 무렵 내 영어 실력은 소크라테스가 무슨 말을 하는지 정확히 이해할 수 있을 만큼 괜찮았다. 이는 단지 옛날 그리스의 한 노인에게 일어났던 일만을 얘기하는 게 아니었다. 그것은 내가 있던 바로 그곳 그때의 나 자신에게도 의미가 있었다. 그 책에서 내가 주워 담고 있던 것은 고대 그리스나 철학이 아니라 내 인생을 어떻게 살 것인가에 관한 내용이었다. 나는 《성경》을 읽는 것과 똑같은 방식으로 소크라테스를 읽고 있었다. 비록 내가 경전에서 받아들이던 신성한 권위를 수반하지는 않았지만, 소크라테스의 말은 특정 생활 양식으로의 초대장을 제시했다. 그것은 내 안에서 가장 살 만한 가치가 있는 유형의 삶에 관해 명료하지는 않지만 엄연히 구분되는 어떤 느낌을 확인시켜줬다. 캄비타를 떠날 때 온 세상을 잃는 것 같은 혼란 속에서 내가 잊고 있던 뭔가가 내가 찾아낸 이 낡은 책의 페이지들 속에서 나를 향해 어슴푸레 빛나고 있었다.

소크라테스의 영웅적 면모는 죽음을 며칠 앞두고 감방에서 벌어지는 짧은 대화편 《크리톤》에서 가장 확연히 드러난다. 소크라테스는 처형을 기다리며 한 달째 감옥에 있었다. 특정한 배가 아테네인을 대표해 수행해온 종교적 임무(테세우스가 승리하고 크레타섬으로 무사히 귀환한 것을 감사하는 뜻에서, 아테네시는 해마다 델로스섬으로 배를 보내 아폴로 신에게 제물을 바쳤다—옮긴이)를 마치고 돌아올 때까지 사형을 집행해선 안 되었기 때문이다. 배는 겨우 하루 거리에 있는 인근 항구에 도착했다. 운명의 날이 코앞으로 다가왔다.

그를 탈출시킬 계획을 세운 죽마고우 크리톤—소크라테스와 마찬가지로 믿기지 않게도 노년에 이르렀지만, 그와 다르게 부유한 지주였다—은 경비대에 뇌물을 전달하고, 소크라테스에게 가서 도망치라고 설득한다.

대화는 소크라테스가 아침 일찍 일어나 자신의 감방에 앉아 있는 크리톤을 발견하는 부드러운 장면으로 시작된다.

소크라테스: 크리톤, 자네가 이렇게 일찍 웬일인가? 아니, 아직 이른 시간 아닌가?

크리톤: 확실히 이르긴 하지.

소크라테스: 시간이 얼마나 됐나?

크리톤: 이른 새벽이야.

소크라테스: 경비원이 자네 말을 기꺼이 들어준 게 놀랍구먼.

크리톤: 그 친구가 이젠 상당히 친절하다네, 소크라테스. 내가 여기 자주 들른 데다 그에게 뭘 좀 줬거든.

소크라테스: 이제 막 온 건가, 아니면 한참 된 건가?

크리톤: 꽤 됐지.

소크라테스: 그럼 왜 바로 날 깨우지 않고 말없이 거기 앉아 있었나?

크리톤: 오, 아니네, 소크라테스. 나였다면 고통 속에서 그다지 오래 깨어 있고 싶지 않을 걸세. 자네가 그토록 평온하게 잠들어 있는 것을 보고 놀랐네. 일부러 자네를 안 깨웠지. 자네가 가장 기분 좋은 시간을 보내도록 말이네. 내 평생 자네가 행복하게 사는 방식을 생각해본 적이 전에도 종종 있었는데, 자네가 현재의 불운을 너무나 편안하고 가볍게 견디고 있는 지금이 특히 그렇다네.

소크라테스: 내 나이에 지금 죽어야 한다는 사실을 원망하는 것은 어울리지 않겠지.[17]

노인이 된 크리톤은 아직 사위가 컴컴할 때 도착해 어릴 적 친구가 평화롭게 잠들어 있는 것을 발견한다. 크리톤은 그를 깨우지 않고 거기 앉아 조용히 그를 바라본다. 대사만큼이나 무대 설정이 포착하는 이 장면의 부드러움은 플라톤이 왜 위대한 철학자일 뿐 아니라 탁월한 극작가인지를 보여주는 사례다. 새벽의 여명이 소크라테스의 얼굴을 비추기 시작해 그 특유의 이목구비를 드러내는 동안 크리톤은 조용히 앉아 있다. 크리톤은 전쟁, 정권 교체, 예술과 문학의 폭발적 발전 등 5세기 아테네의 격동기를 거쳐온 자신들의 긴 삶을 회고한다. 소크라테스가 어떤 식으로 살아왔는지 생각하고, 비록 빈털터리에 지금은 큰 곤경에 빠져 있지만 왠지 두 사람 중에서 소크라테스가 가장 행복한 삶을 산 것 같다는 느낌을 곰곰이 되새긴다. 지금만 해도 소크라테스는 죽음을 기다리는 와중에 푹 자고 있고 자신이 처한 곤경 따위는 아랑곳하지 않아 보인다. 크세노폰(Xenophon: 그리스의 철학자·역사가—옮긴이)에 따르면, 소크라테스는 노령에도 무용 강습을 받기 시작했고, 《파이돈》을 통해 우리는 그가 수감 기간 중 시 쓰는 습관이 생겼음을 알고 있다. 크리톤은 아마도 춤추고 시 쓰는 소크라테스를 떠올리고 있었던 듯하다. 아니, 어쩌면 이 소중한 벗을 잃고 더욱더 극심해질 자신의 노년의 고독을 생각하고 있었을 것이다.

소크라테스는 호메로스의 《일리아드》 9권에 나오는 아킬레스의 말을 인용하며, 방금 하얀 옷을 입은 아름다운 여성이 자신에게 다가와 "소크라테스, 금후 3일째 되는 날 그대는 풍요로운 프티아(Phthia: 아킬레스의 고향—옮긴이)에 도착하게 됩니다"[18]라고 말하는 꿈을 꿨다고 크리톤에게 얘기한다. 소크라테스는 이것이 크리톤의 예상과 달리 하루 뒤에 배가 도착할 것이며, 처형은 그다음 날인 '3일째 되는 날'에 거행될 것을 암시하는 예지몽이라 생각한다. 크리톤은 개의치 않고 바로 지금 그곳을 탈출해야 한다고—필시 그를 반기고 소중히 대해줄 테살리아(Thessalia)에 있는 크리톤의 친구들한테로—소크라테스를 설득하는 작전에 돌입한다. 크리톤은 소크라테스가 예의 그 문답법으로 조목조목 무너뜨리는 논거들을 총동원한다. 크리톤의 논거 중 하나는 내 삶에서 유난히 낯이 익었다.

> 더욱이 자네가 아들들을 키우고 교육시킬 수 있을 때 떠나버린다면 그들을 배신하는 행위라는 생각이 드네. 그러니까 자네는 그들의 운명이 어찌 될지에는 아무런 관심도 보이지 않고 있다는 걸세. 필시 그들은 고아가 흔히 처하는 운명을 따르게 되겠지. 자고로 자식을 낳았으면 아무리 힘들더라도 끝까지 양육과 교육을 책임져야 하고, 그게 아니라면 아예 자식을 낳지 말아야 하네. 자네는 선량하고 용기 있는 사람이 가는 길을 선택해야 하는 마당에, 특히 평생에 걸쳐 덕을 소중히 여긴다고 공언한 사람으로서 그와는 반대로 가장 쉬운 길을 택하는 것처럼 보이네.[19]

어이쿠! 이 마지막 대사는 약간 반칙이었다. 그러나 비록 재치는 없다 할지라도 소크라테스의 현재 곤경과 관련이 있을 뿐 아니라 자발적 빈곤과 함께 그의 삶의 방식 전체와도 관련이 있기 때문에 이 논거에는 힘이 실린다. 소크라테스가 자신을 위해서는 그런 삶을 선택할 수 있지만, 자식들을 위해 빈곤한 삶을 선택하는 것은 과연 옳은 일일까?

이 단락은 처음 크리톤의 주장을 읽었을 때부터 지금까지 줄곧 내게 불편한 의문을 제기한다. 일가친척들이 열심히 지적했듯〔항상 샤덴프로이데(Schadenfreude: 독일어로 남의 불행을 보며 느끼는 기쁨을 뜻함—옮긴이)의 기운이 있었다〕, 1985년 형과 나를 데리고 미국에 온 길에 내처 그대로 머물 수도 있었을 텐데 아버지는 그러지 않기로 했다. 우리를 아무런 준비도 안 된 무일푼의 엄마한테 맡기고 무시무시한 1980년대 뉴욕시에 버려둔 채 가버렸다.

아버지는 누에바욜에서 자신이 겪을 삶의 굴욕적인 소외감과 무력감을 견딜 수 없었다. 그는 캄비타로 돌아갔다. 마음의 상처와 머리에서 떠나지 않는 비난을 부둥켜안고 떠났다. 캄비타로 간 아버지에겐 전화가 없었고 정기적인 소통을 유지할 우편 제도도 없었다. 따라서 아버지의 출국은 곧 내 인생에서 그의 존재가 드문 편지와 훨씬 더 드문 방문으로 축소된다는 뜻이고, 그나마 비자를 취소당한 뒤로는 그 둘 다 완전히 중단될 터였다. 우리는 이 나라에 영주권을 갖고 왔기 때문에 미국 외의 국가에 6개월 이상 체류할 수 없었는데, 그렇다고 아버지가 단지 비자 유지를 위해 6개월마다 비행기 표를 살 만한 형편은 아니었다. 2년 특별 허가 자격의 효력이 멈추자, 아버지는 영주권이 만료되게 놔뒀다. 영주권은 미국 영구 거주와 자동 시민권 신청 자격을 부여하는, 외국인이 얻을 수 있는 가장 탐나는 비자라는 점을 알려드린다. 그것을 위해서라면 도미니카 사람들이 미국령 푸에르토리코 땅을 밟으려 나무배를 타고 풍파를 무릅쓰면서 말 그대로 죽음도 불사하는 그런 비자다. 아버지는 그것이 만료되게 내버려둔 것이고, 그와 더불어 10대 소년인 아들들이 살길을 찾으려고 바둥대고 있는 나라에 입국할 가능성도 사라졌다. 이렇게 아버지는 우리를 버렸다.

아무도 찬성하지 않았다.

이 일을 두고 나는 아버지를 향해 진정한 원망을 토로한 적이 없다. 시도는 했지만, 결과는 항상 뜨뜻미지근했다. 아내는 이것이 나의 자아 개념에 중요한 그의 특정 이미지를 보존하게끔 해주는 자기방어의 일부라고 말한다. 어쩌면 그럴지도 모른다. 아버지가 미국에 정착하려 했던 몇 안 되는 시도와 당시 그의 고통을 나는 기억한다. 질식할 것 같았다. 만일 아버지가 머물렀다면 내 삶은 망가졌을 거라는 생각이 든다.

소크라테스는 크리톤에 대한 회답으로 이 논의에는 거의 신경 쓰지 않고 지나가는 말로 일축한다. "자네가 제기하는 돈, 평판, 자녀 양육 문제들 말인데, 크리톤, 그런 고려는 사실 별생각 없이 사람들을 쉽게 사형에 처하고 할 수만 있다면 다시 되살리기도 하는 그런 자들한테나 해당하는 일이네."[20] 소크라테스의 편향은 내 경우에 적용되지 않았다.

아버지가 올바른 결정을 내린 건지 아닌지 나는 어떻게 평가하는가? 나와 형 그리고 엄마의 일은 잘 풀렸다. 그리고 나의 두 이복형제를 비롯한 도미니카공화국의 가족 일도 잘 풀렸다. 우리 사이는 괜찮다. 그러나 아버지가 과연 했어야 마땅한 일을 한 건지 아닌지 나는 어떻게 판단하는가? 나와 형에 대한 책임 대(對) 도미니카공화국에 있는 나의 어린 형제들과 한동안 나의 새엄마였던 그의 배우자에 대한 책임을 놓고 나는 어떻게 평가하는가? 내가 스스로에게 묻고 또 묻는 이런 질문은 아버지가 자신에게 묻고 대답해야 했던 질문이기도 하다. 아버지와 굳이 많은 시간을 함께 보내지 않았어도, 이 결정이 결코 치유할 수 없는 상처를 그에게 남겼다는 걸 나는 다시 한번 깨닫는다. 나에 대한 그의 염려와 존중을 통해 나는 이것을 안다. 한동안 떨어져 있다가 나를 처음 봤을 때 어쩔 줄 몰라 하던 그의 기쁨을 통해 나는 이것을 안다. 작별 인사를 할 때마다 예상대로 그의 눈에 넘쳐흐르는 눈물에서 나는 이것을 알 수 있다.

소크라테스에게 중요했던 문제—선행의 본질, 정의, 진리, 살아갈 만한 가치가 있는 삶—와 마찬가지로 나의 문제는 최종 결정에 좌우되지 않는다. 그것들은 계산 가능한 확실성으로 환원되지 않는다. 하지만 소크라테스가 역설한 것처럼 합리적 탐구의 적절한 주제다.

교양 교육은 인간 자유의 복잡한 조건을 진지하게 받아들이고, 그것의 딜레마와 그 살아 있는 경험의 긴급성을 다루는 교육이다. 이런 종류의 문제를 고찰하고 추론한다는 것은 곧 정직하고 지속적인 방법으로 그것들과 함께 살아가는 법을 익힌다는 뜻이다. 나의 성장에서 결정적 시기에 생겨났고 자아 개념 형성과 관련한 이러한 문제는 내 내면생활의 특성을 이룬다. 나는 이런 문제의 긴장 속에서 이 책의 집필을 포함해 내 일상생활을 즉흥적으로 처리한다. 문제의 구체적 세부 사항은 개인마다 다르겠지만, 인간의 삶은 모두 이와 같아서 헤아릴 수 없는 요소들 사이에 균형을 잡는다. 철학의 위대한 문제와 내 개인적 특수성에서 생겨나는, 오직 나하고만 관련 있는 독특한 문제는 항상 서로 교차하고 침투한다. 그러므로 보편성 속에서 내 특수성을 알면 온전한 정신으로 살아가는 데 적잖은 도움이 된다.

내가 소크라테스와 그의 철학적 삶에 대한 비타협적 시각을 수용한 것이 과연 아버지가 나를 버린 일을 이상화하는 방법, 내 성격의 토대를 와해시킬 위험이 있는 사건을 그 속에 동화시키는 방법이었을까? 적어도 일부인 건 틀림없다. 하지만 가장 살아갈 만한 가치 있는 삶에 대한 소크라테스의 비전으로 새로운 깨달음을 얻은 사람은 비단 나뿐만이 아니다. 내 개인의 심리는 그것의 의미를 샅샅이 다루지 않는다. 하지만 그것의 의미는 내 개인의 심리를 분명히 설명해주는 동시에 형성하게끔 해준다. 나는 수 세대에 걸쳐 다양한 개인에게 이런 일을 해줄 수 있는 책이라면 나의 5피트 필독서 서가와 이상적인 교양 교육 커리큘럼에 집어넣을 것이다. 강의실에서 이런 책을 자유롭게 탐구하다 보면 결국 자아 개념에 대한 가장 심오한 수준의 성찰이 뒤따른다.

소크라테스는 올바른 삶의 의미를 계속해서 크리톤에게 상기시킨다. 크리톤의 여러 논거를 반박하면서, 정치사상사에 지대한 영향력을 끼쳐왔고 여전히 논쟁의 모태를 이루는 자유 시민과 국가의 관계에 대한 이해를 끌어들인다. 소크라테스는 법령이 자신에게 사형을 선고한 경우라도 아테네의 법을 반드시 지켜야 한다고 주장한다. 자신이 이 도시의 법률과 그것이 어떻게 집행되는지를 충분히 알고 이곳에 살기로 한 이상, 암암리에 그걸 따르기로 합의한 것이라고 말한다. 자신이 준수하며 살겠다고 합의한 법률의 적용을 받아 지금 개인적 피해를 입었다는 사실이 거기에 복종할 의무를 무효화하지는 않는다는 것이다.

이러한 주장을 통해 소크라테스는 정치 결사체란 상호 구속력 있는 규칙 및 조약을 준수하겠다는 개인들 간의 합의를 수반한다는 이해, 즉 훗날 사회계약론이라 불린 이론의 초기 버전을 명확히 표현한다. 이 사회계약에서 공동체는 일정한 조건하에 개인의 의지와 이익에 반하는 행동을 할 권리를 취득한다. 장자크 루소(Jean-Jacques Rousseau)는 이런 사유에 관한 뛰어난 역작에서 정치적 자유란 바로 사회계약의 일환으로 공식화한 법의 준수에 달려 있다는 견해를 내놓았다. "일반의지(general will)"

를 표현하는 이러한 법령은 루소가 말한 것으로 유명한 "자유를 위한 강제" 속에서 사회계약 구성원들에게 강제로 시행할 수 있다.[21]

그러나 소크라테스의 다음 주장을 읽으면서 나는 그가 자기 입장을 과장하고 있다는 느낌을 지울 수 없다.

> 자네는 그들〔도시〕을 설득하든가 아니면 그 명을 따르든가 해야 하네. 그들이 무엇을 견디라 지시하든, 그게 태형이든 하옥이든 묵묵히 받아들여야 하며, 설사 자네를 전쟁터로 내보내 부상당하게 하거나 전사하게 만들더라도 복종해야 하네. 그렇게 하는 게 옳은 일이기 때문이지. 또한 항복하거나 물러서거나 대열을 이탈해서도 안 되네. 전쟁이나 법정 양쪽의 경우 또는 그 밖의 모든 곳에서 도시와 국가의 명에 따르든지, 아니면 정의의 본질에 관해 그들을 설득해야 하네.[22]

크리톤은 언쟁할 의지가 없어 보이지만, 소크라테스의 입장은 여기서 완전히 강경하지는 않다. 우리는 그가 아테네의 배심원단에게 그들이 철학의 실천을 중단하라고 명한다 해도 자신은 따르지 않겠노라 말했던 것을 기억한다. 정부는 국민 사이에 어떤 양도할 수 없는 권리를 보장하기 위해 도입되었고, 정부의 정당한 권력은 피치자들의 합의로부터 나오며, 어떤 정부든 이 목적을 무너뜨릴 시에는 언제라도 그 정부를 교체하거나 폐지하는 것이 국민의 권리임을 떠올리면서 우리는 정부에 대한 맹목적 복종이라는 발상에 발끈한다. 아니, 적어도 북아메리카의 영국인 정착지 13곳을 대표했던 토머스 제퍼슨이라는 18세기의 한 영국 국민의 주장은 그러했다. 소크라테스의 입장은 헨리 데이비드 소로라면 '시민 정부에 대한 저항'이라고 부를 만한 것의 여지를 남기지 않는 듯하다.

그러나 소크라테스의 행동을 '버밍엄 감옥에서 온 편지(Letter from a Birmingham Jail)'에서 마틴 루서 킹 주니어가 그랬던 것과 마찬가지로 파악하는 또 다른 방법도 있다. 이 관점에서 보면, 소크라테스는 합법과 공정 사이의 차이점을 강조하기 위해 고도로 앞선 형태의 비폭력 시민 불복종에 참여하고 있는 것이다. "저는 양심에 비추어 불공정하다고 여겨지는 법률을 위반하고 그것의 부당성에 대한 공동체의 양심을 불러일으키고자 기꺼이 수감되는 처벌을 감수하는 사람이야말로 사실은 법에 대해 최고의 존경을 표명하고 있다고 생각합니다."[23]

소크라테스는 철학의 포기를 거부했고, 이렇게 해서 동료 시민들의 뜻을 거슬렀다. 최고형에 대한 그의 비폭력적 수용은 법률의 도덕적 결함을 부각하고자 마하트마 간디가 '영적 힘'이라고 부른 것을 사용한 사실상 최고 수준의 저항 형태다. 소크라테스의 모든 철학 활동은 법이 부당하다고 판단할 수 있는 기준에 관한 탐구였다. 궁극적 해답에 도달했다고 주장한 적은 한 번도 없지만, 그는 한 가지 명확한 확신에 도달하기는 했다. 바로 진리 추구는 그 자체로 옳고, 목숨을 걸고라도 지켜내야 한다는 것이다.

소크라테스, 제퍼슨, 소로, 킹, 간디 사이에는 연결되는 실이 한 가닥 있다. 그 가닥은 길고 구불구불하지만, 현존하는 책들을 통해 추적할 수 있다. 연구를 통해 이 가닥을 놓치지 않고 따라갈 수 있는 작품 역시 내 5피트 서가와 이상적인 일반교양 교육 커리큘럼에 한 자리를 차지한다.

혹자는 내 장서의 세 대화편 중 《파이돈》이 가장 덜 소크라테스적이고 가장 플라톤적이라고 말할 수도 있다. 우리가 알기로 이 책은 역사 속 소크라테스와는 그다지 관계가 없는 형이상학적 문제가 주를 이룬다. 대화편 대부분이 그렇듯 플라톤은 《파이돈》에서 자신을 사로잡는 철학적 사고를 추구하는 도구로써 소크라테스를 사용한다. 《소크라테스의 변론》과 《크리톤》의 문제는 주로 윤리적(덕이란 무엇인가? 어떻게 해야 올바르게 살 수 있는가?)인 반면 《파이돈》을 지배하는 것은 형이상학적(존재한다는 것은 무엇인가? 앎은 무엇인가?)이다.

많은 학자가 《소크라테스의 변론》과 《크리톤》을 플라톤의 초기 대화편으로 분류하는 데 비해, 《파이돈》은 철학적 사유가 더욱 체계화된 중기에 나왔다. 그러나 플라톤이 《파이돈》을 《소크라테스의 변론》과 《크리톤》보다 얼마 후, 그러니까 소크라테스의 처형이 있고 한참 뒤에 집필했다 쳐도 《파이돈》은 소크라테스의 죽음에 대한 충격으로 여전히 몸서리친다. 오랜 시간이 지났지만 플라톤은 그것을 극복하지 못한 것이다. 대화편이 아무리 높은 철학적 밀도로 꽉 채워져 있다지만, 《파이돈》은 아직 슬픔으로 가슴이 미어터지는 한 제자가 옛 은사에게 바치는 헌사다.

대화는 에케크라테스(Echecrates)가 파이돈에게 던지는 질문으로 시작된다. "파이돈, 당신은 소크라테스 선생님이 감옥에서 독배를 마신 날 그와 같이 계셨습니까, 아니면 다른 사람이 당신에게 그 얘기를 들려줬습니까?"[24] 파이돈은 자신이 거기 있었고, 그 사건이 "놀라운 경험"이라 생각한다고 답한다. 에케크라테스는 하나도 빠짐없이 듣고 싶어 하고, 파이돈은 "제가 말하든, 아니면 다른 사람이 하는 말에 경청하든 소크라테스 선생님을 떠올리는 것보다 제게 더 기분 좋은 일은 없으므로" 그에게 도움

이 될 수 있어 기쁘다고 한다.[25]

파이돈과 다른 몇몇 친구는 방문객 출입이 허용되기 전인 동틀 무렵에 감옥에 도착한다. 문지기는 소크라테스가 그날 해 질 녘에 이뤄질 사형이 어떻게 진행되는지 안내받는 중이라면서 그들에게 기다려달라고 한다. 잠시 후 안으로 들어간 친구들은 갓난아기 아들을 안고 이미 그곳에 와 있는 소크라테스의 아내 크산티페(Xanthippe)를 발견한다. 소크라테스는 말년에 자기보다 한참 젊은 크산티페와 결혼했고, 그녀는 그에게 세 아들을 낳아주었다. 그녀는 울고 있었다. 소크라테스는 크리톤에게 누군가를 시켜 그녀를 집으로 좀 데려다주라고 부탁한다. 그녀는 "가슴을 치고 울부짖으며"[26] 끌려 나간다.

플라톤은 다가오는 최후의 날 황혼 녘에 가족 간에 나눴을 친밀함의 마지막 순간을 독자들의 상상에 맡긴다. 소크라테스는 크산티페가 왜 혼자 힘으로 살아야 하며 왜 홀로 세 아들을 키워야 하는지 설명하기 위해 크리톤한테 했던 것처럼 철학적 논거를 내놓았을까? 자신의 아기를 품에 안고 그 목에 입을 맞추며 마지막으로 한 번 아기를 웃게 했을까? 헥토르(Hector)가 가공할 아킬레스와 숙명적으로 만나기 전에 아스티아낙스(Astyanax)에게 그랬듯 아기를 공중에 들어 올려 신들에게 기도를 드렸을까? 10대 아들들에게 전할 마지막 말을 크산티페한테 했을까? 그녀에게도 마지막 말을 몇 마디 남겼을까? 플라톤은 일일이 말하는 대신 불필요해 보이는 가정생활의 마지막 초상을 간단히 그린다. 왜 그랬을까? 그것은 적어도 크리톤이 앞서 제기했던 사안, 즉 가정에 대한 책임과 지성적 독립 사이의 긴장을 다시금 돌이켜 보게 한다.

플라톤의 대화편은 이처럼 엄격한 철학적 읽을거리라고 하기엔 과잉으로 보이는 인간적인 삽화들로 가득 차 있다. 그러나 플라톤을 십분 활용하려면 이런 무심한 세부 사항에 세심하게 주의를 기울여야 한다. 사실 그것들은 전혀 사소하지 않다. 플라톤은 독자들에게 자신의 철학에서 미학적 차원을 놓치지 않는 문학적 감수성을 요구한다.

크리톤은 하인 한 명을 붙여 크산티페를 집으로 보내고, 그녀가 떠나자 심각한 철학 이야기판이 벌어진다. 그녀의 눈물은 형이상학이 끝에 도달하고 소크라테스가 독배를 마실 때가 되어서야 다시 들먹여질 것이다. 소크라테스는 자신의 임박한 죽음에 관해 친구들을 안심시키려 애쓰면서—성공하지는 못한다—영혼 불멸에 관한 일련의 논증을 펼친다. 고등학교 때 이 논증을 처음 읽을 무렵 나는 이미 영혼의 불멸성을 '믿고' 있었고, 소크라테스의 합리적 입증이 내 믿음을 확인시켜주기를 간절히 바랐다. 그런데 아니었다. 나는 비록 소크라테스의 추론을 논박하지는 못했지만—그것을 따르는 것마저도 가능할지 확신이 서지 않았다—거기에 설득당하지 않았다. 논거가 억지라는 느낌이 들었다. 믿고자 하는 나의 노력에도 불구하고 일부 복음주의 교리가 그랬던 것과 똑같이 아무런 감흥을 주지 않았다. 에밀리 디킨슨(Emily Dickinson)이 그녀만의 신랄한 방식으로 표현했듯이 말이다.

우리가 믿지도 않는 것을 믿는다고
신나지는 않는다.

해가 지고 독배를 마실 순간이 다가오자 울음과 흐느낌이 터진 것으로 알 수 있듯이 그의 친구들도 납득하지 못했다. 그러나 표면상으로 핵심적인 이 논증이 설득력에서는 실패했다 할지라도 《파이돈》은 플라톤의 모든 형이상학의 단단한 기반을 이루는 인식인 이른바 형상론(theory of form, 形相論)을 가장 상세히 소개하고 있다는 사실을 비롯해 여러 면에서 철학적으로 여전히 중요하다.

형이상학은 흥미로운 분야다. 뇌는 그것을 거부한다. 우리의 정신이 형이상학적 문제에 초점을 맞추는 일종의 왜곡을 수행하게 만들려면 보통은 촉구가 필요하다. 단순히 '형이상학'을 규정하려다가는 형이상학의 모래늪 속으로 굴러떨어진다. 《메리엄 웹스터 대학생용 사전(Merriam-Webster Collegiate Dictionary)》 제11판의 명료한 정의가 유용한 출발점이 되겠다. "현실과 존재의 근본적 본질과 관련한 철학의 한 분야." 그런데 이 말—"현실과 존재의 근본적 본질"—은 도대체 무엇을 뜻하는 걸까? 그 지점에서 사전은 우리에게 도움이 되지 않는다. 도대체 무슨 뜻일까? 정신은 이 말의 의미를 이해할 때 무엇을 파악하는 걸까?

우리가 현실과 존재의 근본적 본질에 관해 물을 때는 틀림없이 이 말에 대해 뭔가를 아는 우리의 능력에 관해 질문하는 것이기도 하다. 현실의 근본적 본질에 관해 뭔가를 안다 함은 이 현실의 한 가지 측면(우리의 정신)이 더 광범위한 측면들로부터 동떨어져 우리가 '앎'이라고 부르는 특별한 방식으로 거기에 동화될 수 있음을 시사한다. 그러나 현실과 동떨어져 그것을 지식의 대상으로 파악할 수 있는 것은 아무것도 없다. '앎'과 그 '앎'을 수행하는 인자(agent, 因子)를 비롯해 모든 것이 '현실'에 포함되어 있어야 한다. 그렇다면 현실과 존재의 근본적 본질에 관해 뭔가를 안다는 것은 일종의 자의식이어야 할 터이다. 안다는 것 자체가 그것이 아는 현실의 일부가 틀림없으니 말이다. 머리가 혼미해진다.

무엇보다 플라톤은 형이상학자이며, 그가 주장하는 거의 모든 것은 어떻게든 형상론의 측면으로 되돌아온다. 예전에 한 번도 형상론을 접해본 적 없는 학생들에게 그것을 설명하려 할 때면, 나는 완벽한 원을 상상해보라고 한다. 이것은 누구나 어렵지 않게 할 수 있다. 그런 다음 완벽한 원을 본 사람은 실제로 아무도 없다고 지적한다. 우리의 물리적 감각으로 경험하는 완벽한 원은 비록 우리가 인지하지 못할 만큼 아주 극미하다 하더라도 불완전하거나 고르지 못한 부분을 갖고 있다. 직선도 마찬가지다. 아무도 직선을 본 적이 없다. 이런 것들은 오직 지성의 사물로서 존재한다고 플라톤은 말한다. 형상(Forms)—지성은 접근할 수 있으나 감각은 그러지 못한다—으로서 존재하는 것이다. 감각이 인식하는 것은 이 완벽한 실체의 근사치 혹은 모조품이다. 플라톤에게 이는 기하학의 도형뿐만 아니라 만물에도 해당한다. 감각이 인식한 현실은 관념의 영역에서는 완벽한 불변의 영원한 형상으로 존재하는 것의 불완전한 모조품이다. 사실 이런 형상의 영역이 실재이며, 우리가 신체적 감각을 통해 인식하는 것은 벽에 비친 그림자처럼 환영이다. 그러니까 뭔가를 안다는 것은 그것의 형상을 아는 것이다.

의자를 생각해보자. 많은 유형의 의자—접이식 의자, 소파, 책상 의자, 나무 의자, 의자 그림, 상상 속 의자, '의자'라는 단어—가 있다. 이 모든 사물을 의자로 만들어주는 것은 일종의 이상적인 의자 또는 의자라는 형상과의 유사성이다. 플라톤의 명확한 어구에 따르면, 모든 의자는 의자의 형상에 '관여한다'. 의자는 그 형상으로부터의 거리에 따라 더 완벽하거나 더 불완전하다. 잘 만든 의자는 잘못 만든 의자보다 그 형상에 더 가까울 테고, 잘못 만든 의자도 결국 그림에서 보거나 책에서 읽는 의자보다는 그 형상에 더 가까울 것이다. 형상은 지식의 진정한 대상이며, 그것에 도달하려면 감각의 영역을 뛰어넘어야 한다. 형상 자체도 결국 우리가 형상의 형상이라고 생각할 수 있는 것, 플라톤이 선(善)의 이데아라 부르는 것에 관여함으로써 존재한다. 기독교 신학자들, 특히 성 아우구스티누스는 모든 존재가 생성되는 이 궁극의 형상을 기독교의 하느님과 동일시한다.

대개 보통 사람은 형이상학에 절실한 관심을 두지 않는다. 그것이 지식인 협잡꾼 같은 인상을 주기에 "그래서 어쩌라고?"라는 간단한 질문으로 쉽게 일축한다. 그러나 형이상학적 문제는 사실 피해갈 수 없다. 그것이 우리 삶의 당면한 관심사와 아무리 동떨어져 있는 것처럼 보여도 우리가 생각할 수 있는 문제 또한 가드레일을 들이받듯 이따금 그것과 부딪칠 수밖에 없다.

우리는 형이상학적 수수께끼에 직면하면 흔히 다른 식으로 바라본다. 월트 휘트먼(Walt Whitman)에게 "풀(grass)이 뭐예요?"라고 물었던 아이, 또는 내게 "마음이 뭐예요?"라고 물었던 우리 집 두 살짜리처럼 형이상학적 문제에 강렬한 흥미를 갖기 마련인 어린이와 당신이 진지한 대화를 나눌 때는 피하기가 더욱 어렵다. 그러나 형이상학을 용케 피해갈 때도 우리는 무의식적인 형이상학적 가정에 의존해야만 비로소 그렇게 할 수 있다. 가령 어떤 형이상학적 고정점(anchor point, 固定點)을 상정하지 않고서는 옳고 그름, 진실과 허위의 기준이 있을 수 없다. 사리사욕을 옳고 그름, 진실과 허위의 유일한 기준으로 삼는 사람일지라도 그 사리사욕을 어떻게 판단해야 하느냐는 문제는 여전히 남는다. 그 생각이 이미 궁극적 선의 개념을 암시하기 때문이다.

교양 과목 수업 시간의 대화가 형이상학적 영역으로 미끄러져 들어가는 경우는 드물지 않다. 이런 순간은 지적으로 짜릿함을 안겨주고, 우리의 일상적 경험과 얽혀 나오는 일종의 미스터리를 엿볼 수 있게끔 해준다. 철학은 우리를 알 수 있는 것의 경계까지 끌고 가는 난해하고 비범한 질문을 던져 그것을 엄중하고 정직하게 파고들려 한다.

《파이돈》도 이런 질문을 던진다. 모든 답변이 만족스러운 것은 아니지만, 비단 종교적 명령뿐 아니라 존재의 본질, 영혼, 인간 선 같은 쟁점도 합리적 탐구의 대상이 된다는 단순한 생각은 그 자체만으로도 신난다. 대화편 앞부분에서 소크라테스는 "철학을 제대로 실천하는 사람들의 한 가지 목표는 죽는 것을 탐구하며 실천하는 것을 본업으로 삼아 살아가는 것"[27]이라고 한다. 여기서 소크라테스가 철학의 올바른 실천이라 부르는 것은 대학원 철학 세미나에서 흔히 일어나는 일이 아니라, 바로 교양 과목 강의실에서 벌어지는 광경과 아주 흡사하다. 교양 교육을 본업으로 삼는다는 것은 우리가 언젠가는 죽을 수밖에 없다는 사실을 붙들고 직접 씨름하면서 궁극적인 문제를 늘 염두에 두는 것이다. 인간 삶의 의미—인간 선의 본질—에 대한 탐구는 모두 죽음에 대한 관점을 제시해야 한다. 소크라테스는 다른 대화편과 마찬가지로 《파이돈》에서 인간 선의 탐구와 거기에 수반되는 죽음이라는 문제에 대한 관심이 그 자체로 고결한 삶의 핵심 요소라고 강조한다. 《소크라테스의 변론》에서 그가 표현했듯 "인간이 매일 덕을 논의하는 것이 최고선이다".[28]

현대 영어에서 '덕(virtue: 미덕, 덕성 또는 선으로도 번역한다—옮긴이)'이란 말은 소크라테스가 사용했던 그리스어—아레테(arete)—에 없는 많은 함축적 의미를 내포한다. 가장 기초적인 의미로 아레테는 그냥 '탁월성'을 뜻한다. 인간의 삶에 적용해 아레테를 생각한다 함은 인간의 탁월성, 즉 인간 선에 대해 생각한다는 얘기다.

《니코마코스 윤리학》 서두에서 아리스토텔레스가 지적하듯 인간의 삶이 목표로 삼는 선을 곧 행복이라고 부른다는 데는 모두가 동의하지만, 정확히 행복이 무엇인지에 대한 합의는 거의 없다.[29] 《니코마코스 윤리학》은 그 주제에 대한 아리스토텔레스의 심층적 분석이다. 그가 사용하는 말은 영어 단어 'happiness'로는 완벽하게 번역되지 않는 에우다이모니아(eudaimonia)다. 일부 번역자들은 아리스토텔레스가 에우다이모니아를 설명하면서 지속적인 생활 양식, 의도적인 행위에서 기인하는 일종의 행운을 얘기하기 때문에 '인간의 번영'이란 문구를 선호한다. 우리의 보편적 행복 개념과는 대조적으로 아리스토텔레스는 에우다이모니아를 어떤 상태보다는 활동으로 생각한다. 좋은 경험을 수동적으로 수용하는 태도로는 에우다이모니아에 도달할 수 없다. 번영하는 삶에는 활동, 특히 아레테, 즉 탁월성이 드러나는 활동이 포함된다. 그렇다면 인간의 탁월성이란 어떤 부류의 것일까? 아리스토텔레스에게 인간의 탁월성은 그가 우리 인간 고유의 능력이라고 여기는 것, 바로 이성의 사용을 포함한다.[30]

아리스토텔레스는 자신이 생각하는 올바른 삶의 개념에서 이성의 함양에 중심성을 부여하다가 이것을 함양하는 데 가장 도움이 되는 유형의 교육을 곰곰이 생각하기에 이른다. 그가 기술하는 유형의 교육이 바로 우리가 말하는 교양 교육이다. 그는《니코마코스 윤리학》의 자매편 논문으로 집필한 저서《정치학(Politics)》에서 이 주제로 넘어간다. 모든 정치 공동체는 에우다이모니아에 도달할 여건을 조성하는 시도로 이해할 수 있기 때문이다. "그것은 살기 위해 생겨났지만, 잘 살기 위해 계속 존재한다."[31]

아리스토텔레스의 관점에서 교양 교육은 자유로운 개인에게 적합한 교육이라고 간단히 정의할 수 있다. 그는《정치학》후반부에 가서 이렇게 쓴다. "그러므로 쓸모 있거나 필요해서가 아니라 품격 있고 자유 시민한테 적합하기 때문에 아이들에게 제공해야 하는 특정 유형의 교육이 있는 게 분명하다." 그리고 덧붙인다. "관대하고 자유로운 사람이 늘 뭔가에 대해 어떤 쓸모가 있느냐고 묻는 것은 대단히 부적절하다."[32]

자유 시민에게 적합한 교육이라는 이 고대의 교양 교육 개념은 개인의 자유를 정치적 질서의 핵심 가치로 받들어온 현대 사회에서 특히 의미가 있다. 얼핏 보기보다 간단한 개념은 아니다. 한 가지 시사점이 바로 눈에 띈다. 고대인들이 말했던 '자유 시민'의 의미에는 오늘날 우리가 **정치적** 자유라고 부르는 것뿐만 아니라 **경제적** 자유라고 여기는 것도 포함된다. 다시 말해, 자유 시민이 되려면 아리스토텔레스가 "상스러운" 일 혹은 "돈 때문에 하는 일"이라고 부른 것에서 어느 정도 자유로워야 한다는 얘기다.[33] 그는 정치적 시민권의 본질을 논의할 때 그 점을 명확히 한다. "최고의 도시 국가는 상스러운 기능공에게 시민권을 부여하지 않을 것이다. ……상스러운 기능공이나 고용 노동자의 삶을 살면서 덕의 추구에 관여하기란 불가능하기 때문이다."[34] 오직 유한계급만이 정치적 시민권에 적합하다는 개념을 우리는 거부할 테지만, 시민이 자신의 모든 에너지를 먹고사는 데 쏟지 않을 때에만 일어날 수 있는 일종의 시민 정신 함양이 민주적 자치에 필요하다는 점은 묵과할 수 없다. 아리스토텔레스의 말을 옮기자면, 시민의 덕(아레테)은 "필수적인 업무로부터 자유로워"[35]지는 것을 요구한다. 그것은 '여가 활동', 즉 스콜레(schole) 능력을 요구하며, 여기서 'school'이라는 말이 파생했다.

개개인이 경제적 의무의 속박에서 해방되는 방법으로 자신의 인성을 키울 여지가 없다면 법 앞의 권리와 평등은 민주주의에서 아무런 의미도 없다. 우리는 오늘날 교양 교육에 관해 얘기할 때 학생의 교육에서 돈벌이와 무관한 부분, 어떤 직업을 갖고 싶은지가 아니라 어떤 종류의 삶을 살고 싶은지에 관해 이들이 생각하도록 요구하는 부분을 고려해야 한다. 듀보이스는 1903년의 뛰어난 수필집 《흑인의 영혼(Souls of Black Folk)》에서 노예제로부터 막 해방된 미국 흑인 인구에 적합한 교육과 관련해 바로 이 점을 명확히 했다. 그는 이렇게 썼다. "진정한 대학이라면 영원히 지녀야 할 한 가지 목표가 있다. 고기를 얻는 게 아니라 그 고기가 영양분을 공급해주는 삶의 궁극적 목적을 아는 것이다."[36]

이 점은 특별히 중요하고 비직관적이다. 빈곤과 소외에서 벗어나기 위한 방안으로 대학을 바라보는 학생과 그 가족에게는 특히나 거북한 생각이다. 노예제의 여파 속에서 흑인 차별 정책의 폭력과 착취에 맞서야 할 판에 흑인의 교육에 셰익스피어와 마르쿠스 아우렐리우스가 들어설 자리를 옹호하는 것은 듀보이스에게 힘겨운 싸움이었다. 지금도 학비를 내려면 상당한 빚을 져야 하는 경제적으로 불안한 가족한테 교양 교육은 쓸모 있는 교육에 집중하는 것을 방해하는 시간 낭비가 아니라 쓸모 있는 교육에 목적과 방향을 부여해줄 바로 그런 교육이라는 점을 이해시키기란 어렵다.

교양 교육의 내용이 어때야 하는지는 보통 학부 교수진 사이에서 논란이 많은 주제다. 사실 계속되는 가정은 이 문제에 관한 합의가 불가능하다는 것이고, 따라서 대학은 학습 성과를 숙련도와 역량의 관점에서 미리 규정하고, 교수진이 이 알맹이 없는 목표를 어떤 방법으로 달성하고 싶은지 정하도록 맡기는 쪽에 의지해왔다. 학부 교육에서 내용보다는 숙련도에 초점을 맞추는 것과 더불어 교양 과목 배당 시간을 '이행'하는 한 가지 방안이 '배분 이수(distribution requirement) 교과'의 폭넓은 활용인데, 이는 교양 교육이 무엇인지 구체화하는 데 대학 기관의 에너지나 비전은 사실상 거의 투입하지 않는다는 뜻이다. 자기들이 리버럴 아츠 칼리지라고 자랑스럽게 내거는 곳들조차 그렇다.

하지만 교양 교육은 곧 자유를 위한 교육(교양 교육을 뜻하는 영어의 liberal education에서 'liberal'에 내포된 자유를 상기시키는 구절—옮긴이)이라는 인식은 그 내용에 즉각적 영향을 미친다. 그중 한 가지 영향이 교양 교육은 인간의 탁월성이나 인간 선—그리스인이 '덕(virtue)'이라 부른 것—의 본질에 대한 성찰과 관련이 있어야 한다는 것이다. 이 광범위한 문제를 추구하는 확실한 방법은 장시간에 걸쳐 인간 선이라는 근본적 문제를 성찰하는 데 특히 강력한 촉매임이 입증된 작품을 학생들이 만나도록 하는 교과 과정이다. 이런 작품에 붙은 이름 하나가 '고전'이다.

거의 모든 경험자가 확인해주겠지만, 역사적·문화적 중요성이 지대한 작품에 대한 연구를 바탕으로 한 교양 교육은 당신이 평생토록 가지고 다닐 무궁무진한 보물을 제공한다. 물론 이런 유형의 작품은 교과 과정에 포함할 수 있는 양보다 훨씬 더 많고, 따라서 현대의 맥락과 관심사를 세심하게 반영한 신중한 선택이 여전히 필요하다. 예컨대 미국 대학의 커리큘럼은 가령 중국이나 인도의 대학과는 다른 자료의 선택을 요구한다. 공과 대학, 신학 대학, 유서 깊은 흑인 대학, 전통적인 리버럴 아츠 칼리지는 전부 다 다른 관심사와 전통을 가지고 공통 교과 과정에 포함할 교재를 고른다. 인종, 젠더(gender), 식민주의 같은 쟁점에 대한 우리의 동시대 인식도 마찬가지로 과거의 어떤 작품이 오늘날 교양 교육에 가장 도움이 될지 판단하는 데 틀림없이 영향을 줄 것이다. 하지만 어떤 경우든 우리가 사는 세상을 형성해온 정치, 종교, 철학의 핵심 문제를 붙들고 씨름하는 저서가 일반교양 교육에서 중요한 자리를 차지할 만하다. 이 교육의 목표는 이런 근본적 문제에 대한 해답을 제시하는 게 아니라 학생들에게 그것을 되살려 삶의 지침 역할을 해줄 습관을 심어주거나 성찰 및 탐구 정신을 불어넣는 것이다.

교양 교육에 진정한 자기 이해를 향한 탐구가 수반된다는 인식은 학생들이 칼리지에 입학하면 그들의 정체성을 확인하는 작품, 즉 '자기 자신을 발견'할 수 있는 작품에 그들을 노출시켜야 한다는 생각을 이따금 불러일으키기도 한다. 이는 정확한 직관이라는 느낌이 든다. 그러나 우리

학생들이 어떤 종류의 정체성을 가져야 하는지, 그리고 그것의 어떤 측면을 우리가 확인시켜줘야 하는지의 개념이 지나치게 협소해지는 상황은 경계해야 한다. 인종 차별과 인종적 다양성의 역사가 있는 미국에서는 많은 이들이 공통 교과 과정에 포함되는 저서와 저자가 학생 전체의 인구학적 다양성을 대변해야 한다는 통념을 받아들여왔다. 커리큘럼이 특정 시기, 특정 장르 또는 특정 주제의 저서를 대표할 수는 있지만, 전교생의 다양한 문화적 배경을 교양 교육의 구성 원칙으로 내세우면 반드시 비일관성, 본질주의(essentialism: 문화유산의 본질적 가치를 유지·발전·전달·실현하는 것을 교육 목표로 삼고, 교사가 주도하는 강의 중심의 교육 사조—옮긴이), 토크니즘(tokenism: 사회적 소수 집단의 일부만을 대표로 뽑아 구색을 갖춘 명목상의 정책적 조치나 관행—옮긴이)으로 귀결된다. 전교생의 다양성에 반응하고 그것을 반영하는 강좌는 꼭 제공해야 하지만, 민주적 대표성이라는 잣대—정치에나 적합하다—는 공통 교과 과정 선택에는 맞지 않는다. 커리큘럼을 이런 식으로 채택한다는 것은 교육의 개념 자체를 포기하고 학생들을 각자 자기만의 특별한 커리큘럼 협상을 위해 로비 활동을 벌이는 이해 집단으로 변질시키는 짓이다.

내게 1991년 새내기로 컬럼비아에 입학한 것은 곧 인종적 주체(ethnic subject)—그때까지 나한테는 완전히 낯선 것이었지만, 캠퍼스를 거닐고 기숙사 식당에서 밥을 먹고 세미나실에 앉아 있는 동안 뭔가를 상징하는 인물—로서 나를 발견했다는 뜻이었다. 아이비리그 학교에 다니는 가난한 유색 인종이라는 나의 존재만으로도 정치적 의미가 생기는 환경을 내가 파악하는 데는 오랜 시간이 걸렸다. 컬럼비아에 입학했을 때 나는 내가 주변 사람들에게 사회적으로 불우한, 억압받는 소수 집단의 일원으로 인식된다는 걸 몰랐다. 컬럼비아에서 나의 존재가 '다양성'이라 불리는 것에 대한 제도적 책임의 증거라는 걸 몰랐다. 그런 것이 뭔지 알기도 전에 나는 정체성의 이런 모든 측면을 강제로 떠안았다. 이렇게 또 저렇게 나는 갈피를 잃었다. 동급생 대부분한테는 말할 필요도 없이 뻔한 것들을 나는 알아듣지 못했다.

나는 곧 내가 어떤 사람이어야 하고, 무엇을 좋아해야 하고, 어떤 정치관을 가져야 하고, 어떤 학생 단체에 가입해야 하고, 어떤 수업과 주제에 흥미를 가져야 하고, 어떤 정체성을 확인받을 필요가 있는지와 관련한 기대치에 분노를 느꼈다. 교수진과 관리자들은 교묘하고, 유색인 동급생들은 서로 거리낌 없다는 차이가 있었을 뿐 나의 피부색과 인종에 대한 다른 사람들의 생각을 바탕으로 내가 취급받고 있다는 걸 맨 처음 인식한 곳이 바로 컬럼비아였다. 나는 지금까지도 내가 교수라고 하면 미국에 거주하는 중남미학 전문가가 틀림없을 거라는 추정에 대꾸해야 한다. 난 이렇게 말한다. "아닙니다. 제 박사 논문 주제는 뉴잉글랜드 초월주의와 노예 폐지 운동이었고, 최근에는 교양 교육의 의미와 실천에도 초점을 맞춰왔습니다."

교수인 우리도 학생들의 정체성과 그들 본연의 모습에서 충실하게 느껴야 마땅한 것들에 선입관을 가질 때가 참 많다는 말을 하려는 것이다. 교양 교육은 그런 통념을 가볍게 무시하고 간파할 때에만 비로소 이뤄질 수 있다. 과연 나는 누구이고 어디에 있는 것인지, 그 의미를 알아내려 애쓰던 청년으로서 나는 플라톤의 책 속에서 내 정체성에 대해 진정한 확답을 받았다. 소크라테스가 확인시켜준 것은 도미니카공화국 이민자로서 정체성이 아닌 보다 근본적인 어떤 것, 즉 도미니카공화국 공동체가 내게 거는 기대뿐 아니라 컬럼비아 동급생들의 추정으로부터 나를 벗어나게 해주는 정체성이었다. 나는 소크라테스의 순수하고 지나치리만큼 감상적인 훈계를 마음에 아로새겼다. 그의 말은 내게 가장 가치 있는 삶의 방식이라 느껴지는 쪽을 가리키고 있었다. 여기에 나의 가장 깊은 본연의 자아에 충실하다고 느껴지는 그런 정체성이 있었다. 여기에 정신의 삶—나라는 사람의 이질적인 부분이 어떤 통합적인 전체로 흡수될 수 있다는 가능성을 드러내는 삶의 방식—이 있었다.

무의식과 화해하다

프로이트

아테네인에게 성찰하는 삶을 살라고 훈계했던 소크라테스, 기독교의 궁극적 진리를 발견하기 위해 자신에게 관심을 돌린 아우구스티누스와 더불어 지그문트 프로이트의 일차적 관심사 역시 자기 이해였다. 플라톤으로부터 2500년, 아우구스티누스로부터 1500년 뒤에 그는 근대 과학의 지적 도구를 활용해 계속 연구를 밀어붙였고 당대의 의학 담론 안에서 자신의 이론의 기틀을 마련했다. 그는 혼재되고 논쟁적인 유산을 남겼다. 그러나 고대와 근대를 불문하고 인간 정신에 대한 우리의 이해를 형성해 온 사상가들의 만신전(pantheon, 萬神殿)에서 프로이트는 자기만의 자리를 차지하고 있다. 그의 생각과 도발(挑發)은 나와 내 많은 제자들에게 광범위한 통찰력과 개인적 변화를 가져다줬다.

대학에 들어가기 전 내가 프로이트에 대해 들어봤는지는 잘 모르겠다. 그의 이름과 관련한 첫 번째 선명한 기억의 출처는 내가 컬럼비아에 입학하는 데 관문 역할을 한 고등 교육 기회 프로그램, 즉 HEOP의 필수 6주 아카데미 극기 훈련이다. 1991년 7월이었다. HEOP 여름 교과 과정에는 문학, 작문, 수학과 함께 현역 심리학자이기도 한 제마 애덤스(Jama Adams) 박사가 가르치는 심리학이 포함되어 있었다. 나는 실제로 심리학자를 만나본 적이 한 번도 없었고, 애덤스 박사가 정신에 대한 특별한 통찰력을 갖고 있을 거라는—그리고 사람들이 그에게 자신들의 은밀한 삶을 드러낸다는—생각만으로도 그는 매혹적인 대상이었다.

내가 생각하는 심리학자는 주로 1980년대 중반 도미니카공화국에서 폭발적인 인기 속에 방영됐던 〈우리 집 정신과 의사(El psiquiatra en su hogar)〉라는 라디오 청취자 참여 프로그램에서 비롯됐다. 막시모 베라스 고이코(Máximo Beras Goico) 박사가 방송 중에 즉석 상담을 해줬다. 합리적이고 과학적인 상식으로 무장한 그는 온갖 부류의 사람들한테서 나오는 온갖 종류의 질문을 처리했다. 그야말로 전 국민 교육 시간이었다. 그는 전설, 민속 전통, 미신, 명백한 편견과 대적했다. 전투적이고 재미있고 예리했으며, 그렇게 말 잘하는 박식한 사람은 그때까지 들어본 적이 없었다. 그가 프로이트나 무의식을 언급한 적은 없지만, 사람들이 어떤 한 가지 건에 관해 전화를 거는데, 세상에나, 알고 보니 그들의 진짜 문제는 그들이 미처 깨닫지 못했거나 아니면 얘기하고 싶지 않았지만 영민한 의사가 끄집어낼 수 있었던 완전히 다른 것으로 밝혀지는 경우가 허다했다. 그건 최고의 판정이었다. 내가 보기에 가끔 그는 말하는 당사자를 포함해 나머지 우리 청취자들이 듣지도 깨닫지도 못하는 것들을 들을 수 있는 것 같았다. 그리고 이 특별한 기술, 마법이나 종교가 아닌 이 비밀스러운 힘이 나한테는 멋지게 느껴졌다.

이렇게 나는 프로이트를 만날 준비가 되어—혹은 안 되어—있었다.

애덤스 박사는 HEOP 프로그램에서, 내가 속한 컬럼비아 지망생 집단을 가르칠 때 자신의 임상 실무에 대해 이따금 얘기하곤 했다. 그가 수업 시간에 읽으라고 지정한 두꺼운 심리학 교재는 독서에 몰입하는 데 도움을 줬다. 그의 강의는 내가 대학에 관해 처음으로 큰 전율을 느낀 시간이었다. 아마 첫날이었던 것 같은데, 수업 초반에 그는 내 마음을 확 사로잡는 말을 하면서 프로이트를 소개했다. "우리가 하는 행동에 대해 우리가 스스로 밝히는 이유는 절대 진짜 이유가 아닙니다."

열여덟 살에는 내가 하던 것을 하거나, 믿던 것을 믿거나, 원하던 것을 원하는 이유가 달라지게 마련이라는 걸 난 알고 있었다. 어떤 때는 마치 동틀 녘 어둠 속에서 나타나는 사물의 실루엣처럼 새롭고 예상치 못한 이유가 모습을 드러냈다. 그것은 거기 내 앞에 내내 있었지만, 무의식으로 뒤덮여 있었다. 나는 주도면밀하고 이성적이라고 생각했는데 나중에 적대적이고 복수심이 강하다는 걸 깨닫게 될지도 모른다. 나는 **정말로, 솔직히 말해** 무관심하다고 생각했는데 나중에 사실은 내심 참담하게 무너졌다는 걸 알게 될지도 모른다. 그런 모호한 직관이 이제 명확한 표현을 찾은 것이다. "우리가 하는 행동에 대해 우리가 스스로 밝히는 이유는 절대 진짜 이유가 아닙니다."

프로이트는 1917년 《정신분석 강의(Introductory Lectures on Psycho-Analysis)》 제18강에서 과학이 인간의 '순진한 자기애'에 입힌 세 가지 '큰 타격'에 관해 언급한다. 첫 번째 타격은 지구가 우주의 중심이 아니라는 발견이었다. 대신 우리 행성은 다른 행성과 마찬가지로 별 의미 없는 위치에서 태양 주위를 돈다. 지구가 우주의 중심이 아니라는 불편한 깨달음은 사람들이 일상생활을 영위하는 방식에 아무런 변화도 주지 않았지만, 한편으로는 모든 것을 바꾸기도 했다. 이런 인식이 지금은 지극히 보편적이므로 그러한 폭로가 자신을 신의 특별한 관심사라고 여기는 데 익숙해진 사람들에게 얼마만큼 충격적이었을지는 상상하기 힘들다. 그것은 종교 당국으로부터 호평을 받지 못했다.

과학이 입힌 두 번째 타격은 인간이 생각만큼 특별하지 않다는 생각을 배가시켰다. 19세기 중엽에는 인간이 다른 종(種)처럼 자연선택에 의한 점진적 진화 과정을 거쳐 출현했다는 사실을 시사하는 엄청나게 많은 증거를 수집한 터였다. 우리는 찰스 다윈이 그의 기념비적인 '긴 논증', 즉 《종의 기원(The Origin of Species)》 3장의 제목으로 삼았듯 오직 무자비한 '생존 경쟁'에서 살아남으려는 욕구에 이끌려 간헐적으로 생겨났다. 다윈이 1859년—세 살배기 지그문트 프로이트가 모라비아(Moravia: 당시는 오스트리아, 지금은 체코에 속한 지방 이름—옮긴이)에서 핵가족의 오이디푸스 콤플렉스(Oedipus complex: 남자아이가 아버지를 증오하고 어머니에 대해 무의식적인 성적 애착을 갖는다는 자아 발달 이론 개념—옮긴이)와 씨름하던 바로 그때—에 입증한 사실은 흔히들 믿는 것처럼 인간이 유인원에서 유래한 게 아니라, 한층 더 당황스럽게도 인간이 곧 유인원이라는 것이었다.

프로이트가 말하는 '타격' 중 첫 번째는 17세기로 넘어갈 무렵 니콜라우스 코페르니쿠스(Nicolaus Copernicus)와 갈릴레오 갈릴레이의 관찰과 밀접한 관련이 있다. 두 번째 타격은 다윈과 연관이 있다. 세 번째 타격의 장본인은 바로 프로이트였다. 그것은 정신분석학의 무의식 '발견', 아니 더 정확히 말하면, 무의식적 정신 작용이 우리가 어떤 사람인지를 일차적으로 결정한다는 개념과 관련이 있다. 지나친 겸손이나 절제로 손가락질받은 적이 한 번도 없던 프로이트는 이것이 셋 중 "가장 심한 타격"이라며 "이 세계의 평화"와 우리 종의 "과대망상증을 깨뜨리게" 될 거라고 생각했다.

프로이트에 따르면, 우리는 우주의 중심이 아니고 생물학적으로 특별하지 않을뿐더러 자기 마음조차 제대로 관장하지 못한다. 우리는 우리 자신을 투명하게 알지 못한다. 우리의 생각과 욕망, 우리를 이루는 정신적 힘들에 지시를 내리지 않는다. 그것들은 우리가 모르는 곳에서부터 우리에게 온다. 의식적인 자아는 자기 투명성(self-transparency), 자기 통제(self-command) 그리고 자신이 자기 인식 덕분에 현 상태로 있는 존재라는 착각을 갖고 작동한다. 그러나 프로이트는 애석하게도 이런 장치 전체가 착각이라고, 정교한 자기기만의 메커니즘이라고 우리에게 얘기한다.

프로이트를 학생들한테 소개할 때 나는 우리의 의식적 마음의 자기 결정력 결핍이 일상의 경험 속에 확연히 드러난다고 즐겨 지적한다. 마음은 독서나 대화 또는 화면 같은 어떤 외부 자극에 열중하지 않을 때 배회한다. 한자리에 머물거나 멍하게 있지 않으려 한다. 마음도 자연처럼 진공 상태를 꺼린다. 가령 당신이 집에서 나와 걷거나 자동차를 타고 식료품점에 갈 때 빈틈이 생길 겨를도 없이 꼬리에 꼬리를 물고 생각들이 떠오를 것이다. 그 대부분을 당신은 거의 알아채지 못한다. 자기 생각을 관찰하는 연습, 흔히 '마음 챙김(mindfulness)'이라 일컫는, 주의 깊게 관조하는 연습을 습관적으로 한다 해도 말이다. 그러나 능숙한 마음 챙김 명상 수행자들도 이런 관조를 오랫동안 지속하기는 거의 불가능하다. 곧 생각에 '빠져' 출발지와 도착지 그리고 안내자도 모르는 기차에 탑승하게 된다. 마음은—언어적·비언어적—추억, 계획, 의도 및 공상을 불러일으키고, 연상이라는 불가사의한 논리를 따르면서 각각이 다음 것으로 매끄럽게 넘어갈 터이다. 이런 경험이 두드러질 때 우리는 그것을 백일몽이라 부르곤 한다. 잠든 사이에 겪은 것으로 기억하는 정신적 사건과의 유사성 때문이다.

프로이트가 이해하기에 정신은 **작동하지만** 그 운전자는 의식적인 '나'가 아니다. 우리 정신을 제어하는 힘을 우리가 알지 못하기 때문에 사실은 완벽하다고 느끼기 쉬운 우리의 자기 통제는 늘 극도로 위태로워진다. 신화 속 켄타우로스의 이미지가 우리의 상황을 잘 포착한다. 야생마의 몸에서 나온 인간의 머리와 몸통. 인간의 부위인 의식적인 나는 언어와 이성의 힘을 가졌으나, 그것이 걸터앉은 말은 야수여서 고대 신화에서처럼 혼란과 난동 그리고 걷잡을 수 없는 욕정을 불러온다. 그것들은 둘이 아닌 하나다. 야수는 이성이 불쑥 튀어나오는 경우가 아니고서는 자신을 알 길이 없는데, 이렇게 되면 더 이상 야수가 아니라 의식적인 대리자다. 하지만 이 대리자는 스스로를 자율적 행위자라 믿으며, 자기 활력의 원천이자 모든 생명 기능을 구성하는 야수에 대해서는 아무것도 모른다.

의식적 자아 개념인 '에고(ego)'는 속담으로 말하면 빙산의 일각이다. 요컨대 그것은 우리가 누구인지를 구성하는 어마어마한 무의식적 정신 작용의 아주 작은 노출부다.[1]

프로이트에 따르면, 무의식적 요소는 수시로 새어 나와 표면화되지만 항상 위장을 하고 있으므로 의식적 마음은 그것이 실제로 무엇인지 알아보지 못한다. 이렇게 발생하는 일은 우리의 정상적인 정신 작용을 방해하며, 보통은 '오류'로 발현된다. 프로이트 저서의 공인 표준판 번역본에 나오는 좀 격식 있는 말로는 '실책 행동(parapraxis)'이다. 이것은 일상생활에 간간이 나타나는 평범한 실수, 즉 말실수라든가 상대방이 한 말을 다르게 알아듣는다든가 이름이나 단어를 잊어버린다거나 물건을 제자리에 두지 않는다거나 엉뚱한 번호에 전화를 건다거나 발신자에게만 답장을 보낼 의도였는데 '전체 회신' 버튼을 누른다거나 하는 것들이다.

프로이트는 이런 '오류'가 적어도 몇몇 경우 당사자가 바로 시인하듯 임의적이지도 무의미하지도 않다고 주장했다. 프로이트가 즐겨 드는 사례가 오스트리아 하원 의회 의장이 유난히 의견이 분분했던 회기를 개원하면서 의사봉을 내려치며 공식적으로 **폐회한다**고 선언한 일이다. 이 말실수가 재미있는 점은 바로 거기에 아무런 의미가 없지 않다는 것이다. 의장으로서는 난감하다고 여길 테고, 어쩌면 자기 자신한테도 시인하지 않을 공상이지만, 의견이 분분한 의회 회기를 개회 대신 폐회하고 있다면 얼마나 좋을까 하는 그의 바람을 표출하고 있기 때문이다.

프로이트는 1904년 인기 도서 《일상생활의 정신병리학(The Psychopathology of Everyday Life)》에서 화자가 의도한 바와 다른 말을 했다는 의미에서만 오류일 뿐 그 사람의 정신 상태에 관해 더 깊은 진실을 드러낸다는 점에서는 오류가 아닌 다양한 말실수 사례를 선보였다. 그가 좋아한 또 하나의 사례는 남편이 의사한테 어떤 식단을 따라야 하느냐고 묻자 의사가 어떤 식단도 따를 필요 없다는 말을 했다고 보고한 "활기 넘치기로 유명한" 어떤 부인의 경우다. 달리 표현하면 "그 사람은 내가 시키는 대로 뭐든 먹고 마실 수 있다는 거죠"라고 그 부인은 말한 것이다.

프로이트에게는 본심을 드러내는 이런 오류가 "말실수는 어쩌면 그 자체가 고유의 목적을 추구하는 전적으로 근거 있는 정신적 행위, 내용과 의미가 있는 진술로 간주해야 마땅할 것 같다"[2]는 의미로 비쳤다. 프로이트는 여기서 더 나아가 의미 있는 것은 비교적 드문 이런 말실수 사례뿐 아니라 사실은 이런 '오류들' 전체라고 주장했다. 전부 다 무의식의 노출이라는 것이다.

프로이트는 신경증 환자를 연구하면서 무의식이 어떻게 드러나는지에 관한 이 새로운 이론을 생각해냈다. 18세기로 넘어갈 무렵, 신경증 환자는 프로이트 같은 신경계 질환 전문의를 찾아갔다. 이런 신경증 상태를 가리키는 두루뭉술한 명칭은 '히스테리(hysteria)'였다. 히스테리 사례는 무수히 많은 형태로 나타났다. 그 뚜렷한 특징은 증상이 아무런 유기적 기원을 감지할 수 없고, 흔히 어떤 기본 생리 작용에도 해당하지 않는다는 것이었다.

프로이트는 파리의 저명한 신경학자 장마르탱 샤르코(Jean-Martin Charcot) 밑에서 연구하며 5개월을 보낸 후 1886년 2월 빈(Wien)으로 돌아와 자신의 진료실을 개원했다. 당시 샤르코는 최면술을 이용해 히스테리 치료에서 극적인 성과를 보이고 있었다. 그의 놀라운 시연에 프로이트는 감탄이 나왔다—샤르코는 정상적인 사람에게 마비 같은 히스테리 증상을 유도할 수 있을 뿐 아니라(마술 쇼의 최면술사도 다 할 수 있는 일이다), 진짜 히스테리 환자로부터 이런 증상을 없앨 수도 있었다.

비슷한 시기에 빈에서는 프로이트의 절친한 벗이자 멘토인 유명한 신경생리학자 요제프 브로이어(Josef Breuer)가 베르타 파펜하임(Bertha Pappenheim)이라는 젊은 환자가 겪는 이상한 증상군의 치료에 최면 요법을 실험하고 있었다. 프로이트는 파펜하임을 치료한 적이 없고 단지 브로이어로부터 이 사례를 들은 것뿐이지만, 그 여성을 정신분석을 창시한 환자라고 생각한다. 이 사례는 1895년 프로이트가 브로이어와 함께 발간한 《히스테리 연구(Studies in Hysteria)》의 중심 내용을 이루고, 거기서 그 여성 환자는 안나 오(Anna O)라는 인물로 등장한다.

안나의 사례에서 중요한 돌파구는 그녀가 자신의 의식에서 지워버렸던 어떤 좋지 못한 기억의 발견이었다. 그것을 최면 상태에서 되찾자 이상한 증상이 완화되었다.[3] 상세한 세부 사항은 프로이트가 무의식을 이해하는 데 열쇠 역할을 했다. 바로 안나의 증상이 억압된 기억과 닮아 있는 그 특유의 방식이었다. 가령 물을 못 마시는 증세는 안나가 싫어하는 어떤 부인의 개 한 마리가 그녀의 컵에 든 물을 할짝대는 걸 봤을 때, 표현은 안 했지만 깊이 숨어 있던 혐오감이 떠오르면서 누그러졌다. 좌반신 마비의 기원은 끔찍한 기억으로 거슬러 올라갔다. 병든 아버지 곁에 앉아 졸고 있는 사이 뱀 한 마리가 침대 뒤에서 나타나는 환각이 보였는데, 안나는 팔이 의자 뒤로 끼여 있어 감각이 없는 바람에 그 뱀을 몰아내지 못했다.

프로이트는 히스테리 증상이 사실은 의식으로부터 갈라져 나온 소망과 공상 그리고 기억의 위장된 표출임을 깨달았다. 그것들은 어떻게든 용납될 수 없기 때문이다. 억압된 요소는 증상으로 분출되곤 한다. 그러므로 히스테리 증상은 그것이 유래한 억압된 정신적 내용물과 **유의미한** 관련이 있었다. 의사가 할 일은 그 무의식적 뿌리에 도달한 다음 억눌린 환자가 그 억압된 요소를 좀더 낫게 덜 무력한 방식으로 경험할 수 있도록 증상을 해석하는 것이었다. 프로이트가 히스테리 증상 치료에서 이 접근법을 따르면 따를수록, 그것이 열어주는 영역은 더 광대해 보였다. 무의식적 정신 구조는 우리의 심적 생활에서 주변적이고 부수적인 측면이 아니라, 기본적인 구성 요소이자 우세한 측면인 것으로 밝혀졌다.

이렇게 해서 인간의 자기도취적 자존감에 상처를 낸 세 번째 커다란 타격이 세상에 모습을 드러냈다.

프로이트는 부당한 평가를 받아왔다. 현대문명 강좌를 듣는 2학년 학생들에게 프로이트를 소개할 때 나는 그의 책을 예전에 읽어본 사람이 있냐는 질문으로 시작하곤 한다. 거의 없다. 그런 다음 프로이트에 대해 아는 게 뭔지 말해보라고 한다. 으레 돌아오는 첫 마디 중 하나는 흔히 심리학 전공 학생한테서 나오는데, 프로이트의 이론은 신빙성이 떨어지고 심리학계에서 진지하게 고려되지 않는다는 내용이다. 맞긴 하다. 경제학과에서 경제학자로서 업적을 사실상 무시당하는 마르크스처럼, 프로이트의 영향은 자신이 연구하고 있다고 생각하는 학문의 바깥에 대부분 존재한다.

그러나 프로이트식 사고는 구석구석에 스며들어 있다. 다른 많은 주요 사상가와 달리 그의 견해는 대중문화 속에 완전히 침투했다. 프로이트에 대해 들어본 적 없는 사람도 그의 용어와 개념은 자주 써먹는다. 술집이나 자유로운 대화가 오가는 곳에 앉으면 얼마 안 가 사람들이 하는 말 속에서 프로이트의 속삭임이 들릴 것이다. 어떤 사람의 에고가 문제라고 지목할지도 모른다. 프로이트식 말실수와 오이디푸스 콤플렉스를 들먹일 수도 있다. 어떤 사람의 별난 성격이 어릴 적 트라우마에서 비롯된 것이라거나, 요즘 청년들의 자기도취가 나라를 어떻게 망칠지 추측하는 소리가 들리기도 한다. 당신이 만사가 버겁다고 느낀다면, 누군가 상담 치료를 받아보라고 권할지도 모른다.

프로이트식 사고가 전염성이 있는 것은 한편으로 그의 작가적 능력 때문이기도 하다. 프로이트의 책은 읽는 재미와 생각하는 재미가 있다. 그는 언제나 당신을 아연실색하게 만들고, 겉으론 터무니없게 느껴지는 것도 재고해보지 않을 수 없게 만드는 데 열중한다. 프로이트가 쓴 거의 모든 글은 독자를 자기 분석으로 이끌며, 우리가 보는 것을 관통하는 렌즈이기에 정확히 알아내기가 극도로 힘든 정신 구조를 고려하도록 만든다. 그리고 물론 그가 성(性)에 부여한 중요성이 공교롭게도 기막힌 마케팅 요소로 작용했다. 아니 그보다는 마케팅에서 성적 암시가 거둔 독보적 효과—상품이 성하고는 아무 관련이 없다 하더라도—가 당신이 마음속 어디를 보든 성이 존재한다는 프로이트의 생각을 뒷받침한다고 해야겠다.

프로이트를 지대한 영향력을 가진 다른 사상가처럼 궁극의 진리를 제시하는 인물로 읽어서는 안 된다. 바꿔 말하면, 교양의 맥락에서 프로이트에게 다가가는 가장 생산적인 길은 논란을 부르기 일쑤인 그의 정교한 이론적·임상적 세부 사항에 말려들지 않으면서 근본 개념을 밝혀내 그것들의 의미를 붙들고 씨름하는 것이다.

내가 보통 프로이트 입문서로 가르치는 교재는 1909년 그가 단 한 차례 미국을 방문했을 때 한 강의를 토대로 출간한 《정신분석에 대한 다섯 번의 강의(Five Lectures on Psycho-Analysis)》라는 작은 책자다. 나는 그것을 니체의 《도덕의 계보(On the Genealogy of Morals)》 직후 가르친다. 이게 참

교묘한 병치인 것이 니체의 가공되지 않은 원초적 힘을 접한 뒤에는 프로이트가 순량해 보일 수 있기 때문이다. 그러나 니체가 번개인 데 반해, 프로이트는 전류다. 니체가 솟구치는 간헐천인 데 반해, 프로이트는 증기 기관이다.

심리학계에서 프로이트가 차지하는 모호한 위치와 일반교양 교육에서 그가 갖는 엄청난 가치 사이의 대비는 교양 학습의 중요한 특성 하나를 여실히 보여준다. 바로 학계의 일반적 흐름과 지적 유행에 역행하는 경향이다. 특히 연구 대학의 맥락에서 봤을 때 교양 교육의 실행은 분명코 반(反)문화적이다. 일류 대학의 일반 교수진에게 학부의 일반교양 교육은 일종의 직업상 후퇴, 직업적 명망의 사다리에서 가치가 거의 없거나 마이너스인 '봉사'의 한 형태를 나타낸다. 이는 '고전으로 여겨지는' 교재의 학습에 초점을 맞춘 교양 교육 프로그램에서 한층 더 두드러진다. 우리의 지배적인 사회 제도—대학 자체도 포함해—의 발전에 결정적 역할을 한 저술이 학계에서는 오염된 대상, 우리 사회를 들볶는 편견과 불평등의 공급책으로 여겨질 때가 많다. '위대한 저서'에 대한 이런 이념적 적대감이 근래 몇십 년간 일반교양 교육의 위기에 기여한 하나의 중요한 요소였다.

교양 교육의 입지가 현대의 대학에서 어쩌다 이토록 위태로워졌는지는 여러 각도에서 얘기할 수 있겠지만, 전반적으로 몇 가지 이유는 확실하다. 하나는 컬럼비아의 코어 커리큘럼에서 내가 목격하기도 했고 난관이 없지는 않으나 여전히 이곳에서 지속되고 있는 부류의 인문학 학습 약화가 '연구 대학'의 부상, 그리고 앤서니 크론먼(Anthony Kronman)이 고등 교육의 '연구 이상(理想)'이라고 칭했던 것의 득세와 직결되어 있다는 점이다.[4]

연구 대학은 기막힌 문화적 업적이다. 그 뿌리는 1809년 베를린 대학의 창립자 빌헬름 폰 훔볼트(Wilhelm von Humboldt)가 주도한 19세기 독일 대학 개혁으로 거슬러 올라간다. 연구 대학의 조직 이념은 간단하다. 바로 지식의 생산·축적·보급에 전념하는 기관. 19세기 중반에 연구 대학은 우리가 '과학 혁명'과 프랜시스 베이컨이나 르네 데카르트 같은 인물을 떠올리는 계몽주의 사상의 기치가 된 터였다. 객관성, 검증 가능성 및 실험 방법은 마땅히 지식이라 여길 만한 것의 특징이 되었다.

가장 간단하게 표현하면, 연구 대학이 부상한 배후의 원동력은 근대 과학의 승리였다. 과학적 연구 모델이 대학을 점령하고, 그 가치를 거듭해서 입증한 터였다. 우리가 알고 있듯 근대성(modernity)은 과학적 연구를 통해 이뤄진 발견과 발명 그리고 혁신을 통해 만들어지고 개조되어왔다. 나는 전공으로도 신념으로도 인문주의자이기는 하지만, 대학에서 과학의 우위는 내게 지당하고 적절하게 느껴진다.

하지만 현대 대학의 연구 사업은 전인성(全人性) 함양이 목적이 아니다. 대학의 연구 사업이 심취한 핵심적 생각은 새로운 지식의 생산과 축적이다. 반면 교양 교육은 인간 존재의 주관적 경험 및 인간 선의 기본 성격과 관련이 있다. 바로 이런 시각이 연구 대학을 좌우하는 인식론적 체제 속에 불편하게 자리하고 있다. 컬럼비아 칼리지의 코어 커리큘럼 연구소 소장으로 10년을 보내는 사이 나는 이런 긴장의 도가니 속에서 연구하고 가르쳤다. 컬럼비아의 제도사(制度史) 전체를 실제로 그 모체인 칼리지와 그것을 중심으로 형성된 변화무쌍한 대학 사이의 긴장을 통해 풀어낼 수도 있다. 그리고 이는 컬럼비아만의 특이 사항은 아니다. 미국의 일류 대학 다수가 다양한 형태의 리더십을 위한 청년 교육에 전념해왔으나, 이는 그런 진기한 사명을 낡아빠진 부담이라 여긴 칼리지들에서 탄생했다.

고대 오이디푸스 신화에서처럼 칼리지는 대학을 낳았고, 대학은 그 이후 줄곧 아버지를 죽이려 해왔다. 컬럼비아에서는 1889년 바너드(A. P. Barnard) 총장이 칼리지를 폐지할 것을 대놓고 제안했다. 이 발의안은 이사회에서 부결되었지만, 컬럼비아 **칼리지**(College)는 컬럼비아 **대학**(University)이 그것을 중심으로 틀을 잡아나가는 도중에 반복적인 해체 시도에 직면했다.[5] 비슷한 시기에 하버드에서는 "칼리지는 없애거나 아니면 대학의 제대로 된 연구를 저해하지 않도록 시골로 내보내야 한다"[6]고 제안한 역사학자 에드워드 채닝(Edward Channing)의 조언을 찰스 엘리엇 총장이 저울질하고 있었다. 로버트 허친스가 1929년 취임 연설에서 인정했듯 시카고 대학에서는 "교수들이 학부 수업 혹은 적어도 학부의 처음 두 학년 수업에서는 자기들을 빼달라고 촉구해왔다".[7] 1876년 창립해 미국 최초의 완전한 연구 대학으로 널리 인정받은 존스홉킨스 대학은 처음부터 아예 학부 없이 고안되었다.

많은 칼리지가 대학 안에 있고 거기서 특별한 이점을 얻기는 하지만 두 기관이 늘 서로 안 맞았음을 보여주는 사례가 또 있다. 대학은 연구와 혁신의 중심인 데 반해, 칼리지는 교육과 자아실현의 중심이라는 것이다. 1922년 컬럼비아 칼리지의 허버트 호크스(Herbert Hawkes) 학장은 주제나 학문 분야에 초점을 맞추는 대학과의 차이를 은근슬쩍 내비치면서 "**학생**

이 학부 칼리지의 중심"[8]이라고 썼다. 앤드루 델반코는 미국 칼리지에 관한 저서에서 그 점을 간단명료하게 언급했다. "〔칼리지는〕 과거의 지식을 학부생들이 미래의 생활 자원으로 이용할 수 있도록 전달한다. 〔대학은〕 과거를 뛰어넘기 위해 새로운 지식의 창출이라는 목적을 가지고 교수진과 대학원생이 수행하는 다수의 연구 활동이 주를 이룬다."[9]

학계의 연구 이상(理想)은 교양 교육의 실제에까지 손을 뻗쳤다. 교양 과목에서도 학문적 경력은 성취도의 주요 척도 역할을 하는 논문, 기고 기사, 학회 발표문 등 '연구'를 통해 이뤄진다. 이런 직업상 인센티브 제도의 결과 중 하나가 교양 과목에서 갈수록 더 협소한 청중을 대상으로 갈수록 더 많은 양의 연구 논문을 생산하는 흐름이다. 과학에서 연구 이상은 일반적으로 더욱 효과적인 지식의 축적 및 보급을 유발했다. 그러나 그것이 인문학과 인문사회과학에서는 보통 전문 지식의 단편화를 뜻했고, 교양 과목에 생명과 가치를 불어넣는 인간 문제에서 손을 떼도록 만들었다. 이러한 문제는 과학적 탐구가 약간밖에 먹히지 않으므로 교수 사회의 연구 성향은 그것들을 대부분 등한시하는 쪽으로 가게 마련이다.

거의 모든 학부 프로그램에서 학사 학위를 따려면 얼마간의 일반교양 교육 강좌가 필수인 것이 사실이지만, 대학 편람 내용을 가만히 들여다보면 학문적 전문화에 근간을 둔 **학과별** 교육 과정과 그것이 **일반교양** 교육으로도 제공된다는 것을 정당화하기 위한 약간의 조정을 통상 여기저기서 찾을 수 있을 것이다. 학과별 전문화가 우세해지고 대학이 그에 상응하는 학술 연구 부문들로 편성됨에 따라 진정한 일반교양 교육은 사실상 교육 과정에서 밀려난 상태다.

현재 많은 칼리지는 교양 교육을 그저 다양한 학문 분야에 대한 노출

정도로 생각하므로, 일반교양 교육 이수 요건은 학생이 졸업 전에 얼마나 많고 다양한 학문 분야를 맛봐야 하는지에 대한 방안이 되어가고 있다. 그러나 중요한 측면에서 교양 교육은 비학제적이어야 한다. 교양 교육과 대학 행정 양쪽에서 평생을 보낸 자크 바전이 지적했듯 "또한 교양 과목이 가치가 있으려면 …… 학술적 학문이 아닌 기본 소양으로 가르쳐야 한다—그리고 그것을 교수들이 수행해야 한다. 수업보다 교수진의 연구를 선호하는 현재의 제도는 교양을 전문 과목으로 변질시키고 있다".[10]

교양 교육은 학생이 직면한 근본적 문제가 학구적인 게 아니라 실존적이라는 전제에서 출발한다. 그것의 기본 임무는 인식론적인 게 아니라 윤리적이다. 그렇다고 해서 칼리지 교육의 상당 부분이 특히 현대에 와서는 사회에서 전문적 기능을 수행할 수 있는, 경제적으로 생산적인 개개인을 준비시키는 것과 관련이 있어야 한다는 사실을 부인하자는 게 아니다. 그러나 그것이 칼리지의 정수(精髓)는 아니다. 칼리지는 또한 우리 사회 체제를 형성하고 왜곡하는 경제적·기술적 힘들로부터 오아시스 같은 곳이 되어야 한다. 그런 곳이라야만 이런 힘들을 이해하고 비판적으로 평가할 수 있다.

비(非)전문화 교육의 개념은 오늘날 아주 낯설게 들릴 수 있다. 그것은 우리 문화를 지배하는 시장 가치와는 아예 맞지 않는 발상이다. 매년 여름 저소득층 고등학생을 가르칠 때마다 내가 칼리지의 핵심은 그들에게 좋은 일자리를 얻도록 준비시키는 게 아니라는 얘기를 먼저 꺼내면 당황한 시선을 받는다. 많은 학생—그리고 그들의 가족—은 도대체 그 밖에 무엇이 핵심이 될 수 있는지 상상하지 못한다. 나는 그 핵심이 뭔지 그들에게 **말하기**는 어렵다고 고백한다. 사실 주장과 훈계를 통해 교양 교육의 의미를 전달하기는 거의 불가능하다. 그 어려움은 학생들이 가난과 소외에서 벗어날 것을 기대하며 대학에 올 때 더욱 심해진다.

그러나 다른 사람 모두에게 먹히는 것은 저소득층 고등학생들에게도 먹힌다. 바로 교양 교육의 **실행**이다. 연쇄 파급이 그것의 가치를 전달하는 유일하고도 효과적인 방법이다. 설명이 아닌 그 과정이 전달 장치 중 하나다. 매일 2시간씩 우리가 고대, 계몽주의 시대 및 현대의 철학 교재를 논의하기 위해 만나는 3주가 지나면, 이 '취약 계층' 학생들한테 교양 교육의 가치를 굳이 내 입으로 말할 필요가 없다. 그들이 아니까. 그들은 쉽사리 요약하거나 포장하거나 도구적 가치로 바꿀 수 없는 경험을 했으니까. 그들은 분명 새로운 기량을 터득하고 새로운 지식을 많이 축적했지만, 더욱 중요하게는 자신의 일생—무엇을 배우고 무슨 일을 할지뿐 아니라 어떤 사람이 될지—에 영향을 미칠 내면의 힘에 성큼 다가섰으니까.

내가 연구 이상이 교양 교육에 미치는 영향을 비판했다고 해서 교양 과목에서 연구의 가치를 부인하는 것으로 오해해서는 안 된다. 고문서 연구든, 원본 원고 연구든, 아니면 저자나 글에 관한 새로운 정보 발굴이든, 연구는 우리가 교양 교육을 수행하는 데 사용하는 모든 자료의 이해를 증진시킨다. 그것은 학자의 삶에서 본질적인 부분이다. 그러나 연구 이상의 가치는 학부의 일반교양 교육에서 여전히 제한적이며, 대학과 학문적 경력에서 그것이 차지하는 우위가 교양 교육에는 도리어 해를 끼쳐왔다. 이 시대 교양 과목의 '위기'는 대부분 그것을 운용하는 제도적·직업적 풍토에서 발생한다. 연구는 교양 과목 학자들의 지속적인 교육 및 활동에서 반드시 중심을 차지해야 한다. 다만 그것이 학부의 교양 교육으로 확대되고 있다는 게 내가 강조하는 문제점이다.

과학의 명망과 권위—근대 대학에서 일반교양 교육이 처한 위기를 설명해준다—는 또한 프로이트가 정신분석의 과학적 정당성을 주장했던 이유이기도 하다. 그는 자신의 관찰을 '발견'이라 소개했고, 그것의 과학적 타당성에 회의적이던 의학계 기득권층과 필사적으로 싸웠다. 프로이트는 자신이 정신에 관해 발전시킨 색다른 생각이 실험실 연구에서 추정해온 것과 다름없는 권위를 지닌다고 주장하기로 마음먹었다. 과학적 신망을 얻고야 말겠다는 그의 집념은 다수의 정신분석 글을 집필하는 동기로 작용했다.

그러나 프로이트가 정신분석을 끼워 맞추려 했던 과학이라는 구속복은 결코 잘 들어맞지 않았다. 돌이켜 생각하면, 임상 결과와 의학적 신망에 대한 프로이트의 천착은 인위적이고 어쩌면 역효과를 초래할 수 있는 제약처럼 보인다. 정신분석은 의식적인 인간으로 산다는 게 무엇인지를 이해하는 참신한 방식을 제시했다. 그것이 정신의 본질에 대해 하는 얘기는 경험의 모든 측면에 영향을 미친다. 병리학과의 관련은 부수적일 뿐이다. 정신분석은 가장 광의의 개념으로 봤을 때 교양 교육과 똑같은 경로를 밟는다. 둘 다 인간 번영의 본질과 관련이 있다는 점에서 그렇다.

과학적 검증 가능성이라는 규약을 통해 정신분석을 입증하려는 노력은 문학적 분석을 과학으로 환원할 수 없는 것과 같은 이유로 불만족스럽기 마련이다. 둘 다 모호한 여백—암시, 상징, 반향, 주관적 연상, 소리의 패턴 및 감각의 패턴—에서 의미가 발생하는 해석 방식이다. 문학과 정신분석에서 해석이란 만족스러운 이해에 도달하려는 주관적 노력이다. 정신분석적 해석으로 생성되는 지식의 형태는 언제나 세상에 대한 특정한 주관적 경험 안에 자리한다. 일반화나 복제가 불가능하다. 늘 일시적이고 불완전하다. 정신분석 및 문학적 해석의 사실성은 윌리엄 제임스(William James)가 1906년 실용주의에 관한 강의에서 설명했던 의미로 실용적이다. **"생각은 …… 우리가 우리 경험의 다른 부분들과 만족스러운 관계를 맺게 해줄 때라야 비로소 사실이 된다."**[11]

정신분석으로 생겨나는 자기 이해는 인지적 습득이 아닌 내면을 향한 펼침(inward unfolding)이다. 이런 점에서 그것은 교양 교육을 통해 생기는 지식—궁극적으로 자기 자신을 보다 명확하게 바라보게끔 해주는 종류의 지식—과 흡사하다. 정신분석에서 그렇듯 교양 학습에서 안다는 행위는 우리를 변화시킨다. 우리 자신에 대해 무언가를 알 때 우리는 다른 사람이 된다. 우리가 아는 그것은 우리가 그것을 안다는 것에 의해 달라진다. 교양 교육—그리고 정신분석의 통찰—의 의미와 가치는 언제나 특정한 삶 속에 자리하고 있으며, 주관적 자기성찰 능력을 내포한다. 정신분석은 "정신분석 대상자에게 자의식적 사고의 발달을 용이하게 하는 것"[12]이라고 간단히 정의한 조너선 리어(Jonathan Lear)는 이런 유사성을 파악한 셈이다.

나와 프로이트의 지적(知的) 관련성—그의 방대한 저술을 읽고 선별한 일부 내용을 가르친 경험을 바탕으로 한—은 나의 개인적인 정신분석 경험과 떼어놓기 어렵다. 그리고 내가 정신분석을 통해 몰두했던 성찰과 자기 탐구 과정 또한 교양 교육이 내 삶에 미친 보다 큰 영향과 떼어놓기 어렵다.

컬럼비아에서 2학년을 마친 여름, 나는 아파트를 임대하고 결혼을 했다. 다시는 기숙사 생활로 돌아가지 않았다. 나는 매일 아침 뉴욕시 지하철 시스템의 혼잡 시간대 출근자 대열에 합류하고, 수업에 나가고, 수업이 없을 때면 근로 장학생 업무를 보고, 저녁에는 퀸즈의 집으로 돌아갔다. 기숙사 거주 학부생으로서 나의 실험은 마침표를 찍었다.

미셸은 형이 다니던 퀸즈 칼리지의 동급생 중 한 명으로, 그녀를 처음 만난 것은 내가 고3 때였다. 그녀는 나를 반려동물처럼 취급했고, 나는 누나 같은 그녀의 관심이 좋았다. 내가 칼리지 1학년을 마친 여름, 우리가 다시 만났을 때—집으로 돌아와 엄마하고 라이와 방 하나를 같이 쓰면서 옛날처럼 떠돌이 생활을 하고 있을 때—이야기는 완전히 달라졌다. 사방에서 불꽃이 튀었다. 그녀는 나보다 연상이었고, 미국인이었고(푸에르토리코 출신이다), 똑똑했고, 예뻤고, 열정적이었고, 나를 사랑했다. 친밀감을 향한 나의 엄청난 허기가 제 짝을 찾은 것이다.

우리는 퀸즈의 서니사이드(Sunnyside)에 조그만 침실 1개짜리 아파트를 임대했다. 함께 하는 우리의 삶은 내가 사랑과 우정을 얻는 피난처, 내가 나만의 것을 만들려 발버둥 치던 세상 속으로 매일 짧은 여행을 떠나는 출발지였다. 미셸과 가정을 이루자 알 수 없는 방향에서 나의 적응 속도보다 더 빨리 나를 엄습해오던 세상에 질서가 생겼다. 격변기로부터 한숨 돌리는 시간이었다. 우리한테는 고양이가 한 마리 있었다. 그다음은 두 마리. 차도 있었다. 교회에도 가기 시작했다. 미셸에겐 신참 개종자의 열의가 있었고, 내겐 '다 겪어봤거든' 하는 고참의 여유가 있었다. 나는 잘 아는 구역의 안전함을 즐겼지만, 10대 시기의 열정과 몰입감은 전혀 느끼지 못했다.

동거한 지 얼마 안 되어 새로이 눈뜬 신앙의 영향을 받은 미셸이 죄짓고 사는 건 그만두고 결혼을 하든지 아니면 헤어지자고 했다. 며칠 생각해봤는데, 결정은 어렵지 않았다. 나한테 죄는 중요하지 않았으나, 이별은 상상할 수 없었다.

우리가 상의했던 모든 이들의 조언을 거스르고, 그해 여름 무더웠던 7월 미셸의 오빠 마이크(Mike)가 그녀를 데리고 우리 침실에서 거실로 걸어 나왔다. 나의 오랜 벗 에르네스토 세르반테스 목사님이 소수의 친지 앞에서 결혼식 주례를 봤다. 필리피디스 선생님이 내 쪽 증인으로 서명했다. 미셸 쪽 증인은 그녀의 어머니였다.

10년이 지난 후 정신분석으로 내 성격을 풀어낸 것이 이 결혼의 파탄을 촉발했다. 물론 분석이 유일한 요인은 아니었다. 미셸은 미셸대로 갈림길에 서 있었다. 우리는 퀸즈에서 3년을 살고 다시 맨해튼으로 이사를 했다. 미셸은 석사 학위를 따기 위해 컬럼비아에 다녔고, 나는 영문학 박사 과정을 마무리하고 있었다. 미셸은 이스트사이드(East Side)의 사립학교 교사였다. 우리는 마티니(martini)를 마셨다. 나는 대마초를 피웠고, 우리의 가장 친한 친구는 미셸의 동료인 두 게이 커플이었다. 어느 모로 보나 우리의 범세계주의적 생활은 미셸이 부름을 받았다고 느끼는 복음주의 신앙과는 점점 더 양립하기 어려웠다. 우리의 억제력보다 훨씬 더 큰 힘들이 우리를 다른 세상으로 끌어당겼다. 우리는 공유된 미래를 향해 함께 걸어갈 수 없었다. 11년 만에 우리는 세상의 종말과도 같은 고통과 슬픔을 안은 채, 그러나 우호적이고 심지어 애정 어린 사이로 헤어졌다.

물리학자들은 빅뱅 직후 우주가 '어마어마한 폭발'—그것의 근본적 특징인 놀랍도록 팽창하는 짧은 폭발—시기를 겪었다고 말한다. 이와 같은 일이 대학원 때 내게 일어났다. 빙빙 돌던 세상이 멈춘 것은 미국에 도착한 이래 그때가 처음이었다. 박사 과정, 프리메드(pre-med: 미국 의치학 전문대학원 입학 지망생들을 위해 개설한 과정—옮긴이) 지도교수라는 교내 일자리 및 결혼 생활이 주는 상대적 안정감 속에서 마치 허리케인의 고요한 눈처럼 안정적인 중심이 내 안에 생겨나기 시작했다. 이와 함께 지식과 새로움을 향한 거대한 욕구가 찾아왔다. 학부생 때 발전시킨 지적 도구를 이제 내 앞길을 가로지르는 모든 것에 열화와 같이 분출시켰다. 나는 물 만난 물고기였다. 클래식 재즈, 놈 촘스키, 언어학, 메트로폴리탄 미술관, 도미니카공화국의 정치, 〈이코노미스트〉에 깊이 빠져들었다. 순식간에 강렬한 우정을 쌓았고, 뉴욕시를 걸어서 탐험했고, 아버지와 연락을 재개했다. 열심히 한눈을 파느라 박사 논문의 진척은 더뎠지만, 까짓것 신경 쓰지 않았다. 내가 하는 것이 대학원 동급생이나 심지어 교수들이 하는 일과 뭔가 다르게 느껴졌다. 그 시기에 내 삶은 지금도 계속되고 있는 양상을 띠었다.

나는 칼리지 졸업 직후인 1995년 가을 컬럼비아의 영문학·비교문학 박사 과정에 들어갔다. 몇 년간 쳇바퀴 돌 듯 생활하다 '초기 미국 문학 및 문화'를 전공 분야로 택했다. 2002년 여름 무렵 박사 자격시험을 통과하고 노예폐지론과 미국 초월론자들(American transcendentalists)에 관한 논문으로 자리를 잡는 중이었다. 칼리지 신입생 이후 해왔듯 주당 20시간은 제너럴 스터디즈의 프리메드 과정에서 일하고 있었다. 6월에는 정신분석을 시작했다.

심리치료사 필립을 만나기 시작한 건 그해 봄이었다. 표면상의 동기는 동생 라이가 치료를 받아보게끔 하는 것이었다. 당시 열네 살이던 동생은 학교에 반감을 품었고, 자신의 복잡한 삶을 수습하기 힘들다고 생각했다. 동생이 나와 미셸하고 같이 살면서 미셸이 에스파냐어를 가르치는 진보적인 사립학교 맨해튼 컨트리 스쿨(Manhattan Country School)에 다닌 지 3년이 된 때였다. 학교 심리학자의 권유에 따라 나는 함께 상담 치료를 받아보자고 동생을 설득했다. 그리고 같은 상담소의 여러 치료사를 만나는가 하면, 같이 갈 수 있도록 우리의 약속 시간을 조정했다. 우리가 합의한 사항은 동생이 몇 차례 상담을 받고 나서 계속하고 싶지 않으면 그만두는 것이었다. 동생은 그만뒀지만, 난 그러지 않았다.

몇 달 후 필립은 주 1회 치료에서 프로이트 특유의 요법인 정신분석으로 바꾸는 게 어떻겠냐고 제안했다. 둘의 차이는 주로 그 강도에서 발생한다. 정신분석은 주 4~5회 상담을 요구하기 때문이다. 이것은 최근 맨해튼섬에 고도로 밀집되어 있는 임상심리학의 한 귀퉁이와 몇몇 다른 국제도시에 한정해서 이뤄지고 있다. 매주 행하는 상담 횟수와 그에 따른 비용 때문에 이 요법은 충분한 여가 시간뿐 아니라 비용도 많이 필요하다. 정확히 말해 여가 시간은 아니지만, 논문 작성은 얼마든지 융통성 있게 일정을 잡을 수 있었다. 그래서 필립이 내가 상담료로 내던 할인 금액을 그대로 유지하며 정신분석으로 바꾸자고 제안했을 때, 나는 좋다고 말했다. 나 같은 사람한테 이런 심오한 자기성찰 프로그램을 계속 접할 기회가 생기다니 얼마나 비현실적이고 이례적인 일인가.

초반에는 통찰이 금방 찾아왔다. 나는 랠프 월도 에머슨의 일기를 읽고 있었다. 꿈을 많이 꾸고 있었다. 캄비타와 뉴욕 사이 어디쯤에서 연락이 끊겼던 사람의 향기를 찾아내고 있었다. 미셸로부터 독립하고 있었다. 스스로 숨 쉴 여유를 주고 있었다. 주먹 쥔 손을 펴고 있었다.

어느 날 필립이 마치 내가 차마 할 수 없는 말을 하려고 그의 목소리를 빌린 것인 양 (기묘하게) 1인칭 시점으로 이렇게 말했다. "내가 나 자신에게 허락할 수 없는 일 한 가지는 누군가한테 무엇을 요구하는 거야."

하루는 에머슨의 일기에서 "프랭클린 탐험대장은 빙판에서 6주 동안 북극을 여행한 뒤 자신이 출발지에서 남쪽으로 200마일 떨어진 곳에 있다는 걸 알았다. 얼음이 둥둥 떠다녔던 것이다"[13]라는 대목을 읽었다. 방향은 식별할 수 없었지만, 내가 걸은 빙판이 둥둥 떠다니는 느낌이었다.

나는 내가 꾼 꿈을 적기 시작했다. 나는 꿈을 많이 꾼다. 필립은 어느 날 나처럼 꿈을 꾸는 건 행운이라고 했다. 대부분 전형적인 꿈이었다. 사람들 앞에서 발가벗고 있는 나 자신을 발견하는 꿈. 대본도 모르는 채로 무대에서 연기하는 꿈. 수업 있는 강의실을 찾지 못해 지각까지 하는 꿈. 스탠더드 선율의 재즈 공연처럼 항상 미묘한 변주로 돌아오는 반복적인 꿈 목록도 있었다. 퀸즈버러(Queensboro) 다리의 복잡한 격자 틀을 맨손으로 오르는데, 늘 공포에 휩싸여 있고 항상 퀸즈에서 맨해튼 방향으로

간다. 캄비타의 할머니 댁에 있는데, 슬픔에 젖은 채 내가 찾을 수 없는 뭔가를 찾아 헤맨다. 아버지의 집 현관에서 새벽에 묵시록적인 세상의 종말을 지켜보는데, 보통은 아버지의 어깨에 올라타고 있다.

나는 나와 세상, 나와 내 경험 사이에 놓인 죽은 공간에 눈을 뜨기 시작했다.

수년간 나는 분노를 느낀 적이 없다는 것을 깨달았다. 내가 그걸 허용하지 않으려 했던 것이다. 나는 점차 다시 감정을 느끼기 시작했다. 꿈속에서 그것은 가끔 토네이도처럼 터져 길목의 모든 것을 집어삼켰다. 어느 날 밤, 나는 엄청나게 강렬한 분노에 사로잡혀 있는 힘을 다해 아버지에게 고함치는 꿈을 꿨다. 꿈속에서 나는 영어로 소리치고 있었다. 예전에는 꿈속에서 엉뚱한 언어를 써본 적이 없었다.

어느 날 밤에는 미셸과 내가 살던 워싱턴하이츠(Washington Heights)의 1층 아파트 마룻바닥 밑에서 소동이 벌어지는 꿈을 꿨다. 나는 원인을 규명하기 위해 지하 세탁실로 내려갔고, 내 가슴께 높이의 작은 흙더미를 발견했다. 그것은 아파트 아래서 커지고 있던 거대한 활화산의 일부로 연기와 불꽃을 내뿜으며 지각을 흔들고 있었다. 꿈속에서 나는 흙더미를 보며 깨닫는다, 아무도 도망칠 수 없으며 이것이 온 세상을 삼켜버리고 말리라는 것을.

프로이트는 자유 연상(free association)을 정신분석의 '근본 원칙'으로 여겼다. 그가 환자에게 내리는 기본 지시는 "머릿속에 떠오르는 것을 아무거나 말하세요"였다. 자유 연상 권유는 참으로 묘한 요구다. 나의 정신분석만 해도, 필립이 생각나는 것을 말하라고 나한테 요구하는 것만큼 확실하게 내 머릿속의 모든 생각을 즉시 지워버리는 건 없었다. 그 제의는 일종의 정서적 마비를 일으키곤 했다. 말문이 막혔다. 아무 할 말도 없고, 아무 생각도 안 나고, 그저 숨 막힐 듯한 어색함뿐. 그 상태가 절대 오래 가지는 않았지만, 강도만큼은 끔찍했다. 몇 초 후에는 늘 다음과 같은 불안한 내면의 대화로 넘어가곤 했다. '무슨 말을 해야 하나? 필립은 내가 무슨 말을 하길 바랄까? 정신분석학적으로 내가 할 수 있는 가장 세련된 말이 뭘까?' 내 생각은 항상 거울의 방에 갇힌 듯했다.

자유 연상의 첫 번째 교훈은 그게 절대 자유롭지 않다는 것이다. 자유 연상은 '동기가 없는' 척하는데, 바로 그 때문에 당신이 진정 자신에 대한 그림을 그릴 수밖에 없는 캔버스를 제시한다. "당신은 기차의 창가 자리에 앉아 객실 안의 누군가에게 당신 눈에 보이는 달라지는 바깥 풍경을 묘사하고 있는 여행자"[14]라고 한 프로이트의 말처럼, 당신은 자유 연상을 하면서 머릿속에 스쳐 지나가는 모든 것을 검열하지 않으려고—항상 실패하기는 하지만—노력한다. 당신이 할 일은 어떤 선별 기준도 제쳐두는 것, 올바르거나 흥미롭거나 신랄하거나 인상적이거나 유의미한 것에 구애받지 않는 것이다. 정신분석가가 할 일은 연상의 흐름 속에서 내담자가 자신이 말하고 있는지도 모르는 뭔가를 포착하는 게 목표인 특별한 방식으로 이 대화에 귀를 기울이는 것이다. 프로이트는 1912년 〈정신분석 전문의들에게 드리는 권고(Recommendations to Physicians Practicing Psycho-Analysis)〉라는 논문에서 이런 특별한 방식의 경청을 "균등하게 정지된 주의(evenly suspended attention)"라 명명하고 "그냥 어떤 것에도 특별

히 주의를 기울이지 않"고 "모든 것에 동등하게 주목하는 것"이 특징이라고 설명했다.[15]

필립은 보통 "오늘은 무슨 생각이 드세요?"라고 내게 물으면서 세션(session)을 시작하곤 했다. 대체로 나는 답변을 내놓지 못했다. 나 자신을 파악할 수 없었다. 정신분석은 내가 질식하리만큼 안정적인 성벽을 구축해놓은, 본 적도 없고 예상치도 못한 곳을 대면하게 했다. 마치 직접 관찰하지는 못하지만 주변 사물들에 미치는 중력 효과 때문에 감지할 수 있는 우주의 암흑 물질처럼, 이 죽은 공간들은 내 경험과 인식을 왜곡하고 내 삶을 공허감과 절박감으로 가득 채웠다. 정신분석을 시작할 때는 나의 특이한 심적 문제가 어느 모로 보나 높은 수준의 기능성은 허용하면서도 나의 진정한 자아감에 접근하는 것은 불가능하게 만들어버렸다는 사실을 알지 못했고, 의심하지도 않았다. 그것은 다른 사람과 진정한 교류를 하는 것마저 불가능하게 만들었다.

내 인생은 단절, 즉 외부와 고립된 섬처럼 존재하는 방대한 경험과 감정으로 점철되어 있었다. 내게는 내 삶을 이루는 조각들을 한데 이어붙일 도구—실과 바늘—가 없었다. 내게는 그것들이 서로 말을 걸 수 있는 언어가 없었다. 정신분석은 서른을 바라보는 내가 이미 살아온 이질적인 삶들을 동화시킬 만큼 충분히 폭넓은 자기 이해의 용어를 고안한다는 의미였다. 그것은 서로에게 낯선 나 자신의 부분들을 통합하고 일종의 일체감을 이룬다는 의미였다. 나는 정신분석이 요구하는 힘겨운 노력을 하는 동안 그저 하나 된 삶을 살고 싶다는 깊은 열망에 이끌렸다.

그즈음 나는 우디 앨런(Woody Allen)의 모큐멘터리(mockumentary: 허구의 상황을 실제처럼 보이게 다큐멘터리 형식으로 찍은 영화—옮긴이) 〈젤리그(Zelig)〉

(1983)를 봤다. 처음에는 재미가 없었다. 그냥 불편했다. 우디 앨런이 연기한 젤리그는 인간 카멜레온, 중심도 자아 정체감도 없는 인물이다. 사랑받고 인정받고 싶다는 그의 간절한 욕망이 자신도 모르는 사이에 어쩔 수 없이 주변 사람들의 성격을 그대로 띠게 만든 것이다. 젤리그를 통해 나는 자유 연상을 하는 것이 왜 그리 힘들었는지 알았다. 타인의 환심을 살 도구가 없으면 자아감에 접근하는 게 나로서는 거의 불가능했던 것이다.

내가 처음 상담실 소파에 눕기를 거부했던 이유는 거기에 있었다. 주 1회 세션에서 정신분석의 표준인 주 4회 세션으로 넘어갈 채비를 하던 시기에 필립은 (시야에 그가 보이지 않는) 소파에 누울지 아니면 우리가 상담할 때 해왔듯 그의 맞은편 의자에 앉을지의 선택을 내게 맡겼다. 소파에 눕고 싶지 않은 이유를 설명하다 보니 나는 도리어 그래야겠다는 확신이 들었다. 나의 망설임은 결국 내가 말하는 동안 그 말에 대한 필립의 반응을 주시하겠다는 욕구였다. 나는 어떤 말을 해야 적절할지, 내가 했으면 하고 그가 바라는 말 그리고 내가 그의 마음에 드는 내담자가 될 수 있는 말은 무엇일지에 관한 신호를 바랐던 것이다. 정신분석을 제대로 시작하기도 전에 나는 중요한 돌부리에 걸려 있었다. 고삐 풀린 나를 보게 될 거라는 두려움, 그리고 애정을 얻으려는 노력 없이는 타인과 관계를 맺지 못하는 습성.

어느 날 필립은 어쩔 수 없다는 듯 불쑥 이렇게 내뱉었다. "당신의 빌어먹을 매력이 당신을 망칠 겁니다!"

《정신분석에 대한 다섯 번의 강의》

프로이트가 정신분석에서 고안한 방법론과 통찰은 나의 지속적인 자기 이해 과정에 중요했다. 그것은 내가 교양 교육을 지속하는 데 필수적인 도구다. 프로이트의 사상 대부분은 그의 시대보다 훨씬 이전 문학과 철학에서 이미 다뤄졌고, 그는 자신의 직관을 날카롭게 연마하기 위해 고대 자료에 마음껏 의존했다. 그러나 체계적 접근법, 탁월한 해설, 이론의 효과적인 대중화에서는 그가 독보적이다. 《정신분석에 대한 다섯 번의 강의》를 발표하기 위해 1909년 미국으로 간 것도 바로 이런 해설과 대중화라는 사명 때문이었다.

프로이트는 매사추세츠주 우스터(Worcester)에 있는 클라크(Clark) 대학의 스탠리 홀(G. Stanley Hall) 총장으로부터 명예 학위를 받으러 간 김에 거기서 《정신분석에 대한 다섯 번의 강의》를 발표했다. 홀 총장은 미국 식자층한테 신생 학문인 정신분석을 소개하기 위해 이 나라의 주요 과학자 및 지식인을 연속 강의에 초대한 터였다. 강연 참석자 중에는 윌리엄 제임스, 프랜츠 보애스(Franz Boas) 및 급진주의자 엠마 골드만(Emma Goldmann) 같은 유명 인사도 있었다.

프로이트는 그 후에도 정신분석에 관한 두 편의 강의록을 발간했다. 바로 《정신분석 강의》(1917)와 《새로운 정신분석 강의》(1932)이다. 그러나 1910년의 클라크 대학 강의가 그 간결함과 명료함 때문에 정신분석의 주요 개념을 간추리기에는 가장 쉽다. 텍스트로 봤을 때, 그것은 철학적 사색과 과학적 해설 그리고 문학적 창작물 사이 어딘가에 위치한다. 암시와 통찰력과 매력이 그득하다. 그러나 그것이 교양 교육에 가장 큰 가치를 지니는 이유는 어떤 독자에게나 새로운 형태의 자기 분석을 촉발할 수 있는 일단의 개념 및 실제를 명료하게 설명했다는 점에 있다. 이 개념과 실제에는 히스테리 혹은 몸으로 생각하기, 무의식에 귀 기울이기, 꿈의 해석 등이 속한다.

히스테리 혹은 몸으로 생각하기

프로이트는 정신분석 탄생의 공을 요제프 브로이어와 그의 '안나 오'라는 최초의 환자 치료로 돌리면서 자신의 연속 강의를 시작했다. 이 사례의 획기성은 안나의 신체 증상이 "신경증의 변덕스럽거나 불가사의한 산물"이 아니라 사실은 과거의 "정서적 경험의 잔여물('침전물'이라고 할 수도 있다)"이라는 "중대한 발견"이었다.[16] 프로이트는 촌철살인의 재능으로 그것을 기지 넘치는 명구로 이렇게 요약했다. "**히스테리 환자는 추억을 앓는다.**"[17] 이런 추억이 최면 상태에서 의식으로 넘어오자 안나는 실제 사건 중 자신이 억눌렀던 강한 감정을 경험했고, 이 '카타르시스'가 신경 쇠약 증상의 완화를 가져왔다. 프로이트는 안나가 자신의 마음이 받아들이지 않는 것을 몸으로 경험하고 있음을 알았다.

언젠가 필립도 나에게 몸으로 생각할 수 있다고 말한 적이 있다. 우리 중 다수가 스트레스를 처리하는 방식으로 이런 경험을 한다. 나한테도 잊지 못할 사례 하나가 1999년 5월에 일어나 가뜩이나 내 인생에서 정신없던 시기에 지장을 초래했다. 그해 겨울과 봄에 나는 박사 과정의 구술시험을 준비하고 있었다. 학기 중에는 주 20시간, 방학에는 풀타임으로 프리메드 과정 학생들을 지도하는 교내 일자리도 있었다.

그해는 또한 워싱턴하이츠에 사는 이민자들에게 영어를 가르치는 프로그램을 시작한 지 3년째이기도 했다. 1996년 도미니카공화국에서 믿기지 않게도 정권을 잡은 당시 좌파 소수당 도미니카해방당(Partido de la Liberación Dominicana)의 맨해튼 사무소 사람 둘과 내가 창설한 프로그램이었다. 친한 친구가 된 프랑크(Frank)와 클로도미로(Clodomiro)는 학생들과 함께 장소를 구하러 다녔다. 나는 교과 과정을 짜고, 수업을 하고, 필요하면 다른 교사들을 고용해 훈련시켰다.

나는 컬럼비아 대학의 여러 사람—제2외국어로 영어를 가르치는 전문가 및 학업 프로그램 운영 경험자—에게 조언을 구했고, 그들은 이구동성으로 약간은 무시하듯 내가 하려는 일이 생각보다 훨씬 더 어렵다면서 적어도 도움을 줄 자문위원 한 명을 고용해야 한다고 설명했다. 하하하. 자문위원이라고. 내가 무슨 일을 하려는지 그들은 이해하지 못하는 듯했다. 그들은 내가 사업체를 설립한다고 생각했다. 나는 그들의 충고를 무시하고 다른 교사 둘을 고용해 약 60명의 학생에게 초급과 중급 영어를 가르치기 시작했다. 그들은 대부분 도미니카공화국 출신에 다수가 택시 운전사였으며, 일부는 에스파냐어마저 초보적인 문해력만 갖추고 있었다. 우리는 월요일과 수요일에 저녁 6시부터 9시까지 만났다. 나는 이 과정에 제2외국어로서 영어 규격 프로그램을 응용하고, 초급반을 가르쳤다. 그리고 매달 다른 교사들의 급료를 줄 만한 자금을 유치하는 기적을 이뤄낸 모금 행사(복권과 파티 등) 기획을 도왔다.

아, 청춘이여. 정말 그건 미친 짓이었다. 그러나 그런 건 중요하지 않았다. 이 프로그램이 약간의 성공만 거둔다 해도 여전히 그럴 만한 가치가 있었을 것이다. 뉴욕에서 어떻게든 살아가려고 바둥대던 이민자에게 영어를 가르치는 일은 말 그대로 그들 주변의 더 넓은 세상에 참여할 목소리를 제공하는 것이었다. 그리고 주 6시간으로 정말 진전이 보였다. 매주 그들은 새로운 말을 하고 새로운 일을 할 수 있었다. 수업 전과 쉬는 시간에 그들은 자기가 길을 가르쳐줬다든가, 열차 안내원의 방송을 이해했다든가, 뉴스 헤드라인을 알아들었다든가, 의사한테 어디가 아픈지 얘기했다든가 하는 식으로 자신들이 이뤄낸 새로운 소통의 위업 이야기로 서로를 기쁘게 만들곤 했다.

이때는 미셸이 컬럼비아 사범 대학(Teacher's College)에서 제2외국어 습득에 초점을 맞춰 응용언어학을 공부하던 시기였다. 미셸에게서 내가 흡수한 지식과 영어를 가르친 내 경험 덕분에 나는 학생들에게 유능한 선생님이 되었다고 믿는다. 그러나 핵심 요인은 내가 그들에게 가졌던, 그리고 그들이 내게 가졌던 동질감이었다. 우리는 서로를 충분히 알았고, 빠른 속도로 서로를 좋아하게 됐다.

나는 미셸이 중학생 제2외국어 학습자들에게 에스파냐어를 가르치는 방식을 본받아 교실에서 에스파냐어를 한마디도 허용하지 않았다. 이는 곧 제스처 게임처럼 많은 팬터마임을 하고 칠판에 많은 그림을 그린다는 뜻이었다. 우리는 교실에서 가상의 시나리오—도심의 이민귀화국 사무소를 방문하고, 일자리에 지원하고, 레스토랑에서 음식을 주문하고, 경찰의 검문을 받고 수색당하는—를 연기하곤 했다. 이런 촌극은 배꼽이 빠지도록 웃긴 창의성과 재치를 끄집어냈다. 우리는 추수감사절과 대통령 선거인단에 관해 배웠고, 미국 가요집에 나오는 노래를 불렀고, 대통령의 연두 교서 발췌문을 분석했다. 3년간 계속된 이 미친 실험을 지탱해준 것은 우리 모두가 키운 애착과 연대감이었다.

그 무렵 내가 미국에서 산 지도 어언 13년이 되었다. 대학에 가고 학생 건강보험과 식단 계획 그리고 근로 장학생 일자리를 알기 전까지 내 삶은 식료품 할인 구매권과 복지 그리고 섹션 8(section 8: 저소득층을 위한 미국의 주거비 지원 프로그램 중 하나—옮긴이) 주거 지원금의 도움으로 근근이 살아가는 그들 대부분의 삶과 흡사했다. 나를 움직인 것은 내 경험상 그들이 미국 생활을 헤쳐나가는 동안 유용할 듯싶은 것은 모조리 전수해주고픈 욕구였다. 나는 단지 영어만을 가르친 게 아니라, 그들의 현실을 변화시킬 연장을 만들어주려 애썼다. 그들이 고향을 떠나오면서 잃어버린 삶의 주체적 차원을 회복시키려 애썼다. 그들이 서 있는 곳에서는 보이지 않는 가능성을 그들에게 제시하고 싶었다. 내가 살게 된 세상 전부를 그들이 이해하게 만들고 싶었다.

그것은 내가 지금까지 가르쳐본 가장 의미 있는 유형의 수업이었다.

같은 해 봄, 나는 또한 매우 다른 유형의 학생에게 매우 다른 유형의 수업을 가르치고 있었다. 부담스럽기로 악명 높은 (그리고 지금은 사라진) '논리학과 수사학(Logic and Rhetoric)'으로 컬럼비아 칼리지 1학년 학생들의 필수 작문 강좌였다. 나도 불과 몇 년 전 이 수업에서 설명문의 기초를 힘겹게 배운 터였다. 학기 전반부에 학생들은 매주 두 편의 짧은 리포트를 썼고, 나는 그것들을 한 줄 한 줄 꼼꼼히 보면서 수정했다. 학기 후반부에는 매주 한 편의 리포트를 썼다. 1학년 작문 수업을 가르쳐본 사람은 누구나 알겠지만, 이 일은 사람을 녹초로 만든다. 그러나 그것 역시 신났다. 나는 학생들에게 단지 그들의 생각을 표현하는 방법뿐 아니라 그것을 구성하는 방법, 곧 주변 세상에 대해 명확하고 예리하게 사고하는 방법을 어떻게 가르칠지 익히고 있었다. 이 학생들에게도 역시 나는 아낌없이 나 자신을 쏟아부었다.

바쁜 시기였다. 낮 동안은 프리메드 학생들에게 의학 전문 대학원 입학 지도를 하고 그들의 지원서에 동봉할 종합 추천서를 썼다. 그러고 나서는 컬럼비아 1학년생들에게 명료하고 정확한 글쓰기 방법을 가르쳤다. 그런 다음 북쪽으로 2마일 떨어진 다른 세상으로 이동해 도미니카공화국 출신 성인들에게 미국에서 사는 법을 가르쳤다.

그해(1999년) 1월경 박사 과정 구술시험 일정이 4월 1일로 잡혔다. 시험 범위는 내가 선택한 세 분야—구술 문화와 문자 문화(Orality and Literacy), 미국의 청교도, 아프리카계 미국인의 언어와 문학—의 독서 목록 120권이었다. 정신없이 바쁜 그 봄 학기에 익숙해진 후 나는 독서 일정을 짰고, 만우절에 있을 시험을 준비하려면 휴일 없이 **매일매일** 도대체 얼마나 많은 자료를 끝내야 하는지 깨닫고 경악했다.

매일 밤 저녁 수업이 있는 날이면 10시경 집에 와서 헤드폰을 끼고 빌리 홀리데이(Billie Holliday) 음악을 들으며 몇 시간 동안 책을 읽곤 했다. 그런 다음에는 헤드폰을 빼고 독서 중 접했던 가장 중요한 내용을 적었다. 주말은 성적 매기기와 시험 대비 독서의 마라톤과 같았다.

4월 1일 목요일이 다가와 구술시험을 봤다. 2시간 후, 나는 4명의 교수에게 심사를 받는 필로소피 홀(Philosophy Hall)의 세미나 룸 밖으로 나가 그들이 내 성적에 대해 논의하는 동안 대기했다. 세미나 룸에 다시 들어가자 심사위원장은 위원회가 공식 '최우수 합격'을 줄 수는 없지만, 전원이 내가 시험에서 우수한 성적을 거뒀음을 인정한다고 했다. 세미나 룸을 나갈 때 미국 청교도의 서브필드(subfield: 어떤 학문의 하위 분야를 일컫는 말—

옮긴이)를 담당했던, 그리고 나중에 나의 박사 논문을 지도해준 교수가 이제 주말엔 쉴 수 있겠다고 농담을 건넸다. 그러나 사실 그럴 수 없었다. 월요일에는 가르칠 수업이 2개 있었고, 주말에는 성적을 매길 리포트가 산더미같이 쌓여 있었다.

머리 뒤쪽, 두개골 바로 위 약간 왼쪽에 탈모 증상이 있다는 걸 알아챈 것은 바로 이때쯤이었다. 그것은 25센트짜리 동전 크기 정도로 점점 커지고 있었다. 욕실로 달려가 손거울을 치켜들고 그 끔찍한 자리를 살펴보는데, 소름 끼치는 냉기가 등골을 타고 내려왔다. 혹시 뇌종양이 아닐까. 이 의혹은 다음 날 아침 컬럼비아 학생 보건 진료소를 찾아갔을 때 사실이 아니라는 게 확인되었다. 임상 간호사는 연고를 처방해주며 스트레스에 대한 반응으로 가끔 이런 일이 일어날 수 있다고 했다. "최근 스트레스를 받은 적이 있나요?" 나는 지극히 정직하고 진지하게 "아뇨. 그런 적 없는데"라고 말했다. 그리고 그것은 사실이었다. 어떤 면에서는 말이다. 단연 강도가 높았던 그 몇 달 내내 나는 스트레스를 받았다고 느끼지 않았다. 기분이 괜찮았다. 그다지 피곤하지도 않았다. 오히려 활기가 넘쳤다.

그랬다. 나는 프리메드 지도교수 업무와 학부 강의, 제2외국어로 영어 가르치기 프로그램 운영과 구술시험 준비 부담으로부터 스트레스를 느낀 적이 없었다. 대신 머리 뒤쪽에 탈모 부위가 생겼다. 그리고 내 몸이 보내던 신호가 확실하지 않을 무렵, 그러니까 구술시험 이후 6주가 지난 뒤, 소프트볼을 하던 중 오른쪽 정강이뼈와 종아리뼈가 부러졌다. 2루로 슬라이딩하려고 빠르게 달리다 다친 것이다. 아무도 끼어들지 않았는데, 순전히 나 혼자 힘을 쓰다 그렇게 됐다.

내 다리와 탈모 증상은 거의 하루 종일 소파에 앉아 창문 밖을 바라보며 보낸 여름이 지나면서 나아졌다.

탈모 부위는 그냥 스트레스성 신체 질환이었다. 그런 증상은 흔하며 널리 알려져 있다. 다만 그것이 정신분석학적으로 중요한 이유는 내가 스트레스를 전혀 의식하지 못했다는 점 때문이다. 나 자신을 스트레스로부터 봉쇄하면서—나의 현실을 스스로가 느끼지 못하게 하면서—나는 평생 사용해온 핵심 방어 기제를 발동시켰고, 이 경우는 그 부적절함과 위험의 징후가 극적으로 나타난 것이었다. 내가 느끼고 있는 것을 스스로 의식적으로 경험하지 못하게끔 하면서, 나는 프로이트가 모든 신경증에서 인식한 기저 증상을 드러내고 있었다. 바로 현실 부정이다.

내가 자초한 다리 골절은 프로이트가 히스테리를 치료하면서 알게 된 사실을 한층 더 명백하게 보여준다. 내 다리는 토요일 오전 그날, 내가 너무 빨리 달렸기 때문에 부러졌다. 몇 주 뒤, 나는 내가 괜찮다는 걸 모든 사람에게 보여주기 위해 깁스를 하고 구장에 다시 나타났다. 당연히 괜찮지 않았다. 다리 두 곳이 골절되고 목발을 짚고 있었으니 말이다. 사고 당일 2루에 걸터앉아 응급차가 도착하길 기다리는 동안 허리는 지칠 대로 지친 상태였다. 언제나 친절한 바바라 해닝(Barbara Hanning)이 내가 기댈 수 있게 등을 맞대고 앉아줬다. 바바라는 날 보고 뛸 듯이 기뻐하면서 머지않아 다시 게임을 하게 될 거라고 날 안심시키더니 이렇게 덧붙였다. “하지만 그때처럼 객기를 부리며 베이스로 달리지는 말아야겠죠.”

내가 “객기를 부리며” 베이스로 달렸는지는 미처 깨닫지 못했다. 그런데 사실이었다. 나는 덮어놓고 위험하리만치 빨리 달렸다. 사고가 난 특별한 순간은 내 인생 전체와 프랙탈(fractal: 부분이 전체를 닮는 자기 유사성을 갖는 형상—옮긴이) 관계였다. 내가 지속하거나 제어할 수 없는 종류의 광기로 너무 빨리 달리고 있던 장소가 단지 소프트볼 구장만은 아니었으니까. 나는 내 다리를 부러뜨리고, 3개월간 강제로 앉아 있게 만들었다. 나 자신에게 입힌 부상이 내가 살아가고 있는 무의식적 상황과 상징적 관계가 있는 것처럼 보였다. 내 몸은 마치 내가 속도를 늦춰야 하는 이유를 논리적으로 도출할 수 없다는 듯 다른 수단을 통해 그것을 유발한 것이다.

무의식이 말하다

자기기만은 인간의 삶에 만연한 특성이다. 우리는 이런저런 식으로 거의 끊임없이 자기기만을 한다. 자기기만은 무의식이 작동 중이라는 징후다. 우리 마음의 한 부분이 다른 부분에게 거짓말을 하고, '우리'는 그런 일이 일어나는 줄 모른다.

프로이트는 최면을 활용해 히스테리를 치료한 결과, 환자들이 의식으로부터 분리된 외상성 기억에 시달리고 있음을 알았다. 이런 기억이 진짜로 사라진 게 아니라 정신의 별도 부분에 저장되어 있는 게 사실이라면, 그것을 거기에 저장하고 의식으로 들어가지 못하게끔 막는 힘이 있다는 얘기였다. 그는 이 힘을 **저항**(resistance), 그리고 이 힘이 문제의 기억을 의식으로부터 차단하는 과정을 **억압**(repression)이라 불렀다.[18]

> 아마도 지금 이 순간 우리의 실제 상황에서 발생할 수 있는 대략적인 비유로 여러분에게 억압과 그것이 가진 저항과의 필연적 관계를 좀더 생생하게 이해

시켜드릴 수 있을 것 같습니다. 이 강의실에, 그리고 아무리 칭찬해도 지나치지 않을 만큼 조용하고 경청하는 이 모범적인 청중 가운데, 무례하게 웃고 떠들고 직직 발을 끌면서 소동을 일으켜 제가 도무지 일에 집중하지 못하게 만드는 사람이 있다고 가정합시다. 저는 강의를 진행하지 못하겠다고 선언할 수밖에 없습니다. 그러자 곧 여러분 중 힘센 서너 명의 남자분이 일어나 잠시 몸싸움을 벌인 후 그 방해꾼을 문밖으로 내보냅니다. 그래서 이제 그는 '억압'되었고, 저는 강의를 계속할 수 있습니다. 그런데 쫓겨났던 그 사람이 만에 하나 다시 강의실에 들어오려고 할 경우 다시금 훼방을 놓지 못하도록 하기 위해 제 뜻을 실행에 옮겼던 그 신사분들은 문에 자기 의자를 세워놓으려 할 겁니다. 그렇게 억압이 이뤄진 후 '저항'이 확립됩니다. 지금 얘기에서 관련된 두 장소를 심리학 용어인 '의식'과 '무의식'으로 번역한다면, 여러분은 억압의 과정을 꽤 잘 이해할 수 있을 것입니다.[19]

프로이트는 억압 자체가 문제라고 보지 않는다. 아마도 그의 저서 중 가장 많은 사람이 읽었을 《문명 속의 불만(Civilization and Its Discontents)》에서 그가 알아듣게 얘기할 텐데, 사실 억압은 문명에 절대적으로 필요하다. 히스테리의 문제는 그것이 뭔가를 억압해왔다는 사실이 아니라, 그 억압이 효과가 없었다는 점이다. 이를 설명하기 위해 프로이트는 강의실에서 쫓겨난 제멋대로인 사람의 예로 다시 돌아간다.

그러고 보니 방해꾼을 제거하고 문 앞에 보초를 세운다고 이야기가 끝날 것 같지 않습니다. 쫓겨난 뒤 이제 앙심을 품고 난폭해진 그 사람은 아마 우리에게 더 큰 문제를 일으킬 것입니다. 그가 더 이상 우리 가운데 없는 것은 맞습니다. 우리는 그의 존재, 그 모욕적인 웃음소리와 저음의 발언들로부터 해방됐죠. 하지만 그럼에도 불구하고 한편으로 그 억압은 실패했습니다. 왜냐하면 지금 그는 강의실 밖에서 자신을 참을 수 없는 구경거리로 만들고 있기 때문입니다. 그가 소리 지르고 주먹으로 문을 두드리는 것이 좀 전의 나쁜 행동보다 훨씬 더 제 강의를 방해합니다. 이런 상황에서 만일 우리의 존경하는 총장님인 스탠리 홀 박사께서 조정관이자 중재자 역할을 기꺼이 맡으신다면 우리는 기뻐하지 않을 수 없겠지요. 그는 그 제멋대로인 사람과 밖에서 이야기를 나눈 다음 우리에게 돌아와서 어쨌든 그를 다시 입장시켜달라고 요청합니다. 그 남자가 이제 예의 바르게 처신하리라는 걸 자신이 보장한다면서 말입니다. 홀 박사의 권위에 따라 우리는 그 억압을 해제하기로 결정하고, 다시 평화와 고요가 찾아옵니다. 신경증의 정신분석 치료에서 의사가 어떤 일을 하는지 이해하기에 이러한 설명은 사실 나쁘지 않습니다.[20]

신경증 환자에게 억압된 기억은 히스테리 증상의 형태로 계속해서 의식으로 분출한다. 바꿔 말하면, 히스테리 증상은 억압된 요소의 대체물이다. 프로이트의 정신분석 방법론 전체가 이 대체물—증상—이 임의적 질병이 아니라 그것의 억압된 근원과 '간접적 유사성'을 지닌다는 명제에 달려 있다. 《정신분석 강의》 제5강의 첫 문장에서 그는 전형적인 글 솜씨로 이 점을 분명히 했다. "어느 날 사람들은 일정한 유형의 신경증 환자에게 나타나는 병리학적 증상에는 의미가 담겨져 있음을 발견했습니다."[21] 증상은 단지 무의식적 사고 패턴의 **결과물**이 아니라 그것의 **표출**이다. 둘은 의미상 연계되어 있다. 언어에 있어 단어처럼, 증상은 하나의 의미에 해당한다. 그러나 자연 언어에서는 단어와 그 의미의 관계가 임의적인 데 반해, 심적 생활에서 증상은 마치 그림자가 그것을 비춘 몸통과 관련 있거나 단백질이 그게 기록된 DNA 조각과 관련 있는 것처럼 유기적 유사성에 의해 무의식적 기원과 연계되어 있다. 신경증의 경우, 어떤 심적 경험이 환자의 자아감으로 통합되기는 불가능하고, 그 대신 의식으로부터 억압된다. 그러나 억압에 누출이 생기고, 누출은 무의식의 요소를 암호화한다.

가끔 프로이트와 그의 추종자 일부는 무의식을 기묘한 자체 논리를 따르는 별도의 합리적 정신인 것처럼 말하기도 했다. 그러나 나는 무의식을 일종의 심적 조건 형성 데이터베이스, 우리의 의식적 마음이 우리 눈에 띄지 않는 방식으로 어떻게 작동하는지를 형성하는 일종의 루트 프로그래밍(root programming)으로 생각하는 편이 더 쉽다고 본다. 프로이트에게 무의식은 우리 정신을 작동하는 본능적 욕동(instinctual drives: '욕동'은 사고와 감정을 유발하는 원동력을 일컫는 정신분석학 용어—옮긴이)의 기본 구성을 포함한다. 이 구성에서 가장 기초적인 층위는 보통 핵가족의 역학 관계에 반응해 유아기에 확립된다. 궁극적으로 그것이 우리 성격의 바탕을 이룬다. 이 루트 프로그래밍은 우리 머리에 달린 눈처럼 거울에 비칠 때가 아니면 우리에게 보이지 않는다. 우리는 그것을 **통해** 보기는 하지만, 그것을 볼 수는 없다.

정신분석은 이 기저의 심적 조건 형성을 의식이 지각하도록 하는 작업과 관련이 있다. 이 작업의 가능성은 이러한 무의식의 구조를 점진적으로 명료하게 밝힘으로써 우리 삶의 경험을 심화하고, 그것이 강요하는 강박에서 우리가 어느 정도 자유로워지게끔 할 수 있다는 것이다. 우리는 어릴 적 확립된 무의식적 질서에 의해 크기가 정해지는 새장에 갇혀 산다.

정신분석은 그 새장의 평면을 확장하는 방법이다.[22] 정신분석—그리고 사실 모든 형태의 성찰—은 우리 경험에서 이전에는 보이지 않고 생각지 못했던 측면을 드러낼 정도로 우리 삶을 풍부하게 만들고 진정한 삶을 살 수 있는 새로운 가능성을 창출한다.

프로이트가 임상 실무를 진행하면서 알게 됐듯 분석가의 임무는 내담자의 무의식을 드러내는 것뿐만 아니라, 어떤 이유에선지 옥죄어져왔던 과정을 촉진함으로써 예전의 무의식적 요소를 내담자가 더욱 온전한 자아감으로 통합할 수 있게끔 하는 것이다. 정신분석이 프로이트가 치료했던 신경 쇠약성 신경증에서 벗어나 보다 평범한 유형의 정신적 고통으로 확장됨에 따라 이런 생각은 한층 더 정교해졌고, 무의식에 관해서도 드러내야 하는 것이 아니라 환자가 의식적으로 **경험**해야 하는 것으로 초점을 맞추게 되었다. 무의식적 요소는 노출이 아닌 번역을 요구한다. 우리는 무의식을 밝혀내는 것이 아니라 의식으로 발전시키고 통합해야 하는 것으로 생각할 수 있다. 정신분석적 통찰은 자아의 부가물이 아니라 자아의 변태다. 자신이 고치 속에서 살아왔다는 애벌레의 깨달음이자, 거기서 나오는 순간 자신이 사실은 나비였다는 발견이다.

무의식을 지각하며 사는 것—즉, 무의식의 단서와 언어에 대한 경계를 게을리 하지 않으면서 사는 것—은 우리가 우리 자신과 맺는 관계를 재정립하게 해준다. 그것은 자기 확신에 겸손의 요소를 더해주며 발전과 성장 그리고 변화의 막대한 가능성을 열어준다. 프로이트는 인간 경험의 무의식적 요소를 직접적 탐구 대상으로 삼음으로써 성찰하지 않는 삶은 살 만한 가치가 없다는 소크라테스 격언의 숨겨진 차원에 빛을 비춰주었다.

꿈

정신분석은 꿈에 숨은 의미가 있다는 오래되고 대중적이지만 지적으로는 의심쩍은 생각에 절감한다. 꿈을 해석할 때의 진지함이 아마 정신분석의 가장 독특한 특성일 것이다. 프로이트는 《정신분석에 대한 다섯 번의 강의》 제3강에서 미국인 청중에게 이렇게 말했다. "어떻게 하면 정신분석가가 될 수 있냐는 질문을 받으면, 저는 '자신의 꿈을 연구하라'고 대답합니다."[23]

꿈은 너무나 일상적이기 때문에 우리는 그것이 얼마나 이상한 현상인지 잊어버린다. 일반적으로 꿈을 꿀 때 당신은 꿈꾸고 있다는 것을 모르며, 그 꿈이 당신의 현실이라고 여긴다.[24] 그러나 꿈은 너무나 기이하고 **있을 법하지 않은** 현실이기에 당신은 도대체 어떻게 꿈꾸고 있다는 것을 자신이 바로 깨닫지 못하는지 의문이 생긴다.

꿈속에서 우리는 현실의 구조에 근본적으로 부적합한 것을 완전히 정상인 양 받아들인다. 평상시라면 만일 내가 페달을 밟으며 하늘을 날 수 있다는 걸 알게 된다면 내가 꿈을 꾸고 있구나 하고 즉시 깨달아야 마땅하다. 그런데 그렇지 않다. 나는 그냥 이것이 지금 현실이라고 계속 생각한다. 나는 날 수 있다. 만일 내가 세미나 룸에서 강의를 하다가 바지 입는 것을 깜빡했음을 알아챘다면, 내가 꿈을 꾸고 있구나 하고 깨달아야 마땅하다. 그런데 그렇지 않다. 나는 그냥 이것이 벌어진 상황이라 생각하고 최선을 다해 해결하려 한다. 꿈속에서 우리가 너무나 쉽게 터무니없는 세상을 받아들인다는 사실은 우리의 현실 파악력이 생각보다 훨씬 더 미약하다는 것을 시사한다.

프로이트는 1900년 처음 발간한 《꿈의 해석(The Interpretation of Dreams)》을 자신의 가장 중요한 저술로 여겼다. 저명한 심리학자이자 철학자 윌리엄 제임스가 클라크 대학 강연에 단 한 번만 참석한다는 것을 안 그는 그날을 꿈과 꿈 해석의 정신분석적 방법론에 할애했다.

프로이트가 자유 연상에 둔 큰 가치와 내담자들이 그것을 시도할 때 겪는 어려움을 놓고 봤을 때, 그가 꿈에 깊은 흥미를 갖고 모든 정신분석적 해석의 도구를 그 방향으로 맞춘 것은 놀랍지 않다. 꿈은 완벽하게 자유로운 연상에 우리가 가장 가까이 다가갈 수 있는 기회다. 꿈은 말실수 같은 '오류'와 소파 위에서의 자유 연상과 더불어 무의식으로 진입하는 정신분석학의 세 번째 중요한 창—그리고 나머지 둘보다 훨씬 더 크고 투명한 창—을 제공한다. 프로이트는 꿈의 해석을 "무의식의 지식에 이르는 왕도"[25]라고 불렀다.

프로이트는 꿈을 히스테리 증상처럼 근저의 무의식적 사고가 왜곡되어 드러난 것으로 이해했다. 그는 꿈의 왜곡 메커니즘을 '꿈 작업(dreamwork)'으로, 그것이 왜곡하는 무의식적 소망을 '잠재몽(latent dream)'으로 불렀다. 우리가 깨어난 뒤 재구성하는 내러티브—왜곡의 층위를 또 하나 추가한다—는 '현재몽(manifest dream)'이다. 현재몽은 그것과 동기화한 잠재몽적 사고가 이중으로 위장한 대체물이다. 왜곡의 추동력은 자아의 방어다. 편안한 수면 상태에서 이 방어가 위태로워지면 깨어 있는 동안에는 효과적으로 억압되었던 요소의 출현을 허용한다.

> 여러분이 꿈의 분석을 실행한다면, 그 기법은 정신분석과 동일한데, '잠재적 꿈-사고'라는 게 있고 그것들 간의 관계와 '외현적 꿈-내용'이 정말 제가 설

명한 대로라는 것을 확인하실 수 있습니다. 여러분은 현재몽 속 요소들 간의 분명한 관련성을 완전히 무시하고 정신분석 절차상의 규칙에 따라 자유 연상에 의해 꿈의 각 요소와 연관 지어 떠오르는 생각들을 수집합니다. 당신은 내담자의 증상과 연계해 그의 숨겨진 콤플렉스에 도달했듯 이 요소들로부터 '잠재적 꿈-사고'에 도달합니다.[26]

정신분석의 꿈 해석은 꿈 작업의 왜곡을 풀어냄으로써 잠재적 사고를 역설계하려 한다. 프로이트가 생각했듯 만일 인간의 정신에 고도의 연상 능력이 있다면, 현재몽의 개별 요소에서 갈라져 나온 연상은 결국 유의미한 교점을 중심으로 합쳐지기 시작할 것이다. 이런 연상의 집합점이 그 꿈의 동기가 되고 여러 방식으로 위장한 채 나타난 무의식적 사고를 드러낸다. 바꿔 말하면, 꿈의 요소 각각을 둘러싼 자유 연상에 의해 당신이 잠든 사이 정신이 무슨 생각을 하고 있었는지 감을 잡을 수 있다.

꿈은 나의 분석에서 매우 풍부한 발견의 원천이었다. 한동안 나는 꿈 일기를 썼다. 많은 꿈이 생생하고 투명했다. 나는 꿈을 많이 꾼다. 아니 더 제대로 말하면, 나는 꿈을 많이 기억한다. 마치 간밤에 정신의 보물찾기 설명서가 담긴 편지를 받은 것처럼 나는 새로 꾼 꿈과 함께 상담실에 들어가곤 했다. 대개는 아무 성과도 없었다. 우리는 생각과 연상을 놓고 이리저리 논의했으며, 나는 여러 해석을 내놓곤 했다—나는 필립보다 한 발짝 앞서려는 강박에서 결코 해방된 적이 없었다. 이따금 꿈에 관한 우리 대화 일부가 교향곡의 모티프처럼 내게 되돌아와 몇 번씩 재등장하면서 시간이 갈수록 의미와 비중이 커지기도 했다.

예를 들면, 어느 날 나는 감옥에 있는 꿈을 꿨다. 그것은 이상하고 기묘한 전환으로 가득 찬 정교한 꿈이었다. 우리의 노력은 아무런 수확이 없어 보였지만, 어느 순간 필립은 이렇게 말했다. "그러니까 당신은 감옥을 정말 사랑하는 사람이군요." 그 발언에 나는 깜짝 놀랐다. 정반대다. 자유와 독립 그리고 자기 결정권보다 내게 더 중요한 것은 없다. 나는 강요당하거나 뭔가를 하도록 요구받는 것을 참지 못한다. 그러나 내가 감옥을 사랑하는 사람이라는 이 거슬리는 생각을 떨쳐버릴 수 없었다. 필립과의 상담 세션 중 이따금 그것이 계속 떠오르기도 했지만, 혼자 곰곰이 생각할 때는 더욱 자주 그랬다. 이 생각은 결국 하나의 통찰로 발전했다. 나는 나 자신을 규정하는 자유를 향한 충동을 확고히 하기 위해 늘 감옥을 찾거나 스스로 만들어내는 거라고.

6년간 정신분석을 하는 동안 나는 다른 유형의 반복되는 꿈에서도 만족스러운 해석을 끌어냈다. 이 꿈에서 나는 캄비타로 돌아가 내가 다섯 살 때 부모님이 이혼한 시기부터 열두 살에 미국으로 올 때까지 주로 살았던 밀리타(Milita) 할머니의 집으로 들어가곤 했다. 부모님이 갈라선 후 엄마는 외할머니 댁으로 돌아갔고, 나는 엄마를 따라갔다. 케이시는 아빠 곁에 머물렀다. 엄마가 미국으로 떠난 뒤, 밀리타 할머니는 나를 절대적인 헌신으로 돌봐주셨다.

그 꿈은 항상 밀리타 할머니를 몸져눕게 만든 뇌졸중 투병 이후 시기에 벌어졌다. 도미니카공화국에 다니러 간 길에 할머니를 마지막으로 봤던 몇 번은 발음이 너무 흐릿하고 이상해서 알아들을 수 없었다. 할머니의 침대 맡에 앉았을 때 드는 어색한 기분도 견딜 수 없었다. 그래서 나의 방문은 짧고 형식적이었다.

할머니의 쾌활한 존재감과 관리하는 사람이 없다 보니 내가 어린 시절

대부분을 보낸 그 집은 낯설고 으스스했다. 작은 거실에 나 있는 현관문은 더 이상 사용하지 않았다. 사람들은 옆 통로—엘 카예혼(el callejón)—를 따라 걸어간 다음 부엌 뒤편을 통해 집으로 들어갔다.

반복되는 꿈은 이 통로를 따라 집 뒤편으로 걸어간 다음 어둡고 텅 빈 공간을 거쳐 할머니의 방으로 가는 길을 찾는 내용이었다. 일부 내용은 매번 달라졌지만—그리고 어떤 때는 이 장면이 더 긴 꿈의 일부분으로 나타났지만—이 찰나의 분위기는 항상 똑같았다. 텅 빈 생기 없는 집과 적막한 상실감. 나는 이 꿈을 마지막으로 꿨을 때 그 내용을 일기에 적고, 해석 과정의 시작이 될 메모를 이렇게 달았다.

> 내가 할머니의 임종을 얼마나 슬퍼하지 않았는지 생생하게 떠오름. 느낌이 없었음. 할머니의 병환도 마찬가지. 다정다감하고 헌신적이고 모든 것을 받아주던 제2의 어머니, 내게 뭐든 주고 뭐든 해주고 나를 가장 아끼고 특별히 여겼던 여성이 아니라 마치 모르는 사람이 병에 걸려 죽어가는 것 같았음. 어떻게 그럴 수 있었을까? 내가 그토록 철저하게 할머니의 상실, 할머니의 사랑, 할머니의 죽음과 관계를 끊는 일이 어떻게 일어났을까? 어떻게 내게서 할머니가 거의 존재하지 않게 됐을까? 어떻게 할머니의 중요성이 거의 사라졌을까?
> 그러나 그 시기가 내 꿈속에 남아 있다. 밤이면 되살아나고, 되살아나고, 되살아난다.

결국은 내가 대학 2학년 재학 중 할머니가 죽었을 때 느끼지 못했던 그 죽음에 대한 슬픔을 어느 정도는 느끼게 되었다. 부음을 들었을 당시는 마치 어렴풋이 알았던 누군가의 죽음을 전해 들었거나 그냥 오래전에 죽은 어떤 사람이 정말로 죽었다는 걸 떠올린 것 같은 기분이었다. 그러나 일기에 꿈 내용을 쓰고 얼마 지나지 않아 나는 할머니에 대한 강렬한 슬픔의 시기를 겪었다. 그때 나는 혼자 살았고, 정신분석에 심취해 있었으며, 미셸과 이혼한 뒤 새로운 자아감을 구축하고 있었다. 심적인 격변과 이혼의 해방감이 어쩌면 내가 예전에 겪지 못했던 경험으로 나를 열어준 것일지도 모른다. 그것은 쓰라리지만 만족스러운 슬픔이었다. 몇 주 동안 나는 142번가의 스튜디오에서 홀로 할머니를 잃고 그 최후의 시간에 할머니와 함께 있을 기회를 놓친 데 대해 주체할 수 없이 울음을 터뜨리곤 했다. 그 순간들은 예기치 않게 들이닥쳤다. 어떤 때는 TV 프로를 보다가, 샤워를 하다가, 가끔은 아파트에 들어갈 때, 밥과 콩 접시를 반쯤 비웠을 때. 점차 슬픔은 가라앉았고, 그와 더불어 그 꿈을 꾸는 것도 뜸해졌다.

반복되는 꿈이 다 여기에 부합하는지는 모르겠지만, 이 경우 꿈은 무의식에 소화되지 않은 채 남아 있던 정서적 충격을 해결하려는 시도인 듯했다. 정신이 그걸 풀려고 애쓰며 곱씹고 있든가 아니면 표면으로, 나의 깨어 있는 삶에 통합될 수 있는 의식적 마음으로 그걸 끌고 오는 것 같았다. 그런 일이 일어날 때까지 그 요소는 미해결인 채 남아 있다가 내 저항이 방어를 늦추는 꿈속에 계속 잠입하는 것이다.

이 꿈이 슬픔을 놓아줄 방법을 마련하는 방식은 꿈 해석과 관련된 특별한 종류의 지식을 잘 보여준다. 아무도 내 꿈이 내가 할머니의 죽음을 슬퍼하지 못한 일에 관한 것임을 내게 알려주는 거라고 '해석'하지 못했을 것이다. 내가 슬픔을 억눌러왔다고 말한들 아무 소용이 없었을 터이다. 해석은 내가 배워야 하는 게 아니라 **경험**해야 하는 것이었다. 내가 할머니의 죽음을 받아들인 방식에 잘못된 점이 있었다는 것, 그 정서적 경험에 몰두할 수 없었다는 것을 안 지는 오래됐다. 그러나 아무것도 할 수 없었다. 나는 내가 풀 수 없는 자세에 갇혀 있었다. 그 꿈이 나한테 집요하게 제공한 것은 진입 지점(entry point), 일련의 이미지, 정서, 그리고 내가 머뭇거리다 결국에는 잃어버린 감정의 경험으로 전환할 반응이었다.

다른 모든 것과 마찬가지로 프로이트는 꿈 해석에 대해서도 정확한 규칙과 원칙을 만들었다. 《꿈의 해석》은 상세한 기법의 설명서다. 나의 감옥 꿈도, 할머니에 관한 꿈도 엄격한 프로이트식 해석의 좋은 예는 아니다. 그 꿈들의 해석은 별개의 요소를 둘러싼 명확한 자유 연상 연습을 통해 이뤄지지 않았고, 어떤 어둡고 받아들일 수 없는 소망을 밝혀내지도 않았다. 그러나 둘 다 꿈의 탐구를 통해 엉킨 실타래를 풀어내자 억압에서 해방된 무의식 상태를 드러냈다. 이 꿈들은 의문의 여지 없이 나 자신에 대한 경험을 심화시킬 잠재력을 가진 내 정신의 의미 있는 표출이었다. 꿈을 되새기고, 그것을 머릿속에서 곱씹고, 그것이 제안하는 대로 내 정신이 돌아다니게끔 놔두자 내게 중요한 것들이 밝혀졌다. 모든 꿈이 중요한 의미를 지니지는 않지만, 많은 꿈이 그러하다. 우리의 심적 경험에서 이런 측면에 경계를 늦추지 않고 사는 법을 익힌다면 삶은 대단히 풍요로워질 수 있다.

《정신분석에 대한 다섯 번의 강의》는 강의실에서의 탐구와 개인의 삶에 대한 탐구로 심오한 통찰을 얻을 수 있는 그 밖의 많은 정신분석 개념을 소개한다. 이 책은 또한 프로이트의 사상으로 유명한 확연한 한계—여성과 여성의 '정신 성적 발달(psychosexual development: 인격은 성과 관련한 감정적, 정신적, 생리적 발달 과정 및 행동적 요소와 관련이 있다는 정신분석 이론—옮긴이)'에 대한 편견, 동성애가 중단된 성적(性的) 발달의 결과라는 이해, 다수의 의심스러운 주장에서 그가 고집한 독단적 확신—에서 대부분 자유롭기도 하다. 과거의 모든 사상가와 마찬가지로 도덕적 비난은 안목 및 역사적 인식과 함께 적용해야 한다. "그들이 어떤 점에서 옳을까?"가 "그들이 어떤 점에서 틀렸을까?"보다 거의 언제나 더 생산적이고 더 어려운 질문이다.

컬럼비아에서 내가 가르치는 학생 다수가 다양한 형태의 정신적 고통에 대응하는 방안으로 이미 심리 치료 및 정신약리학 개입에 익숙해진 상태에서 프로이트를 만난다. 그러나 대학에 막 들어왔을 때의 나처럼 모든 형태의 심리 치료가 당황스러운 개인적 실패와 나약한 성격의 징후를 나타낸다고 여기는 학생도 많다. 나는 이런 학생들의 태도가 프로이트 책을 읽고 토론함으로써 달라지는 것을 지켜봤다. 그리고 몇 년에 한 번은 우리의 프로이트 토론 중 얻은 통찰의 씨앗에 자기 삶이 영향을 받았다는 얘길 듣는다.

내가 정신분석에서 얻은 것도 대부분 이런 식으로 나타났다. 분석이 끝나고 한참 뒤에 말이다. 정신분석은 곁눈질로 나 자신을 바라보라고, 내 의식의 가장자리에서 벌어지는 것들에 주의를 기울이라고, 스스로에 대해 덜 확신하라고, 이성과 감각과 온전한 정신을 더욱 의심하라고 가르쳐줬다. 당신은 당신의 의식적 마음이 바라보지 않으려 애써온 것을 흘

낏 쳐다볼 만큼 늘 약간의 불균형 상태를 유지하는 법을 익힌다. 우연이 아니게도, 이런 식의 자기 응시는 문학 작품을 읽고 전반적인 인간 상황에 접근하는 강력한 방법이기도 하다. 그것은 삶에 필수인 의미와 발견의 새로운 지평을 열어준다.

나의 정신분석은 의도적으로 끝낸 게 아니었고, 완성이나 종료의 느낌도 없었다. 내가 컬럼비아 칼리지의 코어 커리큘럼 연구소 소장이라는 행정직을 수락하면서 더 이상 주당 네 번 상담실에 앉아 있을 여유가 없어져서 끝났다. 애초 필립과 나는 윌리엄 앨런슨 화이트 연구소(William Alanson White Institute)에서 정신분석을 시작했고, 나는 대학원생이 감당할 수 있을 만한 명목상의 상담료만 냈었다. 그리고 얼마 후 같은 상담료를 내기로 하고 필립의 개인 상담실로 옮겨갔다. 내가 박사 과정을 마치고 첫 번째 일자리—박봉의 코어 커리큘럼 박사후연구원—를 얻은 후 비용은 아주 약간 올랐다. 하필 필립의 전문 상담료에 달하는 액수를 내가 지불할 수 있게 된 시점에 정신분석을 중단한 것에 대해 나는 아직도 상당한 죄책감을 갖고 있다.

정신분석의 핵심은 내 인생에서 그것이 일어났을 때 나의 감정적 사고 능력, 보다 의식적인 방법으로 감정을 처리하는 능력을 복원한 것이었다. 기초적 수준에서는 내 인생이 고삐를 늦춰도 될 만큼 충분히 안정과 예측 가능성 그리고 안전을 이뤘다고, 감정을 느껴도 무방하다고 받아들이는 것이었다. 내가 몸서리치는 거대하고 보기 싫은 감정들이 있었다. 그것들은 마치 내가 차마 삼킬 수 없는 목에 걸린 것—어릴 적 가족생활, 아버지에게 버림받은 기억, 이민의 트라우마, 가난과 고립의 트라우마 등—과 같았다.

그러나 정신분석 치료 동안 내가 직면했던 가장 두려운 문제는 결혼 생활이 더 이상 원만하지 않다는 것이었다. 내가 세상에서 유일하게 가져본 친밀한 관계, 너무나 많은 면에서 내 안정적인 중심점이었던 관계가 사실은 비참하게도 불안정하다는 사실, 그리고 그것 자체를 유지하려고 들인 노력이 천천히 나를 옭아매고 있다는 사실을 마주할 수 없었다. 그 생각, 그 감정적 진실을 고려하기엔 너무나 참담했다. 그것을 응시할 수 없었다. 결국 이런 현실이 가시적으로 나타날 공간을 창출한 것은 바로 분석적 관계 그 자체였다. 당시에는 그걸 몰랐지만, 정신분석을 하는 동안 나는 나의 애착을 미셸로부터 필립에게로 전이했고, 그와 일종의 동맹을 형성했다. 그는 내게 열려 있었고 일방적 판단을 하지 않는 친밀감을 제공했다. 그는 내가 어떤 특별한 방식이기를 요구하지 않았다. 그는 나의 동요, 나의 욕망, 나의 공상, 나의 갈등에도 불안해하지 않았다. 그와 있으면 나는 내 이미지를 보호할 필요가 없었다. 나로부터 그를 보호할 필요도 없었다. 필립 덕분에 나는 미셸에게서 벗어나 마침내 이혼할 수 있었다.

언젠가 필립은 사춘기를 10대 때 경험하는 사람도 있고 30대 때 경험하는 사람도 있다고 내게 말했다. 우리가 퀸즈의 아파트에서 결혼했을 때 나는 스물, 미셸은 스물다섯이었다. 우리의 친밀감에는 필사적이고 금방이라도 변심할 듯한 강렬함이 있었다. 우리는 배가 난파한 후 널빤지 한 장에 매달리듯 서로에게 매달렸다. 그러나 내가 박사 학위를 따고 미셸이 명문 사립학교 교사로 승승장구할 무렵, 우리 둘 다 안전한 해변에 가까워지고 있음을 느꼈던 것 같다. 공교롭게도 그 해변은 다른 대륙에 존재했다. 결혼한 지 11년 만에 미셸은 우리가 헤어져야 한다고 여러 차례 결정을 내렸지만, 나는 그것을 견딜 수 없어 필사적으로—마치 내 삶이 우리가 함께 있는 데 달려 있다는 듯—그녀의 마음을 되돌리곤 했다. 그러던 어느 날 우리가 헤어진대도 난 괜찮을 거라는 생각이 또렷이 들기 시작했다. 얼마 후 미셸이 또다시 헤어지자고 제안했을 때 나는 동의했다. 그리고 우리는 돌아보지 않았다. 사춘기를 경험할 때가 온 것이다.

진리가 신이다

간디

컬럼비아 대학 서구현대문명개론 강좌의 필독 도서 목록에 마하트마 간디의 저서가 포함된 것을 나의 공으로 인정받는다면 얼마나 좋을까. 그러나 3년마다 이뤄지는 채택의 변화가 대부분 그렇듯 간디를 포함한 것은 시간이 흐르면서 구축된 교수진 사이의 폭넓은 합의의 결과였다.

필독서 목록에 없는 읽을거리를 소개할 수 있는, 강사들에게 허용된 약간의 자유 재량권을 사용해 나는 2008년 내 담당 서구현대문명개론 수업 시간에 간디를 가르치기 시작한 터였다. 나만 이렇게 한 것은 아니었다. 강의실에서 간디는 반응이 대단히 좋았으니까. 많은 학생이 우리가 검토한 사상가 중 그를 가장 도움이 된 인물로 꼽았다. 2011년 강의 계획서 개편의 해가 다가왔을 때는 제법 많은 교수가 간디로 실험을 해본 상태였거나, 아니면 그를 필독 저자 목록에 집어넣자는 검토위원회의 제안에 아무런 반대 의견이 없다는 것을 알고 있었다.

간디에 대한 나의 관심은 새내기 시절 근로 장학생 일터의 상사로 있던 수전 졸링(Susan Joerling)한테 들은 얘기에서 촉발됐다. 수전은 그 첫해에 내가 사귄 얼마 안 되는 중요한 친구들—모두 내가 일했던 제너럴 스터디즈의 학생처장 사무실 사람들이었다—중 한 명이었다. 수전은 자신이 무신론자라고 주장하는, 내 주변에서 만난 최초의 지인이기도 했다. 이 쟁점에 대한 나의 열렬한 관심을 알아챈 수전은 자신이 지금까지 신에 대한 믿음에 가장 가까이 다가간 것은 내 나이 때쯤 간디의 《자서전》을 읽었을 때라고 했다. 내가 신입생 때 겪은 신앙의 상실을 막으려고 간디에 의지하지는 않았지만, 《자서전》을 읽어야겠다는 생각은 계속 남아 있었다.

2007년에 가서야 그걸 시작할 수 있었다. 약 1년간 매일 명상을 하면서 이 작은 습관이 내 마음에 미치는 영향을 이해하려 애쓰던 참이었다. 그때쯤 서구현대문명개론을 가르친 지도 여러 해가 지난 터였다. 간디는 '서구'의 정치적 전통을 확장하는 하나의 방식으로서 내게 매력적이었다. 요컨대 나는 지적(知的) 과제인 동시에 명상을 통해 내가 착수했던 내면 탐구의 확장으로서 그에게 끌렸다. 내게 일은 보통 그런 식으로 이뤄진다.

나의 인생 경험과 교육 덕분에 개인적 발전, 그리고 궁극적으로 자기 이해를 위한 독서와 공부가 나한테는 습관화되었다. 이런 경향은 탐구하면 학술 분야에 독창적 기여를 끌어낼 수 있는 전문적 부류의 문제들에 관여하는 것을 어렵게 만듦으로써 학자로서 특정 유형의 경력에는 불리하게 작용해왔다. 나는 확고한 지적—따라서 전문적—방향 감각을 가져본 적이 단 한 번도 없었다. 어쩌면 내 어린 시절의 혼란과 방향감 상실이 학문적 무인 지대를 심리적으로 가장 흡족한 서식지로 삼도록 만들었는지도 모른다. 내가 아는 한 나의 전문은 아마추어 정신이다.

20년 전 소크라테스가 그랬듯 간디는 나를 사로잡았다. 어떤 이상을 밀고 나가는 데 그만큼 끈질기고 심지어 무모하기까지 한 인물을 나는 본 적이 없었다. 그는 자신이 추구하는 이상을 '진리'라고 불렀다. 자신을 허약과 영양실조 상태에 빠뜨리고 고립시키기 일쑤였지만 내면에 불굴의 의지를 키워준 '실험'을 통해 그것을 추구했다. 영적 성취를 향한 그의 불타는 열정은 일종의 광기로 여겨질 수도 있다. 그가 그렇게 최근에 살지 않았고 그의 삶이 그렇게 철저히 기록되지 않았다면, 아무도 간디 같은 사람이 실제로 존재했었다고 믿지 않을 터이다.

간디는 만인의 감시에 완전히 노출된 채 아무런 비밀도 없이 공공연하게 알려진 생활을 하는 걸 자랑스러워했다. 그의 생활 양식—아슈람(ashram: 힌두교도가 수행하며 거주하는 곳—옮긴이)과 거리에서 살았다—은 근본적으로 대중에게 드러날 수밖에 없었다. 게다가 지치지 않는 글쓰기와 순회 연설로 자신의 내면생활을 가시화하려고 안간힘을 썼다. 우리에게 가장 은밀하게 자신의 심리를 드러낸 고대의 저자가 아우구스티누스라면, 간디는 가장 결연하게 자신의 영혼을 만천하에 드러내려 했던 현대의 인물이다. 그러나 들여다보면 들여다볼수록 그는 더욱 종잡을 수 없어진다. 간디는 실제 어떤 사람이었을까? 그를 움직이게 한 힘은 무엇일까? 그의 궁극적인 동기는 무엇이었을까?

남아프리카공화국의 인도 공동체 대표로 1890년대 중반 공직을 맡기 시작한 때부터 간디는 이런 질문에 대해 일관적이면서도 수수께끼 같은 답변을 했다. 《자서전》 서두에서 말한 것처럼 말이다.

내가 이루고 싶은 것—내가 지난 30년간 이루려고 애쓰며 갈망해온 것—은 자기실현, 신과의 대면, 모크샤의 달성이다.[1] 이 목표를 추구하며 나는 살고 움직이고 존재한다. 말하기와 글쓰기로 내가 하는 모든 일, 정치 분야의 내 모든 모험도 동일하게 이 목표를 향한 것이다. 그러나 나는 한 사람한테 가능한 일은 만인에게 가능하다고 줄곧 믿어왔으므로, 나의 실험은 비밀리에가 아니라 공개적으로 수행되었고, 나는 이 사실이 그것들의 가치를 손상시킨다고 생각하지 않는다.[2]

당신의 첫 번째 충동이 이 오만한 주장을 묵살하는 것이라 해도 무리는 아니다. 그러나 간디의 경우 이 말 뒤에는 인류사에서 가장 잘 기록된 삶 중 하나가 버티고 있다. 최근 한 전기 작가는 그가 "지난 100년간 가장 많은 책의 주인공이 된 인물"[3]—상당수는 간디 본인이 썼다—이라고 말했다. 그의 《전집(Collected Works)》은 무려 100권에 달한다. 그의 왕성한 표현력에 필적할 사람은 또 다른 유명한 독신주의자 성 아우구스티누스뿐이다. 간디를 공부하다 보면, 누가 봐도 사실 요원한 길이기는 하지만 영적 깨달음이 그의 삶을 사로잡은 열정이자 인생의 구성 원리임을 인정하지 않을 수 없다. 그리고 그것을 달성하기 위해 그는 모든 노력을 기울였고, 종종 죽음의 문턱까지 가기도 했다. 신을 직접 대면하기 위해. 내세가 아닌 이승에서.

1948년 1월 간디가 암살당하고 1년이 지난 뒤 조지 오웰(George Orwell)은 30년 전 출간된 《자서전》의 서평을 썼다. 오웰은 "성자(聖者)들은 무죄로 입증될 때까지는 항상 유죄로 판단해야 한다"는 인상적인 주장으로 이 에세이를 시작했고, 글 후반부에 그 사람에 대한 "미학적 혐오"를 시인했다.[4] 학부생들에게 간디를 가르치고 일반 대중에게 그에 관한 얘기를 하면서 나는 이런 반사적인(reflexive) 회의주의 및 혐오와 마주쳤다. 흔히 간디에 대한 사람들—그의 삶과 저술에 대해 거의 알지 못하는 사람들조차—의 첫 번째 반응은 그를 성자로 여기는 것에 대한 반박이다.

그러나 간디가 독보적이고 매력적인 점은 바로 그의 성스러움, 구체적으로 말하면 그의 성스러움의 **세속성**이다. 그는 마하트마, 즉 '위대한 영혼'이었지만, 가장 세속적 직업인 변호사이기도 했다. 그리고 훨씬 더 세속적인 두 직업, 즉 저널리스트이자 정치인이었다. 현대에 이만큼 사회 참여적인 형태의 성스러움을 시도한 사람은 유례가 없다. 내게는 이것만으로도 그에게 세심한 주의를 기울일 가치가 있다.

간디는 도덕적 완벽성을 향한 인간의 충동이 달성할 수 있는 일종의 한계 사례를 보여준다. 당신이 인간 삶의 발전 가능성—인간의 의지가 이뤄낼 수 있는 것, 그리고 인간이 다다를 수 있는 수준—에 관심이 있다면, 간디는 반드시 흥미로울 것이다. 자기 자신에 대한 끊임없는 실험을 통해 그는 놀랍도록 독창적이고 심오하고 영향력 있는 삶을 빚어냈다.

간디에게서 주목할 만한 점 중 하나는 그가 완수하려고 착수한 거의 모든 일을 이뤄내지 못했다는 것이다. 그의 대대적인 캠페인—불가촉천민 차별 반대, 힌두교도와 이슬람교도 통합, 국가적 신조로서 비폭력, 여성의 권리 부여, 물레와 가정에서 짠 옷감 채택, 도시화에 맞선 마을 생활 보존—은 혼재된 결과만 낳았고, 성공보다는 실패에 가까웠다. 인도가

쟁취한 독립조차 간디가 추구했던 스와라지(swaraj, 자치)는 아니었다. 하지만 보다 깊은 의미에서 간디는 우리가 살아가는 세상의 근본적인 어떤 것을 바꾸는 데 성공한 것처럼 보인다.

30대 중반부터 간디는 모든 재산과 부를 처분하고 아파리그라하(aparigraha, 무소유)를 다짐했으며, 인도에서 가장 가난한 수백만 국민처럼 살고 입고 이동하고 먹기로 했다. 결혼한 지 오래되었고 여러 아이들의 아버지였던 36세에 그는 여생 동안 일체의 성욕 충족 행위를 삼갈 뿐 아니라 부단히 성욕 자체를 버리려 노력하는 브라마차리아(brahmacharya, 독신주의)를 맹세했다. 그는 인간은 물론이고 모든 종류의 생명체를 향한 아힘사(ahimsa), 즉 비폭력의 엄격한 실천을 채택했다. 그는 자신의 정치적 이력을 가난하고 박탈당한 이들을 위해 바쳤다. 장기간 옥고를 치렀고, 극빈 상태를 겪었으며, 노골적 부당함에 맞서다 여러 차례 죽음의 문턱까지 갔고, 자신의 암살자에게 용서의 말을 내뱉으며 임종했다고 전해진다.

그러나 성자들을 받아들이기는 어렵다. 그들은 우리의 비위를 건드린다. 어쩌면 그들의 존재가 우리 자신의 결점에 대한 비난이 될 수 있기에 실제 인간의 형태로 나타나는 성스러움이 참을 수 없는 것인지도 모른다. 우리는 성자들을 견디지 못한다. 사실 우리는 그들을 죽이곤 한다.

간디의 《자서전》은 그를 유명하게 만든 저술 대부분이 아직 미래의 일이었을 시기에 쓰였다. 그 책은 내게 그저 놀라울 뿐이었다. 내가 어떻게 살아야 할지에 계속해서 영향을 주는 식으로 내 사고를 자극했다. 《자서전》은 마하트마 이야기가 아니며, 인도의 위대한 독립 운동이나 남아프리카공화국 인도인들의 차별에 반대하는 사탸그라하 운동 이야기조차 아니다. 의도적으로 간디는 인도 국민회의파가 그의 휘하에 들어오고 자치를 달성하기 위해 그의 비폭력·비협력 프로그램을 채택하는 시점인 1921년경에 이야기를 멈춘다. 그 시점에 그는 자신의 생활이 "너무 공개되어 세상이 모르는 얘기는 거의 없을 정도"[5]가 됐다고 말한다.

《자서전》은 주로 마하트마라 불리기 이전 간디의 내면 변화와 그를 세상에 알려진 '위대한 영혼'으로 발전시킨 '실험들'(그중 다수는 식이요법이다)에 관한 내용이다. 거기서 그는 개인적 약점, 어린 시절 거의 병적일 정도였던 수줍음, 출세해보려는 맨 처음 시도에서 겪은 좌절에 관해 상대방을 무장 해제시킬 만큼 솔직하다.

1888년 18세의 나이에 법학을 공부하기 위해 런던에 도착한 후 그가 겪은 난관 이야기는 미국에 온 직후 나와 내 친척들 다수가 경험한 일을 상기시켰다. 간디처럼 우리도 문화적 충격 속에서 새로운 문물에 어안이 벙벙해졌고 적응할 준비가 안 되어 있음을 깨달았다. 그는 세 가지 금욕을 굳게 다짐하며 어머니에게 런던 유학을 허락해달라고 설득한 터였다. 바로 육식과 음주와 여자였다. 그런데도 모드 바니아(Modh Bania: 인도 서부 구라자트주를 본거지로 한 상인 계급—옮긴이)라는 하위 카스트 원로들의 여행 금지령에 부딪혔고, 유럽 여행의 대가로 무려 제명이라는 조치를 감수해야 했다. 세 가지 서약은 그의 영국 생활에서 기본 틀로 자리 잡았다. 이윽고 이러한 서약은 나중에 채택할 다른 서약들과 더불어 그가 자아실현은 물론이고 대중 동원의 주된 방법을 추구하는 도구가 되었다.

그는 심지어 아내와의 성관계마저 완전히 끊었던 남아프리카공화국 시기를 서술하면서 《자서전》에 이렇게 썼다. "서약의 중요성이 이전의 어느 때보다 내게 커졌다. 나는 서약이 진정한 자유로 가는 문을 닫기는 커녕 오히려 열어준다는 것을 깨달았다."[6] 이런 식의 역논리가 간디 사상의 정수(精髓)다. 그는 독신 서약을 제약이 아닌 해방으로, 사람들 사이에 자기 운신의 폭을 넓히고 자기 에너지를 공공의 봉사에 집중할 수 있게 해주는 길로 여긴다. 무소유 서약도 마찬가지로 이익을 위해 힘겹게 일하는 데서 그를 해방시키고, 그의 재산을 위협함으로써 무릎 꿇게 만드는 국가를 비롯한 여타 권력을 무력하게 만든다.

서약을 채택한 힘은 그 자체가 일종의 순수한 의지의 표현이다. 그 힘을 키우는 것이야말로 자아실현 추구에 필수적이었다. 그는 한 조카에게 쓴 편지에서 서약의 중요성에 대해 이렇게 설명했다. "그래야만 사람들은 목숨을 희생하더라도 자신 안에 있는 진리를 입증하겠다는 고귀한 결정을 내린 신을 언젠가 만나길 고대할 수 있다. 서약은 나약함이 아니라 강함의 표시다. 무슨 일이 있더라도 해야 할 일을 하는 것이 서약이다. 그것은 강인함의 방어벽이 된다."[7]

간디의 시각에서 보면 "신을 만나기" 위해서는, 진리를 알기 위해서는 노력하다 죽을 각오를 해야 한다. 서약은 이런 의향의 명시적 공표다. 그것은 마치 생명 자체보다 더 높은 가치에 오로지 헌신함으로써 신의 계시를 위한 조건을 충족하는 것과 같다. 신은 죽음과 타협함으로써 만들어진 틈을 통해 인간계에 들어온다. 이런 점에서 평안한 긴 수명이 인간 삶의 궁극적 목표여야 한다는 생각은 무신론—신에 대한 부정—이다.

그것을 위해서라면 기꺼이 죽을 의향이 있는 뭔가가 있냐고 나는 가끔 학생들에게 묻는다. 나 자신한테도 이 질문을 던지기 때문에 그들에게 묻는 것이다.

간디는 영국 체류 중 사사건건 난관에 부딪혔다. 그는 영국으로 가는 여행 중에 "칼과 포크 사용법을 모르고" "메뉴판의 어떤 요리에 육류가 들어가지 않는지 물어볼 대담함"이 없어 집에서 가져온 사탕과 과일만 선실에서 홀로 먹으며 목숨을 부지했다.[8]

도착한 날 그는 메타(P. J. Mehta) 박사의 방문을 받았다. 그는 박사에게 전할 소개장을 갖고 있었다. 메타 박사는 정장용 모자를 쓰고 있었는데, 간디는 매끄러운 촉감에 감탄하며 그것을 집어 들고 그만 "보풀이 거꾸로 서버리게" 쓰다듬었다. 간디는 회상한다. "메타 박사는 내가 하는 행동을 약간 화난 표정으로 쳐다보더니 그만하라고 했다. ……이 사건은 미래에 대한 경고였다. 이것이 유럽 에티켓에서 내가 배운 첫 번째 교훈이고, 메타 박사는 익살스럽게 그 세부 사항을 내게 전수했다. '다른 사람 물건에 손대지 마시게'라고 그는 말했다. '첫 만남에 인도에서 우리가 보통 하듯이 질문하지 마시게. 큰 소리로 얘기하지도 말고. 인도에서 우리가 하듯 사람들에게 말할 때 절대 '선생님(sir)'이라는 경칭을 붙이지도 말고.'"[9]

아마 모든 이민자가 이런 일화를 한 무더기 갖고 있을 게다. 당신은 모르는 게 너무 많고, 다른 모든 사람한테는 상식인 것들에 대해 당신이 저지르는 실수뿐 아니라 어색한 제스처에서도 그런 점이 드러난다. 가끔 문화적 지식의 이런 빈틈이 수년간 지속되기도 한다. 가령 내 경우에는 뉴욕에 도착하고 여러 해가 지나고서야 겨울에 어떻게 옷을 입어야 할지 알았다. 겨울 복장의 기본은 내가 거울로 삼는 도미니카공화국 사회에서 회자되는 공통된 지식의 일부가 아니었던 것이다.

왠지 나는 보온과 편안함에는 가죽 코트만 한 것이 없다는 생각이 들었다. 굿윌(Goodwill) 매장에서 중고를 하나 구한 후, 나는 여러 해 겨울 동안 이 생각의 결과를 감내했다. 예를 들어 대학원에 갈 때까지 나는 모직의 중요성을 몰랐다. 그때까지 그것을 견딜 수 없이 간지러운 옷감으로만 알고 있었고, 사람들이 그것으로 만든 옷을 입는 이유를 도미니카공화국 사람인 나의 상상력으로는 알 턱이 없었다. 한참이 지나서야 면 셔츠 위에 모직 스웨터를 입으면 모든 게 달라진다는 걸 알았다. 훨씬 뒤에는 오리털 코트를 발견했다. 그다음은 따뜻한 품에 안긴 기분을 위해 피부 바로 위에 걸칠 수 있는 캐시미어. 겨울은 더 이상 행복한 생활의 난감한 장애물처럼 느껴지지 않았다.

런던에서 간디는 향수병에 시달렸다. "나는 계속해서 고국을 생각하곤 했다. 어머니의 사랑이 늘 내 뇌리에서 떠나지 않았다. 밤이면 눈물이 뺨을 타고 흘러내렸고, 고향에 대한 갖가지 추억이 취침을 불가능하게 했다."[10] 귀국하겠다는 열망이 너무 강한 나머지 그는 변호사 자격증을 받은 당일에 인도로 가는 배를 탔다. "어머니가 애타게 보고 싶어서."

1891년 뭄바이에 도착했지만, 그는 결국 어머니가 얼마 전 돌아가셨다는 걸 알게 되었다. 친척들은 "타국 땅에서 내가 충격을 받지 않도록"[11] 이 소식을 알리지 않은 것이었다.

《자서전》에 나오는 이 일화는 가슴에 너무나 깊은 반향을 일으켜 절대

잊을 수 없는 책에서 당신이 만나는 그런 장면 중 하나다. 나는 내 세계관 형성에 결정적 영향을 끼친 인물로 아버지를 꼽기는 하지만, 언제나 내가 가장 큰 애착을 갖는 사람은 바로 엄마다. 두 분 다 살아 계시고 비교적 건강도 양호하지만, 나는 직관적으로 간디가 받았을 충격에 공감한다. 아마도 부모 중 한 명을 잃는다는 게 어떤 것인지 어느 정도 느낌이 있기 때문일 듯하다. 사실은 2명 모두. 나는 아버지가 형과 나와 같이 미국으로 이민 오기를 거부했을 때 아버지를 잃었다. 그러나 나는 담담하게 받아들였다. 2년 전 미국으로 건너간 엄마를 잃었을 때는 그렇지 않았다. 재회했을 때 우리는 서로 달랐고, 다른 삶을 살고 있었다. 성격이 집중적으로 형성되는 절정기에 내가 박탈당한 것은 결코 회복되지 않았다.

내 인생에서 가장 슬픈 날은 1983년 2월 5일이었다. 아홉 살 때다. 그날 나는 멀리 미국으로 떠나는 엄마와 술라(Sula) 이모를 보려고 캄비타에서 라스아메리카스(Las Americas) 국제공항까지 40마일 장거리 여행을 했다. 내가 집에서 이동해본 최장거리였고, 실제 비행기를 처음 본 때였고, 삶이 어떻게 계속될지 상상하는 것을 불가능하게 만드는 종류의 크나큰 슬픔을 처음 느껴본 순간이었다.

엄마의 출국까지 남은 몇 주는 모두에게 힘들었다. 엄마한테는 내가 아는 첫 남자 친구인 사무엘이 있었다. 그는 산크리스토발(San Cristóbal)과 캄비타 사이 구간에서 미니버스를 운전했는데, 젊고 잘생기고 아주 멋졌다. 당신도 상상할 수 있겠지만, 케이시 형과 나는 그 사람이 **싫었다**. 그것은 엄마의 출국 전날 일어날 수 있는 최악의 일이었다. 그런데 그 일이 벌어지고 있었다. 그것은 이중의 충격이었다. 출국 날이 다가오자 엄마와 나는 화해했다. 엄마의 사랑에 대한 절실함이 너무나 커서 난 엄마가 다가오는 걸 뿌리칠 수 없었다. 엄마의 따뜻함과 다정함이 나의 질투를 녹였다. 적어도 사무엘이 곁에 없을 때는. 그러나 케이시는 요지부동이었다. 그는 엄마를 태우고 공항에 오기는 했지만, 엄마에게 말을 걸지는 않았다. 나는 나중에야 사랑하는 사람에게 화가 났을 때는 그들과 헤어지는 편이 더 쉽다는 걸 이해했다. 엄마와 화해한 나에겐 그런 감정적 보호막이 없었다.

엄마가 떠나기 며칠 전까지 내 머릿속에는 불행의 먹구름이 가시지 않았다. 토요일이 지나면 엄마가 사라지고 없을 거라는—우리가 상상할 수도 없고 그날 이후의 계획은 도무지 세울 수도 없을 거라는—생각에 견딜 수 없었다. 그리고 공항에서 작별 인사를 할 때는 슬퍼서 죽을 것만 같았다. 아우구스티누스가 말했듯 "깊은 정이 들었던 나의 마음은 갈기갈기 찢어지고 상처를 입어 핏자국이 났다".[12] 누구의 마음이 어린아이의 마음만큼 아플까. 그리고 아이들이 마음의 상처로부터 치유되는 놀라운 능력을 가진 것은 사실이지만, 그로 인해 돌이킬 수 없이 변하기도 한다.

엄마는 여동생 술라, 남동생 레오폴도(Leopoldo)와 함께 미국에 왔다. 그들의 취업 허가증은 1960년대에 관광 비자로 미국에 와서 푸에르토리코 여성과 결혼하고 결국에는 미국 시민이 된 외삼촌 피디아스(Fidias)가 보증을 섰다. 레오폴도 외삼촌은 요령 있고 말주변 좋기로 유명했다. 내가 태어나기 한참 전에 캄비타를 떠나 수도인 산토도밍고(Santo Domingo)에서 자동차 운전기사로 성공했다. 반면 엄마와 술라 이모는 개발도상국의 오지에서 세계적인 대도시로 이민을 가기에는 어쩌면 가장 예상 밖의 인물들이었을 것이다. 그들의 대담함에 경외심이 생긴다. 그들은 무학력에 무직에 영어는 깜깜 절벽이었다. 오직 산골에서 자란 도미니카공화국 **캄페시나**(campesina, 촌사람)의 세상 사는 지혜만 가지고 미국에 왔다. 그들이 어떻게 감히 캄비타를 떠나 누에바욜이라는 험악한 타지에 발을 들여놓은 걸까? 게다가 2월이었다. 훈훈한 열대 지방에서 2월에 북아메리카 해안의 매섭게 추운 위도로 오다니!

당시 나는 이런 일을 감행하는 데 어떤 대가가 따를지 전혀 알지 못했다. 그저 가슴만 아플 뿐이었다. 엄마가 치렀을 개인적 희생은 전혀 머리에 떠오르지 않았다. 아홉 살 나이에, 그리고 우리처럼 가까운 사이에, 나는 아직 엄마를 자기만의 삶이 있는 진짜 사람으로 보지 못했다. 그러나 엄마와 술라 이모 그리고 레오폴도 외삼촌이 왜 떠났는지는 알았다. 다 계획이 있었다. 그들은 미국에 도착하자마자 가족재결합법(Family Reunification Act)—피디아스 외삼촌이 그들을 위해 청원하도록 해준 바로 그 이민법—규정에 의거해 자녀 합류 청원을 할 작정이었다. 그들은 지체 없이 이 계획을 실행했다. 단순한 계획이었다. 그들의 희생에 그 밖의 다른 목적은 없었다.

계획은 이러했다. '한 무더기의 아이들을 누에바욜에 데려와 잘되기를 빌자. 해보지도 않고 어떻게 알아.' 그게 그들이 우리한테 줄 수 있는 가장 소중한 선물이었다. 그들은 자기 아이들을 다른 사람한테 맡긴 채 친척과 친구와 고향과 문화와 뿌리와 그리고 어쩌면 그들도 몰랐을 자신의 주체적 능력 대부분을 두고 떠났다. 그들은 그것들을 전부 포기하고 누에바욜의 고역(苦役) 및 불확실성과 마주했다. 우리—그들의 자식들—가 여기서 시도해볼 수 있게 하려고. 어떤 종류의 시도든. 엄마와 헤어지는 슬픔이 비록 너무 컸지만, 이것은 나도 알았다. 뉴욕에서 내게 기회가 주어질 거라는 것. 어떤 기회인지는 몰랐지만, 왠지 그게 엄마와 술라 이모한테는 거의 전부를 걸 만한 가치가 있는 것임을 알았다.

엄마와 술라 이모한테서 나는 그 시절의 미국 이야기를 듣는다. 그들의 첫 번째 거처는 뉴저지주 저지시티(Jersey City)에 있는 피디아스 외삼촌의 작은 샷건 아파트(shotgun apartment: '샷건'은 19세기 뉴올리언스 등 미국 남부에서 주로 지은 좁은 직사각형 형태의 서민형 주택 스타일을 지칭한다—옮긴이)였다. 외숙모는 갑자기 자기 집을 차지했건만 치워버리기는 불가능한 짐짝처럼 보였을, 놀란 토끼 눈을 한 시누이들의 도착을 반기지 않았다. 누에바욜에서 살길을 찾아야 하는 두 사람이 도대체 어떻게 형제의 보살핌을 벗어나겠는가?

이 이야기를 할 때면 한바탕 웃음이 터지고, 이따금 갑작스레 눈물로 바뀌기도 했다. 엄마와 술라 이모는 또 다른 자아(ego)를 만들었다. 로스 파이세스(los países), 곧 미국에서의 첫 경험을 회상할 때 도미니카공화국 산간벽지의 방언으로 말하는 2명의 코마드레스(comadres, 생모와 그녀 아이의 대모)가 되는 식이다. 그들은 당신이 여태껏 들어본 것 중 가장 웃긴 즉흥극을 연출한다. 겨우 용기를 내서 음식 재료 몇 가지를 사려고 식료품점을 찾으러 나갔지만 결국에는 혼란스러워서 여기저기 헤매다가 무얼 살지 결정하지 못한 채 선반만 쳐다보고 말았다는 이야기를 즐겨 했다.

예를 들어 달걀이 2개만 필요한데 차마 **한 판 전체**를 살 수는 없었다. 마침내 그들은 슈퍼마켓의 다양성과 특대 사이즈, 그리고 생경한 논리에 두 손 두 발 다 들고 포기했다.

그들은 너무 참담해서 계획을 단념하고 도미니카공화국에 돌아가기로 결심한 적이 있었다. 술라 이모는 남편 엘멘(El Men)에게 전화를 걸어 비행기표를 사달라고 부탁할 참이었다. 하지만 엄마는 그만한 돈을 달라고 할 사람이 아무도 없어 피디아스 외삼촌 몰래 필요한 액수를 모을 때까지 거리에서 구걸을 하기로 했다. 술라 이모는 그 계획을 듣더니 울음을 터뜨리며 엄마를 부둥켜안고 이렇게 약속했다. "언니를 두고 절대 떠나지 않을게. 우리 같이 가든지 아니면 그냥 있자." 그들은 그냥 머물렀다.

한번은 피디아스 외삼촌이 친구들을 만나러 맨해튼에 그들을 데리고 갔다. 맨해튼이다! 워싱턴하이츠다! 동네마다 술집이 있다! 거리에서 도미니카공화국의 에스파냐어가 들린다! 그들은 신이 났다. 한 사람이 다른 사람에게 얘기하고, 그 사람이 누군가를 아는 지인에게 얘기하고, 그렇게 엄마와 술라 이모는 살 곳—한 블록 떨어진 곳에 살며 호황 중인 브루클린의 의류 지구에서 그들이 돈벌이를 찾을 수 있게 도와줄 두 자매의 아파트—을 찾았다. 일자리를 찾는 사이 엄마와 술라 이모는 그 자매의 집안일과 육아를 도와주기로 했다. 자매 중 한 명인 퀴카(Quica)가 엄마를 데려갔다. 다른 한 명인 피파(Fifa)는 술라 이모를 데려갔다.

그리고 정말 머지않아 둘은 시간당 3.35달러의 최소 임금을 받는 수건 공장에서 일자리를 구했다. 하지만 그 돈이 둘한테는 큰 액수처럼 느껴졌다고 엄마와 술라 이모는 항상 덧붙였다. 공장에서 둘은 카탈리나(Catalina)라는 여성을 만났다. 그녀는 자기 딸의 사촌이 맨해튼의 아파트에서 혼자 산다고 했다. 엄마와 술라 이모는 그 남자—택시 운전을 하고 브로드웨이 145번가의 아파트를 임대해 살고 있는 친절한 40대 남성 산티아고(Santiago)—를 소개받았다. 처음에는 모든 일이 잘 풀렸다. 산티아고는 이민자들에 대한 보편적인 형제애 때문에 엄마와 술라 이모가 길을 찾도록 도와줬고, 그들을 걱정해 동네에서 암약하는 마약 판매상을 경계하라고 알려줬다. 둘은 그 보답으로 아파트에 편안한 가정 분위기를 조성하고, 깨끗이 청소하고, 세 사람에게 충분한 음식을 요리했다.

그러다 겨울이 찾아왔다. 건물에는 히터도 가스도 없었다. 산티아고는 점점 자리를 피하기 시작했다. 엄마와 술라 이모는 작은 전기스토브에 요리를 했다. 둘은 일이 끝나면 브루클린에 있는 쿼카나 피파네 집에서 샤워를 하고 집으로 돌아와 요리를 한 다음 코트와 모자와 장갑을 착용한 채 잠을 자곤 했다. 엄마는 그들이 사귄 한 친구—발렌티나(Valentina)—가 놀러왔다가 그들의 사정을 알게 된 정확한 날짜를 기억한다. 인터넷 검색을 해보니 1984년 1월 21일은 토요일이었고, 최고 온도 섭씨 영하 7도에 최저 온도 영하 8도로 그해 뉴욕에서 가장 추운 날이었음을 알 수 있다. 발렌티나에게 마지막 결정타는 얼어붙은 변기 물을 발견한 것이었다. 그녀가 말했다. "말도 안 돼. 너희를 여기 놔두지 않을 거야. 필요한 짐을 전부 싸서 나랑 같이 가. 내 아파트에서 지내자."

어려운 시절이었다.

그리고 이를 알 리 없는 캄비타의 나는 롤러스케이트를 사달라는 편지를 보냈다.

자기만의 조용하고 겸손하고 끈기 있는 방식으로 버텨낸, 사랑과 자조(自嘲)로 가득했던 엄마는 나의 최고 영웅이다.

계획은 잘 풀렸다. 엄마의 도박은 성공했다고 생각하고 싶다. 미국인이 될 기회를 얻은 것은 내 삶에서 가장 큰 행운에 속한다고 생각한다. 엄마가 나를 데려갔을 만한 장소로 이곳 미국의 뉴욕시에서 내가 누리는 것만큼 풍요롭고 폭넓은 삶을 구축할 수 있는 곳이 지구상에 또 있을지 의문이다. 나는 엄마가 나를 위해 만들어준 세계 최강국 집단 자치(collective self-governance)의 일원이 될 기회를 등한시할 수 없다. 링컨의 말처럼 "모든 인간은 평등하게 태어났다는 명제에 전념하는", 그리고 인간의 자유에 대한 기본적 약속을 헌법 수정조항에 명시한 나라. 이 나라가 그런 높은 이상에 부응하지 못한 부분들에 대해선 개의치 말자. 그것은 이 나라가 아직도 맹세하고 있는 이상, 나 역시 시민권 선서를 하고 같은 날 선거인 등록을 한 2000년 5월에 충성을 다짐했던 이상이다. 미국의 신념은 그 건국 이상을 책임질 수 있는 국가를 유지하고, 그 이상을 성취하지 못하는 걸 맹렬히 비난하고, 그 이상의 실현을 위해 내 온 힘을 다해 싸워야 한다는 생각을 나에게 불러일으킨다.

나는 물론이고 엄마의 이민자 경험은 남아프리카공화국의—가난하고 시민권을 박탈당한—인도인을 조직하고 그들을 대표한 간디의 업적을 내가 어떤 식으로 생각할지에 대한 기틀이 되었다. 남아프리카공화국과 인도 두 곳에서 뜨겁게 타오르던 그의 정치적 관심사는 이탈리아의 마르크스주의 이론가 안토니오 그람시(Antonio Gramsci)가 '서벌턴(subaltern, 종속계급)'이라 칭한 것—정치적 주체로서 가능성을 배제당해 사회적인 목소리를 내지 못하는 이들—을 위한 것이었다. 간디는 자신의 영적 발전을 그 사회 계층의 운명과 불가분의 관계로 이해했다.

1925년부터 1929년 사이에 연속으로 출간한 《자서전》을 마무리하며 그는 이렇게 썼다.

> 도처에 존재하며 어디나 스며 있는 진리의 영(靈)을 대면하려면 가장 하잘것없는 미물도 자신만큼 사랑할 수 있어야 한다. 그리고 그것을 열망하는 사람이라면 삶의 어떤 분야라도 피해갈 수 없다. 진리에 대한 헌신이 나를 정치 분야로 끌어들인 이유가 바로 그것이다. 그러므로 나는 조금의 망설임도 없이, 그러나 가장 겸허하게 이렇게 말할 수 있다. 종교가 정치와 무관하다고 하는 이들은 종교의 의미를 모르는 것이라고.[13]

서구 민주주의의 길잡이 역할을 하는 정치철학—자유주의—은 출발부터 정교 분리를 주장하며 종교적 영향으로부터 공적 영역을 분리하려 해왔다. 간디는 필시 이 분리가 인위적이라고 지적할 터이다. 자유주의가 현실에서 거부하는 것은 종교가 아니라 파벌주의다. 자유주의는 간디가 근본적으로 종교적이라 생각했던 윤리적 책임이라는 이름으로 그렇게 한다.

간디는 보편적 종교 개념을 갖고 있었다. 그는 체계화한 모든 종교의 정당성을 인정하고 전도(傳道) 반대를 촉구하면서 모든 종교의 길은 순수하고 진실하게 추구한다면 똑같은 진리의 계시로 이어진다고 믿었다. 그의 관심은 종교적 신앙이 아니라 종교적 삶에 있었다. 기독교와 이슬람교 그리고 그가 속했던 힌두교 같은 특정 종교는 사람들을 고대의 전통과 연결하고, 그들에게 공통의 정체감을 부여하고, 인간이 천성적으로 추구하는 영적 수행의 길을 제공하기 때문에 가치가 있다. 이런 의미에서 모든 종교는 참되며 신에게로 가는 정당한 길이다. 그러나 특정 신앙을 뛰어넘어 간디는 "모든 종교의 밑바탕을 이루는 종교",[14] 모든 신앙이 타당성을 끌어내는 원천인 종교를 인식했다. 그는 "종교들의 본질은 하나"라고 썼다. "그러나 그것은 여러 가지 형태로 둘러싸여 있다. 후자는 영원히 지속될 것이다. 지혜로운 자들은 겉껍질을 무시하고 다양한 껍질 아래 살아 있는 똑같은 본질을 볼 것이다."[15]

간디에게 이 보편적 종교는 두 가지 위대한 실천 원리로 요약된다. 바로 진리(satya)와 비폭력(ahimsa)이다. 이 중 간디는 비폭력을 어디나 스며 있는 진리라는 원리의 하위 개념으로 포함시켰는데, 그가 보기에 진리는 이미 비폭력 실천을 담고 있었다. 그의 진리 개념은 신의 개념과 동일했다. 그는 1935년에 이렇게 썼다. "나는 종종 나의 종교를 진리의 종교라고 말한다. 최근에는 신이 진리라고 하는 대신 진리가 신이라고 말해왔다. ……어느 것도 진리만큼 나의 신을 완벽하게 기술하지 않는다."[16]

《자서전》 서문에서 그는 자신의 진리 개념을 상세히 설명한다.

> 내게 진리는 최고의 원리이며, 다른 수많은 원리는 그 안에 포함된다. 이 진리는 말에서의 진실함뿐 아니라 생각에서의 진실함이기도 하며, 또한 우리 생각의 상대적 진리뿐 아니라 절대적 진리, 영원한 원리, 곧 신이기도 하다. …… 나는 오직 진리이신 신을 숭배한다. 나는 아직 신을 만나지 못했으나 찾고 있

다. 이 탐색에서 나는 내게 가장 소중한 것들을 희생할 각오가 돼 있다. 그 희생이 설령 내 목숨을 요구할지라도 내가 그것을 내어줄 준비가 돼 있기를 바란다.[17]

진리에 대한 간디의 헌신은 절대적이다. 그는 "말에서의 진실함"—즉, 알면서 거짓을 말한다거나 진실을 그릇되게 전달하지 않는 것—뿐 아니라 "생각에서의 진실함"도 추구한다. 그에게 진리 탐구는 내면의 정화가 필수였다. 그것은 이기심과 자기중심주의를 벗어버리는 정화였다.

진리는 무아(無我)를 필요로 한다. 사물을 사적인 의제 없이, 거기서 뭔가를 바라지 않고 응시하지 못한다면 진정한 실체를 알 수 없기 때문이다. 사심은 정도와 상관없이 왜곡된 렌즈로 작용한다. 바꿔 말해, 자신의 특권은 진리를 보는 데 근본적 장애물이다. 절대적 혹은 초월적 의미에서뿐 아니라 비교적 상식적인 의미에서도 그렇다. 그에 따라 간디는 평생 세 가지 서약을 고수함으로써 자신에게 평범한 생활 양식을 차단하려 했다. 바로 브라마차리아(독신주의. 행동뿐 아니라 생각에서도), 아파리그라하(가난뿐 아니라 무소유도), 그리고 아힘사(비폭력. 다시 말하지만 행동과 말과 생각에서)이다. 빈번한 단식, 침묵 주간, 식단을 과일과 견과류 그리고 동물성 필수 영양분 때문에 할 수 없이 양보한 염소젖으로 한정하는 등의 부차적인 결단도 진리 추구의 자기 정화에 대한 이런 다짐에서 비롯된 것이었다. 그는 1931년에 이렇게 선언했다. "진리의 바다에서 헤엄치려면 자신을 0까지 줄여야 한다."[18]

자아의 완벽한 초월—'0'이 되는 것—이 모크샤를 이룬다. "몸은 우리의 자아 때문에 존재한다. 몸의 완전한 소멸이 모크샤다. 이 자아의 소멸에 도달한 자가 바로 진리의 표상(image, 表象)이 된다."[19] 이러한 진리의 성취가 간디를 사로잡은 결정이었다.

간디는 그런 특별한 헌신에도 불구하고 자신의 이상에 부응하지 못하는 것을 통감했고, 마하트마라는 명칭에 대한 거부를 거듭 표명했다. 그는 자신의 부족함을 강조했지만, 또한 결연히 노력할 것을 역설하기도 했다.

> 매일 갈수록 더 선명하게 진리가 보인다. 영혼이 거쳐온 과정은 마음의 노력이다. 지성은 기도와 명상과 끊임없는 각성으로 거기에 이바지하도록 연결되었다. ……그것이 우리 안에 있는 진리에 덧입혀진 단단하고 흉측한 껍질을 펼치거나 끄집어내거나 어쩌면 훨씬 더 낫게 제거해왔다. 즉, 그것은 정화의 과정이었다.[20]

개인적 영역이든 아니면 국가 정치라는 큰 장(場)이든 투쟁과 좌절에 직면했을 때 간디의 본능적 반응은 단식과 고행 그리고 한층 더 확대된 금욕을 통해 타파스차리아(tapascharya), 즉 자기희생을 강화하는 것이었다. 《자서전》에서 그는 이렇게 썼다. "도덕적으로 나는 모든 극기가 영혼에 유익하다는 걸 의심치 않는다."[21]

극기에 대한 간디의 다짐은 그의 봉사 열정을 이해하게끔 해준다. 그는 탄압받는 자들에게 봉사하는 것이 자기를 우선시하는 생각을 끊어내는 길, 마치 기름때를 제거한 렌즈처럼 진리가 평생 빛날 수 있는 길을 열어준다고 봤다. "인간의 삶의 목표는 자아실현이다. 이것을 달성하는 단 하나의 유일한 방법은 진정한 이타심으로 인류에 봉사하며 평생을 보내고 여기에 몰두하며 삶의 일체감을 깨닫는 것이다."[22]

진리에 대해서는—아우구스티누스가 시간에 대해 말했듯—"아무도 내게 묻지 않는다면 나는 그것이 무엇인지 정확히 알고 있다"[23]라고 할 수 있다. 예수가 자신의 운명을 쥐고 있던 폰티우스 필라투스(Pontius Pilatus: 본시오 빌라도의 원래 이름—옮긴이)에게 "진리를 증언하려고" 세상에 왔다고 했을 때, 이 염세적인 로마인 관리는 단도직입적으로 "진리가 무엇이냐?"고 그에게 물었다. 그러나 예수는 대답하지 않았다.[24]

간디 역시 진리에 관해 고정된 정의를 내리는 데 반대하면서 "그것이 곧 신이기 때문에 명확하게 서술할 수 없다"[25]고 선언했다. 그럼에도 불구하고 진리에 대해서는 많은 얘기를 할 수 있다. 가령 예수는 "너희가 진리를 깨닫게 될 것이다. 그러면 진리가 너희를 자유롭게 할 것이다"[26]라고 말했다. 이 진술은 예수가 **진리**가 너희를 자유롭게 할 거라고 말한 게 아니라, 진리를 **깨닫는 것**이 너희를 자유롭게 **할** 거라고 말했다는 점에서 주목할 만하다. 다시 말해, 진리는 당신에게 작용해 자유를 주는 외부의 힘이 아니라, 당신을 내부로부터 해방시키는 내면의 깨달음이 작동한 것이다.

간디는 진리를 알 수 없다고 주장하면서도 존재의 근본 법칙으로서 진리에 대해 깊어지는 자신의 통찰을 설명하기 위해 '진리는 신'이라는 동어반복적 표현 이상의 얘기도 많이 했다. "진리는 있는 그대로이고, 그렇지 않은 것은 진리가 아니다." "자연의 법칙은 진리의 표출이며 덕은 진리의 형태이다."[27] 그리고 "진리에 이르는 길은 우리가 감히 밟고 지나가는 해골들로 포장되어 있다".[28] 암살당하기까지 1년이 채 안 남은 시점에 그의 열성적인 영국인 추종자 미라 벤(Mira Behn)한테 쓴 편지의 내용 전체를 이루는 이 마지막 선언은 간디가 말년에 이를수록 더욱더 선명하게 깨달은 것, 바로 초지일관 진리에 전념할 때 수반되는 활력과 무자비함마저 드러낸다.

간디가 '신은 진리'보다 '진리는 신'이라는 어구를 선호한 이유 중 하나는 "무신론자들조차 진리의 힘을 부인한 적이 없"으며 사실은 대부분이 바로 "진리를 발견하려는 열정" 때문에 신을 배격해왔다는 것이다.[29] 그는 "진리에 대한 부인을 우리가 이해한 적은 없다"[30]고 결론짓는다. 간디는 일반적 개념의 '진리'를 부인하기가 상당히 어렵다는 걸 인정한다. "진리 같은 것은 없다"고 말하는 것은 "**실제로 진리인 것**은 '진리 같은 것은 없다'"고 말하는 것이다.

그러나 "우리가 이해한 적은 없다"고 간디가 주장한 "진리에 대한 부인"은 그가 이러한 진술을 하기 수십 년 전 이미 유럽 철학자들이 시작한 바 있다. 악마에 관해 가장 예리했던 신학자 프리드리히 니체가 아마도 근대 철학의 진리에 대한 도전에서 핵심 인물일 터이다. 그는 오늘날 우리가 포스트모더니즘 및 해체주의(deconstruction)와 연관 짓는, 진리의 범주 자체에 의문을 제기하는 지적 조류를 촉발했다. 마르틴 하이데거(Martin Heidegger)의 어구를 사용하면, '진리'는 '존재(being)'처럼

'말소하에(under erasure)' 두어야 하는 개념이다. 우리 언어는 그것의 사용을 촉구하지만, 그것의 사용은 항상 형이상학의 교묘한 속임수를 동반한다.

니체는 인간의 특정 이익과 별개로 존재하는 진리—즉, 순수 지성으로 이해할 수 있는 객관적 실체로 존재하는 진리—는 가능하지 않다고 보았다. 그는 우선 세상을 고유의 위치성과 이익을 도외시하고 중립적 관점에서 바라볼 수 있는 '순수 지성'과 더불어 '객관성'의 개념부터 거부했다. 니체에게는 플라톤의 형이상학에서 고안되고 기독교를 통해 대중화한 '진리' 대신 관점과 해석과 지분이 있을 뿐이다. 그는 진리에 대한 가장 일관된 성찰록에서 이렇게 썼다. "인간의 지성에는 인간의 삶 그 이상의 임무는 없기 때문이다."[31]

'진짜 진리는 진리가 없다는 사실'이라는 주장의 순환 논리에서 니체가 기가 막히게 빠져나가는 길은 진리의 개념 자체에 도전하는 것이다. 그는 대안적인 진리를 제시하지 않고 범주 자체를 거부한다. 초월이라는 형이상학적 모래 늪 속으로 빠져드는 대신, 보다 인간적인 일단의 질문을 던진다. 진리의 범주는 어떤 역할, 어떤 기능을 하는가? 그것은 인류의 발전에 어떤 기능을 했는가? 진리의 개념은 어떤 이익에 이바지하는가? 우리는 어떤 조건에서 진리의 개념을 만들어냈고, 그것은 어떤 목표를 증진하는가?

니체는 진리의 개념을 개념적 환상, 언어유희, 특정한 사회적 요구를 충족시키는 인간의 관습이라고 제시한다. 우리는 특유의 심리와 인류학적 제약과 동떨어져 이 세상을 존재하는 "그 자체"[32]로 바라볼 수 없다. "그렇다면 진리란 무엇인가?" 그는 1873년 '비도덕적 의미에서 진실과 거짓에 관해(On Truth and Lie in a Nonmoral Sense)'라는 글에서 묻는다. "유동적인 은유, 환유, 의인화 덩어리, 즉 간단히 말해 시적으로나 수사적으로 강화되어온 인간관계의 총합 …… 진리란 그것이 환상임을 망각한 환상이다."[33]

비슷한 방법으로 니체는 "주관적인" 대안을 제안하는 게 아니라 범주 자체를 "부조리와 헛소리", "시야를 어떤 특정 방향으로 돌리지 않도록" 요구하는 "개념적 허구"라고 부인함으로써 "객관성" 개념을 다룬다. 그는 《도덕의 계보》에서 이렇게 주장한다. "**단지** 보는 관점, **단지** '아는' 관점이 있을 뿐이다."[34] 그러나 객관성이라는 환상이 인간한테 너무 끈질기게 지속되는 바람에 "벌레나 새는 인간과 완전히 다르게 세상을 인식한다는 것, 그리고 세상에 대한 두 가지 인식 중 어느 쪽이 옳은지 묻는 것은 **옳은 인식**이라는 기준에 맞춰 평가해야 할 텐데 그것은 존재하지 않는 기준이기에 무의미하다는 점을 스스로 인정하는 데만 해도 상당한 노력이 필요"[35]할 정도다.

이해하면 파악할 수 있는 불변의 형이상학적 실체라는 진리의 개념에 엄청난 이의를 제기하면서도 니체는 "그것이 환상임을 망각한 환상"을 간파할 가능성을 궁극적으로 단언한다. 그의 철학적 과제가 달성하고자 하는 목표는 바로 이것이다. "언어(그리고 그 안에 굳혀진 이성의 근본적 오류)의 미혹"[36]으로부터의 해방.

우리의 환상 이면에 아무런 형이상학적 실체도 없다는 것—그것이 온통 환상이라는 것—을 알게 되는 순간, 포스트모더니즘의 조건에 도달한다. 자크 데리다(Jacques Derrida)는 아마도 그의 가장 중요한 저서 《그라마톨로지에 대하여(Of Grammatology)》에서 "Il n'y a pas de hors-texte"

라 공표했고, 이것을 가야트리 스피박(Gayatri Spivak)이 "텍스트 바깥에는 아무것도 없다(There is nothing outside of the text)"와 더 글자 그대로인 "바깥의 텍스트는 없다(There is no outside-text)"로 번역했다.[37] 바꿔 말하면, 우리는 궁극적인 기의(signified)가 없는 기표(signifier)의 세상에 살고 있다는 것이다. 진리는 해석이며, 거기에 초월적이거나 형이상학적인 '그곳'은 없다.

이렇게 궁극적인 진리의 가능성으로부터 인간 이성이 풀려나면서 사실상 윤리("나는 어떻게 살아야 하는가?")와 인식론("무엇을 알 수 있는가?")을 포함한 서구의 형이상학("존재의 본질은 무엇인가?") 전체가 허물어진다. 이러한 모든 질문은 인간의 지성이 이용할 수 있는 근본 현실을 가정한다. 니체가 풀어버린 것의 파괴력은 그의 다음과 같은 터무니없는 주장도 타당하게 만든다. "나는 인간이 아니다. 나는 다이너마이트다."[38] 그는 1888년 저서 《우상의 황혼(Twilight of the Idols)》에 '망치로 철학하기(How to Philosophize with a Hammer)'라는 부제를 달았다. 그러곤 자신이 《이 사람을 보라(Ecce Homo)》에서 쓴 자기 저서에 대한 회고적 평가에서 "책 표지의 우상은 간단히 말해 지금까지 진리라 불려온 것들"이라고 설명했다. 《우상의 황혼》, 아니 사실은 그의 모든 저서에서 그의 계획은 서구 철학 체계의 개념적 토대를 허물고, 그럼으로써 지성을 새로운 미지의 영토로 해방하는 것이었다. "내가 이 기쁜 소식을 전하는 사람"이라고 그는 말했다.[39]

놀랍지 않게도, 유럽의 철학적 전통을 무너뜨리려 애쓰다 보니 니체는 도덕성—인간 행동을 규제하는 특별한 권한이 있다고 자처하는 규범과 '진리'의 체계—의 기원과 기능을 연구하게 되었다. 그 결과물이 니체가 자신의 사상을 가장 체계적이고 알기 쉽게 제시한 《도덕의 계보》였다. 그는 이 책 서문에서 자신에게 길잡이가 되어준 질문을 펼친다. "인간은 어떤 조건하에서 이 선악이라는 가치 판단을 고안했을까? **그리고 그것들 자체는 어떤 가치를 갖고 있는가?**"[40] 이어지는 느슨하게 연결된 세 편의 에세이에서 니체는 선, 악, 죄, 벌, 극기 같은 도덕적 개념의 탄생과 진화를 추적하며 그것들이 그가 삶의 근본 원리라 여기게 된 것의 대단히 효과적인 표현임을 밝힌다. 바로 권력에의 의지다. 그가 미완의 책 《권력에의 의지(The Will to Power)》의 결론 부분에 썼듯 "이 세상을 명명하고 싶은가? 그 모든 수수께끼의 해결책을 바라는가? ……이 세상은 권력에의 의지다. 그리고 그 외에는 아무것도 없다! 그리고 당신들 역시 이 권력에의 의지다. 그리고 그 외에는 아무것도 없다!"[41]

그렇게 해서 권력은 니체의 주개념이 되었다. 그는 참과 거짓, 옳음과 그름, 선과 악 같은 판단으로 확립된 위계를 특정한 권력 구조를 공고히 하고 유지하는 수단으로 이해했다. 그는 《도덕의 계보》에서 이렇게 썼다. "모든 동물은 본능적으로 전력을 다해 최대의 권력감을 달성할 수 있는 최적의 유리한 여건을 얻으려 한다."[42] 진리 추구자의 특징인 금욕주의조차 "삶을 지배하려는 욕망"[43]으로 요약된다고 그는 주장했다.

니체의 지적인 후예 중 미셸 푸코(Michel Foucault)는 위대한 권력 이론가다. 푸코는 비극적으로 짧지만 화려했던 그의 경력 동안 도덕적·법률적, 심지어 과학적 '담론들'이 어떻게 사회적 권력을 행사하는 도구로 발전했는지 폭로하기 위해 수많은 '지식의 고고학'을 수행했다. 푸코의 통찰은 덕, 진보, 자유, 과학의 개념 및 서구의 신앙에 대한 모든 장황한 설명이 지구상 대부분 지역에 대한 유럽의 지배와 착취를 정당화하는 데

이용되어온 방식을 새로이 인식하는 동력이 되었다. 이는 탈식민주의 연구 분야에 생기를 불어넣는 통찰로서, 1995년 컬럼비아의 영문학 박사과정에 등록했을 당시 나도 그 한가운데 있었다.

나는 하마터면 대학원에 들어가지 못할 뻔했다. 그러니까, 엄밀히 따져서, 나는 대학원에 들어가지 않았다.

대학 4학년 때 나는 지적 에너지를 대부분 자크 데리다, 그리고 플라톤 및 성 아우구스티누스의 텍스트적 의미의 성격에 관한 논문에 쏟아부었다. 가을 학기가 다가오자, 내 비교문학 학위로 이력서를 작성해 일자리를 알아봐야 한다는 생각에 우울해졌다. 3년 반 동안 변함없이 지폈던 지적인 불꽃을 외면한다는 건 상상할 수 없었다.

그래서 대학원에 지원했다. 특정한 학문적 관심사가 있어서가 아니라 원대한 사상에 관해 독서하고 사유하고픈 상당히 무분별한 욕구가 동기였다. 지원서는 처참했다. 자기소개서는 나의 연구 관심사를 설명하지 못했다. 사실 그만큼 나한테 확고한 게 없다는 얘기였다. 함께 연구하고 있던 유명한 교수님들에게 추천서를 부탁하기도 너무 겁났다. 대신 나는 개인적으로 가깝다고 느끼는 교수들에게 부탁했다. 비교문학 겸임교수 1명과 나중에 안 일이지만 종신 재직권을 거부당할 운명에 있던 조교수 2명이었다.

그래서 나는 어디에도 들어가지 못했다.

그 후 어떤 사건이 일어났다. 자초지종은 다음과 같다.

수강 신청을 시작하기도 전인 신입생 때 나는 제너럴 스터디즈의 학생처장 사무실에서 근로 장학생 일자리를 찾았다. 1학기 때 어느 날, 데이비드 렐리벨드(David Lelyveld) 학생처장이 내가 상급생인 다른 근로 장학생과 철학적 논점을 놓고 언쟁하는 것을 우연히 들었다. 그 언쟁의 세부 사항은 기억나지 않지만, 렐리벨드 학생처장 사무실 바로 바깥의 서류 캐비닛 옆에서 장황한 논쟁이 벌어졌다는 것은 똑똑히 기억난다. 나는 상대를 치명적인 모순에 빠트릴 심산으로 시치미 뚝 떼고 악의 없는 질문을 던지면서 소크라테스식 반어법이 먹히게 하려고 최선을 다했다.

내 말이 거만한 동시에 순진하게 들렸을 거라고밖에는 상상이 가지 않는다. 그러나 데이비드는 연민을 가지고 내 말을 들어줬고, 나의 지적 발달에 흥미를 보였다. 그는 늘 강의에 대해 내가 어떻게 생각하는지, 무슨 책을 읽고 있는지 궁금해했다. 그는 내게 탐색성 질문을 던지고, 내가 읽고 있는 책에 관한 흥미로운 사고방식을 제안하곤 했다. 그와의 상호 작용이 좋았다. 그는 진실함과 친절함을 온몸으로 발산했고, 모든 주제에 대한 통찰력으로 가득해 보였다.

데이비드는 인도사 전문가인데, 마침 영문학부의 가야트리 스피박과 친구였다. 스피박 교수는 내가 추천서를 부탁할까 생각했던 그 유명한 교수 중 한 명이었다. 어느 날 강의 시간 전에 그 일로 그녀를 찾아갔다. 그녀가 흔쾌히 추천서를 써주겠다고 했지만 "추천서는 솔직할 거예요"라는 말에 나는 겁을 먹었다. 나는 그 뒤로 수업에서 'A' 학점을 받았을 때도 추천서를 더는 부탁하지 않았다.

데이비드한테 컬럼비아 영문학 박사 과정에 들어가지 못했다고 말하자, 그는 가야트리한테 내 지원서를 봤냐고 물어보겠다는 애매한 말을 한 적이 있다. 늦봄 어느 날, 데이비드는 기차에서 가야트리를 우연히 만났다면서, 그녀가 바로 그날 학부의 누군가에게 내 얘기를 하겠노라 했다는 말을 내게 전했다.

며칠 후 자동응답기에 내 졸업 논문을 지도했던 학부 종신교수의 메시지가 와 있는 걸 발견했다. 그는 나의 "탁월한 졸업 논문"을 축하하면서 "스피박 교수의 진심 어린 호소" 이후 영문학부는 이제 내게 석사-박사 과정 입학을 권할 준비가 되었음을 알리기 위해 전화를 걸었다고 했다. 단, 한 가지 주의 사항이 있었다. 석사 과정 동안은 학비 지원이 안 된다는 것이었다. 내가 직접 부담해야 한다는 얘기였다. 나는 신이 나서 그 제안을 받아들이고 약 3만 달러의 학자금 대출을 받았다. 대출은 그걸로 끝이었다.

데이비드와 가야트리에게 내가 얼마나 깊은 감사를 느끼는지 말로는 표현할 수가 없다.

해체주의 바람을 타고 대학원에 들어간 나는 플라톤의 《파이드로스(Phaedrus)》에 관한 석사 논문을 썼는데, 그것은 데리다의 1972년 저서 《산종(Dissemination)》에 나오는, 유명한 책 읽기에 대한 일종의 우호적인 교정(corrective)이었다.

해체주의와 포스트모더니즘에 대한 나의 사랑은 진짜였다. 개념적 범주, 경전(canon), 위계를 해체하는 작업은 사람을 취하게 하는 습성이 있다. 부당한 체계를 깨부수고 인간의 고통을 줄이는 데 자신의 학식을 쏟아붓겠다는 발상도 마찬가지다. 그러나 결국 우리는 사이가 틀어졌다. 그 분야의 기라성 같은 많은 인물들의 모호함, 난독화(obfuscation, 難讀化), 지적인 무능함에 나의 인내심이 바닥났다. 내 철학과 이론 경력으로 그것을 헛소리라 부를 만큼 난 충분히 자신이 있었다. 그리고 그게 내가 주로 깨달은 것이다.

오늘날 인문학계의 우세한 기풍은 내가 니체 및 포스트모더니즘과 결부시켰던 가치 기반 판단의 해체를 당연시한다. 이것이 아마도 내가 컬럼비아 코어 커리큘럼에서 맞닥뜨렸고, 대부분의 직장 생활 동안 옹호하며 보내온 교양 과목 교육에 가장 큰 지적 걸림돌일 터이다.

철학적으로 가치 판단을 권력의 문제로 환원하는 것은 교양 교육을 약화한다. 인간 선—가장 살 만한 가치가 있는 종류의 삶—이 교양 교육의 가장 중요한 탐구 대상이기 때문이다. 교양 학습은 인간의 삶이 덕—즉, 인간의 탁월성—을 지향할 수 있다는 전제에서 출발한다. 따라서 인간 선의 본질이 중심 관심사다. 소크라테스식으로 표현하면, 프로젝트 전체가 "어떤 생활 양식이 우리 각자의 삶을 가장 가치 있게 만들 것인가?"[44]에 관한 것인 셈이다. 그러나 만일 덕, 진리, 인간 선 같은 개념의 이면에서 발견할 수 있는 게 오직 사회 권력의 위계뿐이라면, 교양 교육은 잘해봤자 공허한 추구이고 최악의 경우 기존 권력 구조를 이용해먹는 일종의 망한 제도다.

교양 교육은 학생들로 하여금 스스로 모든 가치 체계의 우연성과 도구성을 알게 한다고 주장하는 사람도 있을 터이다. 교양 교육은 파워 엘리트의 위선에 구멍을 내고 억압과 예속의 체제 속에 가치의 전통적 위계가 공모하고 있음을 폭로하는 데 목적을 두기 때문에 근본적으로 비판적이고 해체적이라고 말이다. 이런 관점은 사실상 문제를 제기해서는 안 된다고 말함으로써 인간 선의 실질적 문제를 회피한다. 올바른 삶의 특성과 그런 삶을 어떻게 살지에 대한 탐구 대신, 권력의 위장술 그리고 그것을 어떻게 적발할지에 대한 탐구가 우리에게 남는다. 이런 관점에서 봤을 때 교양 교육을 받은 사람은 모든 인간 선 개념의 궁극적 공허함을 냉철하게 바라보고, 그 이면에서 그걸 작동시키는 권력의 실질적 구조를 볼 수 있는 사람이다.

이러한 '비판적' 시각은 교양 교육 커리큘럼이 최전면에 내세워야 하는 개념, 텍스트, 토론에 관해 일반화할 수 있는 판단을 내릴 가능성을 제거한다는 사실을 비롯해 여러 면에서 문제가 있다. 교양 학습은 "세상에서 이야기하고 사색해온 최상의 것을 알아내는" 데 있어야 한다는 매슈 아널드(Matthew Arnold)의 유명한 격언이 대학 인문주의자들 사이에서 그토록 조롱거리가 되게끔 만든 것도 바로 이런 시각이다.[45] 그러나 아널드의 이 말은 옳고, 어떤 교수가 제공하든 모든 강좌는 설령 그 목적이 그의 격언을 논박하는 것이라 할지라도 그 격언의 예시를 보여주는 셈이다.

만일 '고등 교육'을 추구할 때 과거의 어떤 것이 청년들에게 전달할 만한 가치가 가장 높은지를 놓고 일반화 가능한 가치 판단을 내릴 능력—이론의 여지가 있고 정정할 수 있는 판단이라 하더라도—을 부인한다면, 교양 교육 커리큘럼을 짤 능력이 없어진다. 실제로 대부분의 기관이 그래왔듯이 말이다.

가치의 문제에 대한 해체주의적 접근법이 주도하는 교양 교육 프로그램이 바로 고등 교육 전반에 걸친 일반교양 교육 프로그램의 특성인 일관성 부재와 무기력 따위를 양산한다. 그 결과, 우리는 학생들이 교양 과목 수업으로부터 대거 이탈하고, 교양 과목 교수들 사이에서는 왜 학생이 떠나서는 안 되는지 납득할 이유를 대지 못하는 고질적인 무능력을 목격한다.

교양 교육은 덕(virtue)의 삶—즉, 인간이 살 만한 가장 훌륭하고 탁월한 삶—에 대한 탐구가 헛된 노력이 아니라 사실은 더욱 깊은 자기 이해와 (그런 의미에서) 더욱 충만한 삶으로 이끈다는 인식 없이는 불가능하다. 인간 선에 관한 탐구에 통찰을 갖춤으로써 교양 교육은 어떤 것을 성취할 수 있는 기회와 그것의 특성에 대한 합리적 조사의 실행 가능성을 진지하게 고찰한다. 더욱이 이러한 인간 선의 탐구는 단순한 지적 훈련이어서는 안 된다. 이런 지속적인 연구가 생산하는 통찰에 의해 알려지고 형성될 생활 양식이기도 해야 한다.

교양 교육은 계속해서 펼쳐지는 것이므로 미리 정해놓은 인간 선 개념을 위해 수행해서는 안 된다. 교양 교육은 대답이 아니라 질문 속에 살아 있다. 인간의 최상의 삶은 인간 선의 본질에 대한 의식적 성찰을 포함해야 한다는 전제—그 자체도 이론의 여지가 있다—를 제외하면, 교양 교육은 그 선의 내용을 명시하지 않는다. 사실 교양 교육이 학생에게 드러내 보이는 다양한 인간 선 개념의 가변성과 불일치 때문에, 그것이 주입식으로 넘어가지 않는 이상 교양 교육은 반드시 인간 선에 관한 모든 설명이 갖는 **경합성**과 **불완전성**을 포함한 교육이 될 수밖에 없다. 고전 텍스트를 숭상한 것으로 유명한 레오 슈트라우스(Leo Strauss)는 기억할 만한 다음과 같은 표현으로 이 점을 명확히 했다.

> 다시 말한다. 교양 교육이란 가장 위대한 사람들 사이의 대화에 귀 기울이는 데 있다. 그러나 여기서 우리는 이 대화가 우리의 도움 없이는 일어나지 않는다는—사실은 우리가 그 대화를 유발해야 한다는—압도적인 난관에 직면한다. 가장 위대한 사람들은 독백을 내뱉는다. 우리가 그들의 독백을 대화로, 그들의 '나란히'를 '함께'로 바꿔야 한다. …… 〔그리고〕 가장 위대한 사람들은 가장 중요한 사안에 관해 상호 모순되기 때문에 그들의 독백을 우리가 판단할 수밖에 없게끔 만든다. 우리는 그들 중 어느 한 명이 하는 말도 곧이곧대로 믿어서는 안 된다.[46]

간디는 아마 유럽 대륙의 철학이 20세기 내내 공들였던 진리에 대한 철학적 도전을 생각조차 하지 않았을 것이다. 그에게 진리 중의 진리는 바로 존재라는 사실에 있는 게 분명했다. 그가 자주 지적했듯 '진리'에 해당하는 산스크리트어 사티아(satya)의 어원은 '있다' 또는 '존재하다'를 의미하는 sat이다.[47] 간디에게 진리란 존재의 밑바탕을 이루는 조건이었다. 게다가 인간은 헌신과 자기 정화를 통해 사티아에 다가가고, 그것을 '깨달을' 수 있는 특유의 능력을 가졌다.

진리에 관한 간디의 관심은 단연 이론적인 게 아니었다. 그는 진리의 **실천**에 관심이 있었다. 100권에 달하는 그의 전집을 샅샅이 뒤져도 플라톤이나 니체 같은 철학적 접근법에 비견할, 진리에 관한 형이상학적 이론은 추출하기 힘들 것이다. 어쨌든 간디는 지식이 아닌 구원에 주로 관심을 뒀다. 언제나 진실을 말한다는 단순한 사실에서 출발해 진리를 향해 끊임없이 실천하는 극기의 노력이 무르익을 때 죽음과 환생의 순환으로부터 궁극적으로 해방된다. 즉, 모크샤의 실현으로 꽃을 피운다.

니체가 권력에의 의지로 환원할 수 있다고 설명하는 세상을 간디는 그저 일탈, '정글의 법칙'으로 인식한다. 그런 세상은 인간성이 동물적 과거의 암흑과 무의식으로부터 등장함에 따라 대부분 대체됐다. 인류의 모든 문화와 문명이 아힘사의 승리를 말해주며, 폭력은 규칙이 아니라 예외다.

그러나 우리는 성자와 철학자 사이의 더욱 근본적인 일치도 볼 수 있다. 왜냐하면 간디는 진리와 비폭력을 권력의 측면에서—'영적 힘'으로—보기도 하기 때문이다. 그의 말에 따르면, 영적 힘은 사실 우주에서 가장 강력한 힘이다. 권력을 훨씬 더 근본적인 현실의 한 측면, 바로 진리로 생각하기는 하지만, 이런 측면에서는 간디 역시 권력 이론가다.

《도덕의 계보》의 첫 번째 에세이에서 니체는 '도덕에서의 노예 반란' 이야기를 들려준다. "2000년의 역사를 갖고 있으며 우리가 더 이상 볼 수 없는 반란. 왜냐하면 그것이 승리를 거뒀기 때문이다!"[48] 이 반란은 기량과 힘 그리고 정복을 주요 덕목으로 옹호했던 '주인 도덕'의 체제를 전복했다. 그 대신 새로운 도덕—'노예 도덕'—은 극기, 겸손, 금욕을 최상의 가치로 추대했다.

노예 도덕은 더욱 미묘하면서도 궁극적으로는 더욱 효과적인 형태의 권력을 투입함으로써 주인 도덕을 넘어섰다. 주인을 물리적으로 정복할 수 없었던 노예는 공격성을 내부로 돌리고 적의를 니체가 "원한"이라 부른 강력한 힘, "가장 심오하고 숭고한 유형의 증오"로 변모시켰다.[49] 무력한 적대감에 이끌린 노예는 "**가장 영적인 복수** 행위", 즉 "적들의 가치에 대한 극단적 재평가"를 시행했다.[50] 이때부터 주인이 '선'이라 여겨왔던 가치가—유럽 문화를 지배하게 된 노예 도덕에서는—'악'이 된다. 이제 주인의 기량은 공격이 되고, 그들의 힘은 폭력이 된다.

서로 다른 철학적 세계관에서 나온 개념은 결코 일대일로 대응하지 않지만, 노예가 주인의 가치를 탈바꿈시킨 그 심리적 힘과 간디의 영적 힘 사이에는 확실한 동질감이 있다. 자신의 나약함과 고통에 영적 의미를 부여하고 주인이 자신의 가치를 내면적으로 '재평가'하지 않을 수 없게 만듦으로써 니체의 노예는 간디가 명백히 영적 힘이라고 인정할 만한 것을 행사했다.

남아프리카공화국에서 간디는 진리와 비폭력 고수를 바탕으로 한 힘에 이름을 붙였다. 바로 사탸그라하다. 그는 남아프리카공화국 운동의 역사에서 "사탸그라하는 순수하고 단순한 영적 힘"[51]이라고 썼다. 그는 "약자들의 무기를 의미하는" 영어의 가장 근접한 표현—"passive resistance('수동적 저항'이라는 뜻—옮긴이)"—이 미흡했기 때문에 이 용어를 택했다.[52]

> 투쟁이 전개되면서 그 문구〔수동적 저항〕가 혼란을 유발했고, 이 위대한 투쟁이 영어 명칭으로만 알려지도록 놔두는 게 부끄러웠다. ……그래서 〈인디언

오피니언(Indian Opinion)》에 이 투쟁에 가장 적합한 명칭을 짓는 독자에게 소정의 사례를 하겠다고 발표했다. ……시리 마간랄 간디(Shri Maganlal Gandhi) 씨는 응모자 중 한 명이었는데, "대의명분이 확고함"이란 뜻의 사다그라하(sadagraha)라는 말을 제안했다. 그 말이 좋았지만, 내가 함축하고 싶은 생각 전체를 충분히 나타내지는 않았다. 그래서 내가 그것을 'satyagraha'로 고쳤다. 진리(satya)는 사랑을 내포하고 확고함(agraha)은 힘을 불러일으키며, 따라서 힘의 동의어 역할을 한다. 그리하여 나는 인도인의 운동을 '사탸그라하', 즉 진리와 사랑 혹은 비폭력에서 탄생한 힘이라 부르기 시작했다.[53]

간디의 영적 힘 개념은 그를 움직였던 많은 반직관적 원리 중 하나를 구현한다. 바로 인간이 타인에게 행사할 수 있는 단 하나의 정당한 힘은 기꺼이 고통을 감내하고, 그럼으로써 타인의 내적 성향에 호소해 그를 변화시키고자 하는 마음뿐이라는 것이다. 그는 사탸그라하와 물리력의 차이를 강조하면서 "사탸그라하는 스스로의 고행에 의한 상대방의 정복을 상정한다"[54]고 썼다. 간디는 정당한 대의를 지킴에 있어 고행을 받아들이면 억누를 수 없는 힘, 사티아처럼 우주를 지속시키는 바로 도덕의 힘을 촉발한다고 주장했다—어떤 이들은 간디가 그것을 입증했다고 한다. "용감하게 탄생한 진정한 고행은 얼음 같은 심장도 녹인다. 그것이 고행, 즉 타파스(tapas)의 잠재력이다. 그리고 거기에 사탸그라하로 가는 열쇠가 있다."[55]

사탸그라하는 간디가 남아프리카공화국 당국에 대항하고 급기야 영국의 인도 지배에 대항해 조직했던 것 같은 대규모 사안에서는 물론이고 집안싸움처럼 지극히 사적인 사안에서도 개개인이 적용할 수 있다. 양쪽다 간디의 기본적 접근법은 민중이 마음을 단단히 먹고 자신들이 부당하다고 생각하는 법률의 위반에 대해 처벌을 받아들이도록 하는 것이었다. “만일 내가 법을 준수하지 않고 그것을 위반한 데 따른 처벌을 받아들인다면, 나는 영적 힘을 사용하는 것이다. 거기에는 자기희생이 수반된다.”[56] 간디식 계산법은 법의 부당함에 맞서 순수한 고행의 형태로 그것을 노골적으로 입증하는 데 직면하면 인간 사회의 어떤 당국도 오랫동안 침착함을 유지할 수 없고 어떤 방관자도 오랫동안 중립을 지킬 수 없다는 것이다. 비폭력·비협력—사탸그라하—은 우주의 도덕적 힘을 부당함에 맞서도록 이끈다. “폭력은 그 대상으로부터 반응을 불러일으키지 못할 때 사그라들기”[57] 때문에 간디의 확고부동한 신념은 억압에 직면했을 때도 비폭력 사탸그라하가 언제나 승리한다는 것이었다.

간디는 남아프리카공화국에서 그의 개인적·정치적 종교의 기초 교리를 고안했다. 거기서 보낸 21년 동안 그는 정직, 비폭력, 금욕, 무소유의 네 가지 행동 규범 채택을 비롯해 개인적으로 가장 심오한 질서의 변화를 겪었다. 겉모습도 달라졌다. “남아프리카공화국에서 사탸그라하 운동을 하는 중에 나는 옷차림도 계약 노동자들과 더 어울리도록 바꿨다.”[58] 여생 동안 간디의 옷차림은 빈민층과의 동질감을 나타내는 상징이 되었다. 1915년 인도로 영구 귀국한 그는 몇 년 뒤 시인 라빈드라나트 타고르(Rabindranath Tagore)가 마하트마라는 존칭을 부여한 영적 급진주의자이자 대중 운동 조직자로서 완벽하게 성장해 있었다.

런던에서 교육받은 남아프리카공화국의 법정 변호사로서 간디는 그가 아니었다면 정치적 목소리를 내지 못할 계약 노동자 및 가난한 인도 근로자 공동체를 대표하는 위치에 놓였다. 이를 경험한 초창기부터 그는 자신의 역할이 도덕적 토대가 명확한 단순한 목표를 중심으로 대중을 조직하는 데 있음을 알았다. 이것이 그로 하여금 경제적으로 박탈당한 이들을 대표하는 자신의 정치적 행동주의를 종교적 사명으로 여기도록 만들었다. 그는 종종 "인간의 자유를 향한 투쟁은 종교적 투쟁"[59]이라고 말했다.

간디는 인도로 돌아간 첫해를 그의 정치적 멘토인 인도 국민회의의 선구적 인물 고팔 크리슈나 고칼레(Gopal Krishna Gokhale) 앞에서 다짐한, 어떤 정치적 공표도 하지 않고 어떤 운동에도 가담하지 않겠다는 맹세를 지키며 보냈다. 대신 악랄한 위계 사회에서 최극빈층의 수모를 당하면서 3등석 승객으로 전국을 여행하며 대대적인 순회 청취(listening tour)에 착수했다, 남아프리카공화국에서 그랬듯 그의 목표는 민중의 고난을 종교적 해방을 향한 자신의 개인적 투쟁으로 흡수할 만큼 그들과 철저하게 동일시하는 것이었다. 그렇기 때문에 그의 스와라지는 "굶어 죽기 직전에 있는, 반쯤 헐벗은 말 못 하는 수백만" 인도 민중의 해방을 포함한다.

스와라지(자치)는 간디가 정치적 '실험'을 추구하며 내건 현수막의 문구가 되었다. 인도에서는 자신의 궁극적인 영적 목표를 설명하는 데도 그 말을 사용하기 시작했다. 그는 1920년 말 〈영 인디아(Young India)〉에 "자신에 대한 통치가 가장 진정한 스와라지다. 그것은 모크샤, 즉 구원의 동의어"[60]라고 썼다. 스와라지는 영국의 지배로부터 정치적 독립뿐 아니라 영적 속박으로부터 개인의 해방을 아우르기에 이르렀다. 실제로 간디는 이 두 상황이 떼려야 뗄 수 없다고 주장했다. 그는 《힌드 스와라지

(Hind Swaraj)》에 이렇게 썼다. "우리가 자유로워지면, 인도가 자유로워진다. ……이 생각 안에 스와라지의 정의(definition, 定義)가 있다. 우리가 우리 자신을 다스리는 법을 알면 그것이 스와라지다. 따라서 그것은 우리 손바닥 안에 있다."[61]

간디의 전망으로 봤을 때 영국으로부터 독립은 그의 '건설적 프로그램'의 궁극적 목표가 아니라, 그가 일으키려는 종교적 부흥—인도 사회의 가장 심각한 분열, 즉 힌두교도와 이슬람교도, 힌두족 계급과 불가촉천민, 엘리트와 다수 극빈층 사이의 분열을 뛰어넘고 치유할 각성—의 부산물이었다. 근본적으로 내부적인 인도의 이런 문제를 해결하려면 스와라지를 선행해야 하며, 사실상 이 해결책이 그가 추구하는 스와라지의 조건이라고 간디는 역설했다. 그는 "만일 우리가 짓는 죄를 멈춘다면, 정부는 낙엽처럼 스러질 것"[62]이라고 말했다.

이런 시각은 인도의 자치를 달성하려는 간디의 계획이 언뜻 영국과는 거의 무관해 보이는 이유를 설명해준다. '의회의 스와라지'를 위한 그의 프로그램—1920년 간디가 인도 국민회의의 지도자 자리에 오르면서 국가적 프로그램이 되었다—은 다음 '4개의 기둥'에 달려 있었다. 매일 최소 30분씩 실을 잣고 손으로 짠 옷감만 입기. 힌두교에서 불가촉천민 신분 폐지하기. 여러 종교 집단, 특히 힌두교도와 무슬림 사이의 결속 확립하기. 그리고 정치적 목적의 달성 수단으로서 일체의 폭력 끊어내기. 그런 개혁이 영국의 지배로부터 독립과 무슨 상관이 있는지 의아해할 사람도 있을 것이다. 간디는 전부 상관이 있다고 말할 터이다. "만일 인도가 사랑의 교리를 종교의 적극적 요소로 채택하고 그것을 정치에 도입한다면, 스와라지가 하늘에서 인도로 내려올 것이다."[63]

간디에게 스와라지는 그가 유럽 문명의 중심부에서 본 물질주의적이고 탐욕스러운 충동으로부터의 해방을 뜻했다. 그의 관점에서 보면, 인도가 굴종하게 된 이유는 무엇보다 바로 이런 영적 악에 굴복했기 때문이다. 그는 《힌드 스와라지》에서 "영국인이 인도를 차지한 게 아니다. 우리가 그들에게 인도를 넘겨줬다"[64]고 쓰고 "영국인은 무역을 목적으로 인도에 들어왔다. 그들은 똑같은 목적으로 여전히 여기 남아 있고, 우리는 그들이 그렇게 하도록 돕고 있다. 그들의 무기와 탄약은 전혀 쓸모가 없다"[65]고 덧붙였다. 이 신랄한 통찰은 비폭력 스와라지로 가는 길은 인도가 서구 물질주의의 중독을 끊어내는 데 달려 있다는 간디의 확신을 추동한다. "인도는 영국이 아닌 근대 문명의 구둣발 아래 짓밟히고 있다는 게 나의 신중한 견해다."[66]

간디는 근대 문명(또는 서구 문명 혹은 유럽 문명—그는 이 말들을 번갈아가며 썼다)에 대해 할 말이 많았다. 영국 여행을 마치고 남아프리카공화국으로 돌아와 1909년에 집필한 그의 첫 번째이자 아주 중요한 책 《힌드 스와라지》는 주로 서구 문명을 향한 악담이다. 대부분 근대성 자체에 대한 비난이다.

근대 문명에 대한 간디의 거부는 우리에게 자본주의 비판으로 인식될 수도 있다. 그는 근대 문명을 주로 그 경제 체제로—즉, 물질주의의 부상과 그가 문화 전반에 만연하다고 생각했던 상품 기반 가치 체계의 관점에서—판단했다.

서구 문명을 거부한다고 해서 간디가 고대 그리스·로마 전통을 염두에 둔 것은 아니다. 그는 소크라테스 등 고대 저자들을 대단히 존경했다. 그렇다고 종교적 전통을 배척한 것도 아니다. 그는 아브라함의 신앙을 지극히 존경했다. 게다가 레오 톨스토이, 존 러스킨 및 헨리 데이비드 소로—이들 모두를 간디는 자신에게 가장 중요한 영향을 준 인물로 여겼다—를 비롯한 근대 반물질주의 서구 사상의 조류를 받아들였다. 사실 간디가 서구 문명에서 거부한 것은 산업 혁명에서 출현한 생활 양식과 사회 조직이다. 그는 1908년 남아프리카공화국 신문 〈인디언 오피니언〉에 이렇게 썼다. "서구 문명은 겨우 100년, 아니 더 정확히 말하면 50년밖에 안 됐음을 기억하자."[67]

바꿔 말하면, 간디가 의미하는 서구 문명은 예루살렘이나 아테네 또는 로마가 아니고 안락, 안전, 장수를 최고선으로 여기는 근대적 생활 양식이다. 《힌드 스와라지》에서 그는 오늘날 "문명"이라 여기는 것은 그저 "그 안에 사는 사람들이 육체적 평안을 삶의 목적으로 삼는다는 사실"을 지칭할 뿐이라고 했다.[68] 유럽 문화에서 이런 물질주의적 성향의 뿌리는 르네 데카르트와 프랜시스 베이컨 같은 계몽주의 사상가들의 합리주의 철학에 있다. 오늘날 대학을 지배하는 연구 이상(理想)을 낳은 것도 바로 이 같은 철학적 모체다.

간디는 근대 문명이 얻은 것은 공허하며 일반 노동자의 착취에 의존한다고 여긴다.

> 문명이라는 골칫거리 아래 노동하는 인간은 꿈꾸는 인간과 같다. ……자, 수천 명의 노동자가 공장이나 광산을 보전하는 작업을 위해 함께 만난다. 그들

이 처한 조건은 짐승보다 더 나쁘다. ……인간은 예전에는 물리적 강요 아래 노예가 되었고, 지금은 돈과 돈으로 살 수 있는 사치품의 유혹에 노예가 된다. ……문명은 신체적 안락을 증진시키려 애쓰고, 그렇게 하는 데조차 비참하게 실패한다.[69]

자유 시장 체제 아래 일반 노동자가 짐승같이 취급받는 것은 위대한 자본주의 이론가 애덤 스미스가 명확히 내다본 상황이다.

분업이 발전함에 따라 노동으로 먹고사는 사람들 거의 대부분, 즉 국민 대다수의 직업은 흔히 한두 가지의 지극히 단순한 몇몇 조작으로 한정된다. ……평생을 몇몇 단순한 조작을 수행하며 보내는 사람은 …… 일반적으로 인간이라는 생물이 갈 수 있는 최대치만큼 어리석고 무지해진다. 그의 정신은 무기력해져 이성적인 어떤 대화를 즐기거나 거기에 참여할 수도 없을 뿐만 아니라, 너그럽거나 고상하거나 부드러운 어떤 감정도 품을 수 없게 되며, 결과적으로 사생활의 평범한 많은 임무에 대해서조차 올바른 판단을 내리지 못하게 된다. ……특정 업무의 손재주는 이런 식으로 지적·사회적·군사적 미덕을 희생하고 습득하는 듯하다. 그러나 이것은 모든 선진적이고 문명화한 사회에서 정부가 예방에 고심하지 않을 경우 가난한 노동자, 즉 국민 대다수가 반드시 빠지고 마는 상태다.[70]

궁극적으로 간디가 영국의 인도 지배를 종식시킬 전면적 운동을 벌이게 만든 것도 바로 이 경제 체제—그것이 일반 노동자에게 미치는 영향을 스미스는 대단한 선견지명으로 내다봤다—에 관한 거부 때문이다. 인도 국민회의 지도자 자리에 오른 지 얼마 안 된 1921년에 이미 그는 〈영 인디아〉에 이렇게 썼다. "우리의 비협력 대상은 영국인도 아니요, 서구도 아니다. 영국인이 확립해온 체제, 물질문명과 거기에 수반되는 탐욕과 약자 착취다."[71]

간디가 규탄하는 '물질문명'은 연구 대학처럼 우리가 16세기와 17세기의 과학 혁명과 연관 짓는 인식론적 전환의 산물이다. 서구의 학습을 지배하게 된 과학적 패러다임은 자연을 조종하고 자연환경으로부터 어마어마한 규모로 상품을 추출할 수 있는 우리의 역량을 드러내는 한편 독약을 품고 있기도 하다. 그것은 순수한 물질주의적 관점에서 교양 교육의 근본적 질문—어떤 종류의 삶이 가장 살 만한 가치가 있는가?—에 대한 해답을 제시한다. 가장 살 만한 가치가 있는 삶은 자연환경을 다루는 우리의 능력이 가져다줄 수 있는 모든 안락과 쾌락을 향유하는 장수하는 삶이라고 말이다.

르네 데카르트는 이런 관점의 철학적 토대를 구축한 가장 영향력 있는 설계자일 것이다. 데카르트 철학의 토대인 《이성을 올바르게 이끌어 학문에서 진리를 추구하기 위한 방법 서설(Discourse on the Method for Conducting One's Reason Well and for Seeking Truth in the Sciences)》(1637)에서 그는 자신이 물려받은 인문주의적 철학 전통의 성과 없는 추측과 논쟁에 반대론을 펼치며 인간의 삶을 괴롭히는 불행을 개선하는 쪽으로 학습 방향을 재설정할 것을 촉구한다.

불, 물, 공기, 별, 하늘 및 우리를 둘러싼 그 밖에 모든 물체의 힘과 작용에 대해 알면 …… 〔우리는〕 자연의 이른바 주인이자 소유자가 된다. 이는 인간이 대지의 결실과 거기서 발견할 수 있는 모든 물건을 근심 걱정 없이 누릴 수 있게 해줄 수많은 장치의 발명을 위해서뿐 아니라, 무엇보다 의문의 여지 없이 최고의 선이며 이 삶의 다른 모든 재화의 토대인 건강 유지를 위해서도 바람직하다. ……질병의 원인과 자연이 우리에게 제공해온 모든 치료법에 관한 충분한 지식이 있다면, 육체만큼이나 정신의 수많은 질병과 어쩌면 노령의 허약함도 없앨 수 있을 것이다.

노화, 질병 그리고 어쩌면 죽음의 수수께끼마저 과학적으로 해결할 수 있겠다는 파우스트식 가능성을 얼핏 엿본 데카르트는 "내 평생을 이토록 없어서는 안 될 과학을 탐구하는 데 바치겠다는 의지"가 생겨서 모든 "지성인에게 각자의 성향과 능력에 따라 수행해야 할 실험에 기여함으로써 이것〔자신의 발견〕을 뛰어넘어 발전시키도록 노력할 것"을 촉구한다.[72]

오늘날 데카르트 프로젝트의 상속자들은 아마 실리콘밸리에서 가장 잘 볼 수 있겠지만, 그의 접근 방식에 영향을 미치는 도덕론은 대학 문화를 포함해 보다 광범위한 문화 속에 만연하다. 이런 관점은 길고 안락한 삶을 지식 탐구의 궁극적 목표로 두며, 연명(subsistence)과 자기만족보다 더 높은 가치에 대해서는 전혀 알지 못한다. 간디는 이러한 인간 삶의 목표 개념이 필연적으로 자연환경의 착취, 같은 생물의 착취, 그리고 궁극적으로는 같은 인간의 착취로 이어진다고 보았다. 인도 구자라트 출신 학자 나라신라오 디베티야(Narashinhrao Divetiya)에게 보낸 공개서한에서 간디는 이 지배적인 문화 패러다임에 대한 이해를 간결하게 설명한다.

제가 의미하는 서구 문명은 서구인이 근대 들어 수용한 이상과 그 이상을 기반으로 한 활동입니다. 폭력의 우위, 물신 숭배, 대부분 시간을 세속적 행복의 추구에 바치는 것, 온갖 종류의 세속적 향락을 추구하는 데 도사리는 숨 막힐 듯한 위험, 무한한 정신적 에너지를 기계의 힘을 증식시키는 노력에 쓰는 것, 파괴의 도구를 발명하는 데 1000만 루피를 지출하는 것, 그리고 유럽 바깥의 사람들을 경시하는 도덕적 정의(righteousness, 正義). 이런 문명은 제가 보기에 완전히 거부함이 마땅합니다.[73]

간디에게 육체적 안락, 쾌락, 물질적 재화 및 장수에 대한 무제한적 추구는 폭력과 불가분의 관련이 있다. 이런 목표를 중심으로 구축된 문명은 그 목적을 방어하고 진척시키려면 어쩔 수 없이 폭력에 의존하기 마련이고, 그것의 작용을 억제할 수 있는 것으로 사리사욕보다 더 높은 권위는 없다. 간디는 근대 문명이 자연 세계와 동료 인간을 향한 터무니없이 많은 폭력으로 유지되는 것을 두 눈으로 똑똑히 봤다. 타인에 대한 착취가 서구 문명의 경제 체제에 불가분의 관계로 반영되어 있다고 확신한다는 점에서 간디는 확실히 마르크스주의자처럼 들릴 수도 있다.

인간의 최고선에 대한 서구의 물질주의적 설명에 반대하면서 간디는 서구를 지배하는 인문주의 및 개인주의와 결별하는 견해를 제기했다. 그의 선 개념은 개인뿐 아니라 인간이라는 종 너머로 확장됐다. 그는 《자서전》에서 "내가 생각하기에 양의 삶도 인간의 삶만큼이나 소중하다. 인간의 육신을 보전하기 위해 양의 생명을 빼앗지 말아야 한다"[74]고 적었다. 이런 감정—간디의 저술과 그가 자신의 삶을 정리하는 방식에 스며 있던—은 바로 서구현대문명개론 같은 강좌에 자취로 남아 있는 전통, 그리고 인간 삶의 고유 가치가 거의 보편적이라고 여기는 그 전통의 지배적 전제로부터 그가 얼마나 깊이 벗어나 있는지를 강조한다. 그것은 또한 간디를 추가함으로써 컬럼비아 강좌 필독 도서가 왜 그토록 풍요로워졌는지를 잘 보여주기도 한다.

인간 선에 대한 간디의 비인문주의적 개념은 그가 자기방어에서조차 폭력을 거부하는 데서 다시 한번 명확해진다. 이런 점을 집요하게 밀어붙인 한 기자의 질문에 대답하는 다음의 놀라운 대목에서 간디는 자신의 견해를 펼친다.

> 하물며 뱀이라 해도 나는 그 생명을 희생시키며 살고 싶지 않습니다. 그것을 죽이느니 차라리 내가 물려 죽게 내버려두겠지요. 그러나 만일 신이 나를 그런 잔인한 시험에 들게 하여 뱀이 나를 공격하게 한다면, 꼭 죽을 용기를 내는 게 아니라 내 안의 짐승이 모습을 드러내 이 사멸하기 쉬운 몸뚱어리를 지키느라 그 뱀을 죽이려 들지도 모릅니다. 뱀과 최대한 친해질 정도로 그것에 대한 모든 두려움을 떨쳐냈다고 단호히 말할 수 있을 만큼 나의 믿음을 구현하지 못했음을 인정합니다.[75]

간디에게 생명을 빼앗는 것은 자기방어의 경우라도 언제나 도덕적 실패다. 진리 탐구는 반드시 성실한 비폭력(아힘사) 실천을 수반하기 때문이다. 그에게 폭력은 언제나 진리에 대한 공격이다. 폭력은 언제나 **진리에 맞선 폭력**이다. "아힘사와 진리는 너무나 뒤섞여 있기 때문에 그것들을 풀어내 분리하는 것은 사실상 불가능하다."[76]

간디의 관점에서 삶의 최고선은 그 같은 삶이 아니라 도덕적인 삶이며,

인간의 덕에는 살아 있기 위해 기꺼이 하고 싶은 일에 한계가 있음을 받아들이는 게 포함된다. 이 지점에서 간디는 크리톤에게 "가장 중요한 것은 목숨이 아니라 올바른 삶"[77]임을 상기시킴으로써 죽음에서 벗어날 기회를 거부한 소크라테스와 일치한다. 간디에게 올바른 삶은 "어느 단계에서 우리가 육체적 욕구를 충족하기 위해 우리와 같은 생물을 죽이는 일을 멈춰야 한다는 요구—가차 없는 요구"[78]를 포함한다.

간디가 더욱 중차대한 사안을 되짚기 위해 이야기에서 조금 벗어나는 《자서전》의 여러 대목 중 한 곳에서 그는 "부, 권력, 명성이 인간으로부터 가차 없이 거둬가는 죄와 잘못의 대가는 얼마나 큰 것인가?"[79]라고 묻는다. 나는—내 학생들 다수도—간디의 글을 읽을 때마다 인류 전체가 아닌 '나'라는 특정 인간한테 그 질문을 던진다. 내가 누리는 어떤 부나 권력 또는 명성과 연관된 죄와 잘못의 대가가 있을까? '죄'와 '잘못'이라는 용어가 간디한테 그랬던 것만큼 내게 같은 무게로 다가오지는 않지만, 그의 질문이 불러일으키는 많은 쟁점에서 나도 벗어날 수 없다. 나의 물질적 이익, 나의 직업적 성취, 나의 사회적 특권은 어느 정도까지 다른 사람의 착취, 소외, 배제에 의존하는 것일까? 개인적·직업적 출세를 추구하면서 나는 어느 정도까지 사실이나 진실성 또는 자존심을 희생시킬까? 나는 어느 정도까지, 그리고 얼마나 자주 나의 정의감을 무너뜨리는 타협을 받아들이고 있을까? 나는 어느 정도까지 타협한 삶을 살고 있을까? 그리고 그런 삶의 대가는 무엇일까?

나는 스스로의 처신 때문에 이런 의문을 제기하는 게 아니다. 그것은 내가 품고 살아가는 가장 불편한 질문이다. 간디가 나에게 물으라고 강요하는 질문이다. 내가 나의 학생들 역시 간디의 책을 읽은 후 영감을 받아 자문했으면 하는 질문이다. 그것들은 현대 문명의 한가운데서 교양 교육이 모든 개인에게 제기해야 할 질문에 속한다. 《소크라테스의 변론》에서 "지혜나 진리, 혹은 가능한 한 최상의 정신 상태에 대한 생각"은 거의 하지 않는 반면 "가능한 한 최대의 부와 명성과 특권을 소유하고픈 열망"을 가졌던 아테네인을 소크라테스가 꾸짖었듯이 말이다.[80] 간디는 교양 과목의 해묵은 질문을 가지고 현대의 독자를 대면한다. 나의 물질적 이익 증진은 정신적 행복과 어느 정도까지 타협한 것인가?

물질적 이익과 정신적 이익 사이의 빈번한 제로섬(zero-sum: 한쪽의 이득과 다른 쪽의 손실을 더하면 제로가 되는 상황—옮긴이) 경제는 우연이 아니다. 두 가지 추구 양식은 불가분의 관계이며 흔히 양립할 수 없다. 예수가 말했듯이 "어느 누구도 두 주인을 섬길 수 없다. 한쪽은 미워하고 다른 쪽은 사랑하거나, 한쪽은 떠받들고 다른 쪽은 업신여기게 될 것이기 때문이다. 너희는 하느님과 재물을 함께 섬길 수 없다".[81] 8세기 중국의 시인 두보 또한 이것을 잘 표현했다.

존재의 이치를 찬찬히 살펴
그저 행복하게 즐겨야 할지니.
무엇 하러 헛된 명성으로
이 몸을 얽어매리오.[82]

개인적으로 간디는 내게 심오한 영성을 다시금 일깨워줬다. 그의 글을 읽기 시작할 무렵, 나는 명상 연습과 종잡을 수 없고 산만하지만 지속적인 불교 탐구를 시작했다. 나도 간디처럼 "인격신(人格神)을 믿지 않는다"고 말해야겠다. 그러나 그의 "비폭력이라 번역할 수 있는 '진리와 사랑의 영원법(Eternal Law of Truth and Love)'"[83]에 대한 헌신은 내 존재의 가장 깊은 저곳에서 느껴지는 현실을 건드린다.

요점

에필로그

30년 전 컬럼비아 학부생일 때 코어 커리큘럼은 내가 막 진입하고 있던 어른들의 세계를 이해할 수 있게끔 해줬다. 내 경우만큼 대학 생활이 급격한 문화 적응을 수반하지 않는 학생들한테도 컬럼비아의 코어 커리큘럼 같은 프로그램은 평생 성장하고 발전하는 데 지적인 밑거름을 제공한다. 그러나 코어 커리큘럼은 많은 비난을 사기도 한다. 이따금 나는 그것을 구름이 방출하는 고압 전류를 끌어들이고, 그럼으로써 우리가 사는 집을 보호하는 피뢰침에 비유한다.

내가 코어 커리큘럼 연구소 소장을 지낸 시기는 그걸 둘러싼 지적 논쟁과 제도적 복잡성에 한창 빠져 있던 때였다. 가령 컬럼비아의 '서구적 전통'에 대한 초점을 놓고 교양 교육이 사실은 서구적 가치의 주입이라는 비난과 자주 씨름해야 했다. 나는 중국 대학들의 미국식 교양 교육 도입을 경계하는 중국 정부 관료처럼 뻔히 알 만한 출처로부터 나오는 이런 비판에 부딪혔다. 또한 역사적으로 '서구적 전통'에서 소외되어왔던 목소리와 관심사를 옹호하는 사람들—특히 여성과 유색 인종—로부터 나오는 비판에도 맞닥뜨렸다.

이런 비판에 대응하면서 나는 두 가지 변론을 동시에 해야 했다. 하나는 교양 교육이 컬럼비아에서 그렇듯 '서구' 고전을 중심으로 할 필요는 없다는 것이다. 다른 하나는 '서구'의 텍스트와 논쟁이 사실은 부상하는 글로벌 문화 대부분을 뒷받침하며, 특히 서구 사회에서 그 중요성은 피해갈 수 없다는 것이다. 인권, 민주주의, 성 평등, 과학적 객관성, 자유시장, 법 앞의 평등 등과 같은 현대의 개념은 '서구적 전통'을 연구하지 않고서는 충분히 설명할 수 없다. '서구'만이 이런 개념에 중요한 공헌을 한 것은 분명 아니지만, 실제로 결정적 공헌은 했으니 말이다.

물론 하나의 범주로서 '서구'는 그 자체로 문제가 있다. 무엇보다 어떤 거대한 문화도 고립 속에서 형성되고 발전한 적이 없으며, 별개의 독립된 단위로 다룰 수 없다. 또한 '서구 문명'과 '서구 문화'라는 기치(banner)는 제국주의적·인종차별주의적·식민주의적 의제를 은폐하고 '비서구'인의 예속과 착취를 정당화하는 데 이용되어왔다. '서구 문명'은 많은 경우 그저 백인의 인종적 우월성과 유럽의 지배라는 이데올로기에 붙여진 이름이었다. 그러므로 우리는 공정하게 그 문구를 쥐고 있어야 한다.

그러나 이 용어는 더욱 합법적인 것을 기술하는 데도 사용된다. 바로 르네상스, 계몽주의, 과학 혁명, 산업 혁명, 그리고 '근대'라 불리는 것 대부분에 역사적으로 온상 역할을 해온—강력한 그리스·로마의 뿌리를 가진—지중해 주변의 크고 침투성 높은 문화적 구조가 그것이다.[1] 유럽 대륙이 두드러지게 중요하기는 하지만, 이 전통은 아랍 세계와 고대 이집트 그리고 북아프리카, 심지어 극동 아시아 같은 비유럽권 출처의 주요 요소도 포함한다.

이런 식으로 사용할 경우, 이 용어는 그냥 학습, 토론, 예술적 표현, 정치적 진화의 통합된 전통을 나타낸다. 그러나 통합된 전통이기는 하되 결코 획일적인 전통은 아니다. 사실 그 특징 중 하나가 내부의 경합성이다. 그것은 과거 전복을 과거 숭배보다 선호하는 균열로 가득한 전통이다. 비록 느슨하고 분열되어 있기는 하지만 이런 경합과 논쟁의 전통 속에서 근대 세계의 핵심 요소가 등장한다. 글로벌 문화의 부상을 이해하는 데 그것이 갖는 중요성에 대한 옹호론은 압도적이다. 이 전통이 중요한 이유는 그게 서구의 것이어서가 아니라 인간의 가장 고차원적인 문제에 공헌했기 때문이다.

이 전통의 가장 강한 흐름 중 하나가 **텍스트**—호메로스와 소크라테스 이전의 철학자들로 거슬러 올라가는 문학적·철학적·예술적 성찰의 기록적 계보—이다. 이 기록 전통은 인간 삶의 본질적 측면에 관한 장황하고 논쟁적인 대화다. 그것이 대략 컬럼비아의 코어 커리큘럼이 일반교양 교육 프로그램으로 편성하는 내용이다. 코어의 네 가지 필수 인문학 과정(그중 두 가지는 1년 과정이다)은 학생들에게 연대순으로 문학(Literature Humanities), 윤리학과 정치학(Contemporary Civilization), 시각예술(Art Humanities), 음악(Music Humanities)의 주요 텍스트를 제시한다. 가장 역사가 짧은 텍스트도 75년을 거슬러 올라가는 이 강좌의 정식 명칭을 보면 오늘날 논란이 매우 분분한 사안들에 대해서도 비교적 의견 일치를 본 시절이 있었음을 상기하게 된다. 이를테면 '유럽의 문학 및 철학 명작', 서구현대문명개론, 서구미술명작(Masterpieces of Western Art), 그리고 서구음악명작(Masterpieces of Western Music)처럼 말이다.[2]

컬럼비아 코어 커리큘럼의 '서구 전통' 비중은 아마도 가장 많이 비판

받는 특징일 터이다. 내 개인적 견해는 **오로지** 서구적으로만 교양 과목 커리큘럼을 짜야 할 정당성은 없지만, 적어도 서구에서는 일반교양 교육의 중심에 서구의 전통을 유지할 설득력 있는 사유가 있다는 것이다. 바꿔 말하면, 현재 세계에서 서구적 전통은 필수지만, 그것만으로는 충분하지 않다는 얘기다.

컬럼비아는 오랫동안 이런 결함을 인정해왔고, 비서구적 시각을 학부 교육 과정에 포함하기 위해 반복적인 시도를 해왔다. 필수 코어 커리큘럼에 맞먹는 비서구권 고전 강좌를 창설하고 학생들이 그 밖의 주요 학습 전통에 접근할 수 있게끔 한 윌리엄 시어도어 드베리(William Theodore DeBary)의 수십 년에 걸친 투지 넘치는 노력이 대표적 사례다.[3] 내 생각에는 불충분하지만 현재 서구에 치우친 컬럼비아 코어 커리큘럼에 대한 수정은 학생들이—대략적으로 말하면—비서구권의 주요 자료를 다루는 두 학기 과정을 완료해야 하는 배분 이수 교과다. 2008년 이후 이 필수 과정은 글로벌 코어(Global Core)라는 이름으로 불리고 있다.

과거에 비중을 두고, 그에 따라 '사망한 백인 남성들'한테 무게를 두는 컬럼비아의 필수 코어 커리큘럼은 포용성·다양성·대표성에 관한 의문도 자초한다. 학생들은 반드시 이런 질문을 던지며, **그들은 그래야 마땅하다.** 코어 커리큘럼의 존재 자체가 모든 학생이 공부하기에 가장 가치 있는 것은 무엇이냐는 질문을 최전방에 배치하며, 교수진과 행정가는 그것을 자기들 사이에서, 그리고 학생 및 대중과의 지속적인 대화 속에서 직접 다룰 수밖에 없다. 코어 커리큘럼은 대학이 일반교양 교육의 의미를 구체적으로 생각하고 커리큘럼 선택에 영향을 미치는 가치를 스스로 명확히 할 것을 요구한다. 또한 교수진에게는 그들의 학문 분야를 뛰어넘어 사고하고 일반교양 교육을 받은 사람이 알아야 할 지식이라는 폭넓은 틀 안에서 그들의 특화된 관심사를 분명히 표현할 것을 요구한다.

컬럼비아에서 배타성, 패권, 대표성에 관한 논쟁은 코어 커리큘럼의 내재적 요소다. 그것은 코어 커리큘럼이 전달하는 교양 교육을 방해한다기보다 필수불가결하다. 프로그래머들이 말하는 버그가 아닌 특징인 것이다. 코어 커리큘럼은 설정하고 수행하면 끝나는 게 아니라 끊임없이 재평가와 조정 그리고 정당화가 필요한 지속적인 숙고 활동이다. 과거의 중요한 텍스트 연구를 기초로 한 교양 교육—코어 커리큘럼—의 가치를 믿는 우리는 우리의 커리큘럼 선택을 설명하고 변호하며 철저한 검토를 통과하지 못하면 개편할 준비가 되어 있어야 한다.

흔히 불편하고 가끔은 위험한 특정 공통 커리큘럼을 옹호하는 이 과업은 이런 교육 과정이 왜 그토록 드문지 그 이유 중 하나를 시사한다. 대부분의 대학에서는 교수진과 행정가들이 특정 필수 커리큘럼을 옹호하고 변호하느라 골치 썩힐 필요는 없다고 결정했다. 그래서 필수 교과를 학생들—그리고 교수진—이 자기가 선택한 지적인 안전지대에 머물 수 있게 해주는 배분 이수 교과로 대체했다. 그리고 이수 교과가 전혀 없는 경우도 있다. 충분히 이해는 가지만, 교수진의 기본 책임을 회피하고 결국에 가서는 학생들과 대학 그리고 사회에 누를 끼치는 결정이다. 과거에 비중을 둔 커리큘럼으로 인해 제기된 대표성 문제는 현대 생활을 뒷받침하는 텍스트 전통의 포기가 아닌 다른 방안으로 해결해야 할 것이다.

지난 10년간 컬럼비아의 필수 코어 커리큘럼을 놓고 학생들과 대화하면서 나는 그들이 일반적으로 솔직하고 진지하며 깊은 정의감에 불타고 있다는 것을 알았다. 독선적이고 자기에 대한 진단과 요구가 정확하지 않을 수는 있지만, 나는 그들이 진솔하고 잘난 체하지 않는 논쟁에 목말라 있고 그 진가를 인정한다는 것도 알았다.

나의 접근법은 필수 과정의 본질, 목표, 근거를 고민하는 과제에 탑승한 학생들을 늘 환영하는 쪽이었다. 이런 쟁점에 관해서는 대규모 학술 활동이 있고, 코어 커리큘럼의 나머지 과정과 마찬가지로 학생은 거기에 참여함으로써 해박한 견해를 키우고 신선한 통찰로 논쟁에 공헌할 수 있다. 프로그램의 소장으로서 나는 이런 학생들과의 대화를 강의실에서 했던 일의 연장이라 여겼고, 그것이 강의실 교육만큼이나 그들을 풍부하게 해주고 가끔은 변화시킨다고 봤다.

이른바 '가시방석'에서 보낸 기간 동안 나는 일단 코어 커리큘럼을 체계화하고 있는 논리를 명쾌하고 진솔하고 방어적이지 않게 제시하면 보통은 학생들이 대단히 잘 받아들인다는 것을 알았다. 나 자신이 유색인이라는 사실은 일부 학생이 내가 말해야 하는 내용에 좀더 마음을 열고 선의의 대화에 보다 자발적으로 참여하는 데 도움이 된다는 점에서 이런 논의에 늘 유익했다.

이런 식의 대화가 코어 커리큘럼 프로그램이 존재하는 곳이면 어디서나 일어난다. 명료성과 확신을 요구하는 공동체 전체에 걸친 토론을 조성하는 것은 공통 커리큘럼의 교육적 기능의 일부다. 매년 나는 학생 집단과의 토론회를 지속적으로 개최했고, 개별적으로 수십 명의 학생을 만났다. 특별한 갈등이 있을 때는 교수진과 학생들을 한데 모아 얘기하고, 경청하고, 공통 코어 커리큘럼을 제공하는 데 성패가 달린 쟁점에 관해 함께 고민하도록 했다. 우리가 언제나 행복한 의견 일치에 도달한 것은 아니지만, 존중받지 않았다거나 무시당했다거나 악의적으로 소외됐다고 느끼며 대화를 박차고 나간 사람은 아무도 없었다고 생각한다.

컬럼비아에서 나는 종종 소장으로서 나의 역할을 설명하면서 이러한 대화를 시작하곤 했다. 나는 프로그램의 최고 **관리자**였다. 나는 내용을 결정하지도, 유형을 지시하지도 않았다. 사실 그런 사람은 아무도 없다. 코어 커리큘럼은, 특히 그 내용은 그것을 가르치는 강사들 사이의 느슨하고 변화하는 합의를 나타낸다. 코어 커리큘럼이 수십 년간의 논쟁과 실험을 통해 진화했으며, 어떤 단일한 인물이나 이익 집단의 시각에 순종한 적이 없다는 사실을 학생들이 아는 것은 중요했다. 그러고 나면 나는 코어 커리큘럼의 교육 과정 편성 논리를 설명하곤 했다. 그 뒤에 이어지는 것은 그 논리의 개괄이다. 나는 그것이 지속 가능하며 보기 드물게 성공을 거둔 것으로 입증된 모델의 하나라고 소개한다.

코어 커리큘럼의 네 가지 인문학 과정은 고대부터 현재에 이르는 서구적 전통의 중요한 저서를 개괄한다. 그것을 컬럼비아 칼리지 전교생이 소규모 토론 그룹으로 나뉘어 동시에 거의 같은 작품을 검토하는 경험을 할 수 있도록 각각 20명 정도의 학생으로 구성된 세미나를 통해 가르친다. 연대순 편성 때문에 강좌는 적어도 19세기까지는—지배적인 목소리를 대표할 때를 제외하면—일반적으로 여성, 빈민, 유색인, 비엘리트를 대부분 배제했던 지적·예술적 산물의 역사를 반영한다. 강좌가 19세기와 20세기에 이르면, 새로운 문화 구성을 반영하는 다양한 목소리가 극적으로 확대되면서 인종, 젠더, 식민주의 같은 현대의 문제가 1년 교과 과정

말미의 중심축을 차지한다.

컬럼비아 코어 커리큘럼의 내용—학생들이 토론하는 책과 작품—은 끊임없는 수정을 거치지만, 프로그램은 100여 년 동안 진화를 이끌어온 일단의 약속을 유지한다. 나는 이 약속을 세 가지 범주로 분류한다. 형태, 내용 그리고 개편이다.

형태

형태에 관해 코어 커리큘럼은 다음과 같은 사항을 유지한다.

1. **소규모 학급.** 현재 코어 커리큘럼 수업의 최대 학생 수는 22명이다. 강사와 학생 그리고 학생들 사이에 교양 교육이 가능한 수단인 친밀감을 키우려면 소규모 학급이 절대적으로 필수다. 그것은 또한 코어 커리큘럼의 형태에 대한 약속에서 두 번째 요소의 선결 조건이기도 하다.
2. **토론**(강의가 아닌). 코어 커리큘럼 강사는 스스로를 전문가가 아니라 토론 중인 텍스트가 제기하는 쟁점에 관한 대화의 조력자로 소개한다. 코어 커리큘럼 수업을 구성하는 것은 바로 팀원 각자의 활발하고 집중적인 참여다. 지식은 교사로부터 학생에게 전달되는 게 아니라 탐구와 성찰의 공유 과정을 통해 팀에 의해 구축된다. 코어 커리큘럼 강사의 기술 중 상당 부분은 학생들이 근본적인 쟁점에 관해 솔직하고 열린 토론을 하도록 유도하고 다양한 의견을 표출 및 검토할 수 있는 분위기를 유지하는 능력과 관련이 있다.

3. **비학제성.** 코어 커리큘럼 강사는 모든 학문 분야 출신으로, 각자가 특정 학문의 시각을 가져오기는 하지만 강좌 자체는 분과 이전(pre-disciplinary)을 상정한다. 즉, 분과 학문이 생겨난 기초를 담당한다. 그들의 목표는 학생에게 분과 학문이 아니라 그 동기를 이루는 지적인 문제를 소개하는 것이다. 이 비학제성 약속은 코어 커리큘럼에서 가르치는 교수진의 질을 높이는 효과를 가져온다. 미국 고등 교육의 가장 놀라운 광경 중 하나가 다양한 학과와 다양한 전공 분야 그리고 다양한 직급의 학자 경력을 지닌 교수진이 매주 해밀턴 홀의 코어 콘퍼런스 룸에 모여 점심 식사를 하는 것이다. 그들은 이 자리에서 처음으로 코어 커리큘럼 텍스트를 읽는 학부생을 어떻게 가르칠지 논의한다.
4. **공통성.** 우수한 학부생을 가르치는 컬럼비아 강사들 사이에서는 자신이 학생 하나하나가 무엇을 잊어버렸는지 정확히 알고 있다는 재담이 빈번히 오가곤 한다. 코어 커리큘럼의 공통된 지적 배경은 독특한 교육학적 가능성을 열어준다. 나는 4학년 세미나에서 미국 독립 전쟁을 가르칠 때 학생들이 로크를 비롯해 홉스, 루소, 스미스, 마르크스의 책을 읽었다는 것을 안다. 미국 노예 제도를 논의할 때는 학생들이 자연 발생적 노예제에 관한 아리스토텔레스의 주장과 미국 흑인들의 경험에 관한 듀보이스의 회고록을 붙들고 씨름한 적이 있다는 것을 안다.

공통된 지적 경험은 그것이 주는 지적 이득 외에 서로 다른 배경 출신인 학생들에게 그 차이를 초월해 말할 수 있는 공통의 어휘를 갖추게 함으로써 강력한 공동체를 창출하기도 한다. 마찬가지로 코어 커리큘럼은 졸업생 사이, 그리고 졸업생과 대학 사이에 유대감을 제공한다. 컬럼비아 개발 담당관들이 선뜻 인정하듯 코어 커리큘럼은 동창 관계를 돈독히 해주는 가장 강력한 도구다.

내용

내용에 관해 코어 커리큘럼은 다음과 같은 것을 약속한다.

1. **코어 텍스트.** 즉, 문화적 중요성이 큰 작품. 물론 어떤 작품을 선정할지는 언제나 논쟁과 개편에 열려 있다.
2. **연대순 제시.** 각 과정은 고대에서 시작해 현재를 향하며, 텍스트 간의 연결고리를 끌어내고 사상과 논쟁의 진화에 주목한다. 이 접근법은 앞에서 지적한 바와 같이 서구 역사 대부분에 걸친 지적 산물의 사회적 조건을 반영하듯 엘리트 백인 남성이 강의 계획서를 차지한다는 것을 뜻한다. 그러나 이런 결함은 현 상태를 유지해온 메커니즘과 그것이 언제나 도전을 받아온 방식 양쪽 모두를 검토할 기회다. 다른 경우와 마찬가지로, 이 과제는 강사의 높은 역량과 감성을 요구한다.
3. **서구 중심.** 중요한 측면에서 코어 커리큘럼은 현재의 계보다. 그것은 엄밀히 말해, 가장 직접적으로 서구 세계를 형성해온 사상과 논쟁의 계보에 초점을 맞춘다. 만약 컬럼비아의 코어 커리큘럼이 지금 처음부터 새로 만들어진다면, 아마 다른 세계의 전통을 포함하려 할 것이다. 컬럼비아는 앞서 거론한 것처럼 학생들이 토론 기반 형식으로 비서구권의 주요 자료를 공부하는 '글로벌 코어'라는 배분 이수 교과를 통해 서구에 편중된 코어 커리큘럼

의 내용을 보충해왔다.

개편

마지막으로, 코어 커리큘럼은 지속적인 개편에 최선을 다한다. 2년짜리 인문학 과정의 경우, 전교생이 읽는 작품 목록은 3년마다 개편하며, 교수진 전원이 투표로 특정 주기에 포함할 모든 작품을 결정한다. 강의 계획서 개편은 보통 다양한 학과와 전문 지식을 대표하는 교수들의 소위원회가 관할한다. 이 위원회가 그 과정을 가르치는 모든 교수진에게 흔히 학습 기준의 중요성을 상기시키며 강의 계획서 변경 사항을 제안하도록 권고한다. 우리는 학부생의 관심을 끌 만한 책뿐 아니라 수업 시간에 효과가 좋은 책—'가르칠 만한' 책—을 원한다. 수집한 피드백과 코어 커리큘럼에서 가르쳐본 구성원들의 경험을 바탕으로 위원회는 새로운 강의 계획서 초안을 내놓는다. 그런 다음 이 강의 계획서 초안을 코어 커리큘럼 과정을 가르치는 전 교수진이 여러 차례 공개회의를 통해 철저히 검토한다. 이 과정에서 새로운 강의 계획서 최종안이 나온다. 그러고 나면 교수진은 이 새로운 계획서를 채택할지, 아니면 이전 것을 유지할지 투표한다. 내가 아는 모든 투표에서는 새로운 강의 계획서를 배출한 협의 과정 자체가 그쪽을 선호하는 유력한 투표를 보장했다. 이런 식으로 코어 커리큘럼에 포함되는 작품의 변경과 재고(再考)를 진행하며 과거의 어떤 것이 가장 중요한지에 대한 지속적 재평가를 반영한다.

이러한 약속에서 출발한 코어 커리큘럼의 형태와 진화에 관한 학생과 교수진의 토론은 언제나 생산적이었다. 이 약속은 그 자체가 항상 논의의 대상이지만, 유연한 일반 원칙으로서 프로그램을 잘 받쳐준다. 그것은 허울뿐인 게 아니라 대학의 상당한 물질적·인적 자원 투자를 요구한다. 재학생과 졸업생도 이를 안다. 예외 없이 대학에 닥치는 주기적인 예산 위기 때가 되면 재학생과 졸업생은 이러한 약속의 가장 열렬한 수호자로 부상한다. 모든 대학이 컬럼비아식 코어 커리큘럼을 시행할 수 있는 것은 아니지만, 그 밑바탕에 있는 약속만큼은 내가 이 책에서 옹호해온 부류의 교양 교육을 제공하는 거의 모든 곳에서 채택할 수 있다.

컬럼비아의 코어 커리큘럼은 고등 교육에서 가장 오래되고 어쩌면 가장 영향력 있는 일반교양 교육 프로그램일 것이다. 아울러 미국과 해외의 많은 교양 과목 프로그램의 모델 역할을 해왔고 앞으로도 그럴 것이다.[4] 교수진과 졸업생 다수는 교양 교육에 대한 코어 텍스트(Core-text) 접근법의 홍보 대사가 되어왔다.

나도 미국과 전 세계를 두루 돌아다니며 교수, 학생, 행정가에게 중요한 텍스트 연구를 기반으로 한 교양 교육에 관해 설파해왔다. 내가 가는 거의 모든 곳마다 사람들은 컬럼비아 대학이 코어 커리큘럼을 위해 하는 일을 궁금해하고 듣고 난 다음에는 놀란다. 나는 또한 거의 반사적으로 튀어나오는, 컬럼비아 모델은 비실용적이고 다른 곳에서는 시행하지 못할 거라는 말을 자주 듣는다. 이런 손쉬운 일축은 이유도 제각각이다—그와 같은 프로그램은 비용이 너무 많이 든다, 어떤 교수도 가르치고 싶어 하지 않을 것이다, 학생들이 수강하려 들지 않을 것이다, 최고 엘리트 대학을 제외하면 어느 곳의 학부생도 이런 프로그램의 혜택을 볼 만큼 지적인 준비가 되어 있지 않다 등등.

컬럼비아 프로그램을 쉽사리 복제할 수 없다는 것은 나도 분명 인정한다. 그리고 설령 할 수 있다 해도, 나라면 완벽한 복제는 찬성하지 않을 것이다. 일반교양 교육에 누구한테나 다 들어맞는 공식은 없다. 각 대학의 교수진, 자원, 전통, 가치로부터 유기적인 접근법이 나와야 한다. 그러나 컬럼비아 모델을 이끄는 광범위한 일련의 원칙과 실례는 많은 곳에서 채택할 수 있고 그래야만 한다. 이 원칙과 실례 중에는 문화적 중요성이 큰 텍스트에 초점 맞추기, 강의가 아니라 대화로 수행하는 소규모 학급, 학생들 간 지적 경험의 공통성, 자료 선택과 개입 방법의 비학제성이 있다.

컬럼비아는 코어 커리큘럼의 장수(長壽)와 규모의 상징이기는 하지만, 교양 과목 교수법의 이런 원칙을 구현하는 일반교양 교육의 유일한 제공기관은 절대 아니다. 많은 학교, 많은 다양한 유형의 학교가 여러 가지 수준에서 이를 시행하고 있다. 이 프로그램 중 일부는 지나간 시절의 잔재가 아니라 헌신적인 교수진과 협조적인 행정가들이 착수한 최근의 계획이다. 나는 수업을 참관하고 교수진과 만나고 교양 교육에 관한 워크숍과 세미나에 참여하겠다는 교수와 행정가 수십 명을 컬럼비아에서 맞아봤다. 컬럼비아의 코어 커리큘럼에서 영감을 얻은 최근 프로그램으로는 어시너스 칼리지(Ursinus College)의 'Common Intellectual Experience', 시튼 홀 대학(Seton Hall University)의 'University Core Curriculum', 세이크리드 하트 대학(Sacred Heart University)의 'Core Curriculum', 호스토스 커뮤니티 칼리지(Hostos Community College)의 'Columbia Common Core' 등이 있다.[5] 코어를 지향하는 프로그램 전체 목록은 코어 텍스트 강좌연합(Association for Core Texts and Course, ACTC) 산하에서 찾을 수 있는데, 이곳의 연례 회의는 미국과 해외로부터 교수 및 행정가 수백 명을 끌어들인다.

2017년에는 코어 텍스트 교양 교육의 주목할 만한 실험 하나가 퍼듀 대학(Purdue University)의 리버럴 아츠 칼리지에서 시작됐다. 코너스톤 통합 교양 과목(Cornerstone Integrated Liberal Arts) 프로그램은 신입생이 고대부터 현재까지 연대순으로 '변화를 일으키는 텍스트(Transformative Texts)'를 읽는 두 학기 연속 과정을 중심으로 구축되어 있다. 이 프로그램은 퍼듀에서 인문학을 부활시키며 인문학과 사회과학 전 분야의 교수진을 불러 모았을 뿐 아니라 이공계 학생들을 대거 끌어들이기도 했다.[6] 학생들은 연속 1년 과정에 이어 교양 과목 자격증을 딸 수 있는데, 인문학적 사고를 공학·테크놀로지 및 보건과학 같은 분야로 확장하는 주제별 과정이 있어 이것으로 칼리지의 일반교양 교육 이수 요건 일부를 채울 수 있다.

2020년에는 퍼듀 대학 '코너스톤'의 성공에 자극을 받아 국립인문학기금(National Endowment for the Humanities)과 티글 재단(Teagle Foundation)이 코너스톤이라는 다년제 계획에 착수했다. 이것은 "변화를 일으키는 텍스트로 얻은 공통 경험"을 통해 "일반교양 교육에서 인문학의 역할을 활성화"하는 것을 목표로 하는 "삶을 위한 학습(Learning for Living)"이다.[7] 우리는 학생들 사이에 지적·개인적으로 변화를 일으키는 이런 종류의 교양 교육에 대한 욕구가 있다는 것을 오랫동안 알고 있었다. 특히 좀더 직업

지향적인 학문적 진로의 토대로서 그것을 제공할 때는 말이다. 점점 더 많은 학생이 전문 대학원을 위한 예비 학위와 직업 지향적 학위를 추구함에도 불구하고, 대학이 모든 학생을 위한 교양 교육에 여전히 헌신하고 퍼듀 대학의 코너스톤 프로그램처럼 그것을 학부 교육의 중심에 두기 위해 혁신적 방안을 찾느냐 여부에 인문학의 미래가 대부분 달려 있다고 할 것이다.

미국 고등 교육—그리고 전반적인 미국의 시민 문화—이 당면한 위험 중 하나는 교양 교육이 사회적 엘리트의 독점 영역이었던 시대로 회귀하고 있다는 사실이다. 고등 교육을 계속해서 개조해나갈 급진적 변화 속에서—이미 시작되었다—최고 명문 리버럴 아츠 칼리지들은 아무런 탈이 없지는 않겠지만 적어도 근본적으로는 달라지지 않고 살아남을 것이다. 미국 및 해외의 많은 부유한 가정은 자녀들을 위해 전통적인 교양 과목 경험을 계속해서 추구할—그리고 거기에 돈을 지불할—것이다. 더욱이 졸업생은 모교에 등을 돌리지 않을 것이다. 그러나 그 밖의 모든 이들한테는 대부분 온라인으로 이뤄지는 기술·직업·전문 교육으로 말미암아 교양 교육이 이러한 특권의 보루로 물러날 조짐이 보인다.

이 책에 생명을 불어넣은 주장은 **모두를 위한** 공통 교육으로서—좀 더 실용적인 교육 대신이 아니라 그것의 전제 조건으로서—교양 교육이다. 나는 교양 과목 전공자를 좋아하고 나부터도 전공자이지만, 더 많은 학생이 교양 과목을 전공해야 한다는 얘기를 하려는 게 아니다. 교양 교육이 모든 전공의 토대 역할을 해야 한다고 주장하는 것이다. 간호사, 컴퓨터과학자, 회계사, 공학자, 사업가, 변호사 및 모든 종류의 전문가들이 교양 교육을 받았으면 한다. 우리는 경제적으로 불안한 가정이 그들에게 가장 안정적이거나 돈벌이가 될 것 같은 경력을 포기하고 그 대신 교양 과목만 공부할 것을 기대해서는 안 된다. 우리—대학 교수진과 행정가를 의미한다—는 교양 교육을 모든 학사 학위 과정에 끼워 넣어 그것의 기회 비용을 제거해야 한다. 진지한 교양 과목 프로그램을 학부 커리큘럼의 중심에 둔다면 결국 더 많은 학생이 교양 과목을 전공하도록 북돋울 뿐 아니라, 대학교수들에게 새로운 의욕을 불어넣어 인문학 교수직의 급격한 감소세를 반전시킬 것이다.

앞으로 몇 년은 미국의 칼리지와 대학에 격동의 시기가 될 것이다. 쇠약해지는 구조적 문제, 공공 투자 축소, 대중의 회의감 및 지속 불가능한 사업 모델에 직면해 향후 10년간은 고등 교육의 근본적 구조 조정이 불가피하다. 이 책이 인쇄소에 넘어간 동안에도 여전히 활개를 치고 있는 코로나19 팬데믹은 가뜩이나 이미 위기에 처한 '산업'에 대재앙 같은 영향을 미칠 것이다. 많은 대학이 팬데믹이 안긴 재정적 징벌에서 회복하지 못할 것이다. 그 밖의 대학은 그들을 알아볼 수 없게 만드는 방식으로 적응할 것이다.

이 근본적 변화의 시대에 아마도 우리의 가장 큰 욕구는 고등 교육의 가치와 목적에 관한 명확성과 확신에 대한 것일 듯하다. 미국의 칼리지와 대학은 과거 격변의 시기를 거치면서도 교양 학습의 이상을 유지해왔다. 매번 위기가 그랬듯 현재 우리의 시련도 일련의 기회를 나타낸다. 코로나19 팬데믹은 미국의 사회적 불평등의 심각성을 노출시켰고, 우리 세대에 그것을 다루는 데 필요한 자극을 줄 것이다. 교양 교육을 모든 학생이 이용하고 접근할 수 있게끔 만드는 것은 고등 교육이 이러한 노력에 할 수 있는 가장 중요한 공헌이다.

감사의 글

이 책을 쓸 수 있게 해준 이들을 떠올려보니 곧 내 삶을 가능하게 만들어 준 사람들이었다. 그들 모두에게 충분한 감사를 드리는 것은 내 능력을 벗어나는 일이며, 이 지면에서 시도한다 해도 부족할 수밖에 없다.

어머니는 내게 가장 중요한 것, 무제한의 전폭적 사랑을 주셨다.

아버지는 내게 정의를 사랑하고, 약자 편에 서고, 내 생각이 중요함을 믿으라고 가르치셨다.

나의 형 케이셀림 몬타스(Keiselim Montás)는 어느 누구도 할 수 없는 방식으로 이 책을 이해한다. 그는 모든 장을 읽고, 오류를 바로잡고, 더욱 명료한 설명을 제안하고, 내가 놓친 것들을 상기시켜줬다. 그는 내 평생의 동지로 지내왔다. 내게 그의 지지와 격려는 무엇과도 바꿀 수 없다.

내 동생 라이 아세베도(Ray Acevedo)는 초반부의 꼭지들을 읽고 열렬한 반응을 보내줬다. 이 프로젝트를 완수할 거라는, 내 능력에 대한 그의 믿음이 작업 내내 자신감을 줬다.

존 필리피디스는 각 꼭지의 초고를 읽고 거의 모든 단락마다 높은 안목으로 날카로운 코멘트를 달아줬다. 지적으로는 물론 심리적으로도, 그리고 한 자식으로서 내가 그에게 진 빚은 마땅히 알 수 있는 것보다 훨씬 크다. 내게 그는 아버지 이상의 존재였다.

앤드루 델반코는 내가 학부 때 '미국 문학의 기초(Foundations of American Literature)' 강의실로 걸어 들어간 그날부터 가장 중요한 멘토이자 롤 모델이었다. 오래전 초월주의와 노예폐지론에 관한 박사 논문 집필을 위해 처음 다가갔을 때 그는 "이야기처럼 쓰라"고—그의 멘토 앨런 하이머트(Alan Heimert)가 자신에게 그랬듯—조언했다. 그의 지적인 관용과 나의 발전에 대한 관심은 대학원과 그 이후 내 경력에 중대한 영향을 미쳤다. 작가이자 교사이자 사상가로서 그의 영향은 이 책 전반에 뚜렷이 나타난다. 초고를 읽은 후 그 역시 글의 짜임새와 구조에 관한 핵심적 조언을 해줬다. 물꼬를 터주는, 그리고—대단히 빈번하게—실용적인 그의 안내가 없었다면 이 책은 결코 탄생하지 못했을 것이다.

폴 스턴(Paul Stern)은 내가 아는 사람 중 교양 교육에 관해 가장 명료하고 예리한 사상가다. 그가 컬럼비아 코어 커리큘럼에서 가르치며 보낸 한 해는 우리의 우정을 돈독하게 해준 커다란 선물이었다. 교양 교육에 대한 나의 이해는 아무리 많은 개인적 연구나 숙고로도 나올 수 없을 만큼 그와의 대화로 풍부하고 넓어졌다. 폴은 이 책의 모든 페이지를 읽고 피드백을 줬다. 그는 '완성한' 원고를 전부 본 첫 번째 사람이었다. 그의 끊임없는 지지, 변함없는 지혜, 깊이 있는 통찰이 없었다면 이 책은 이만큼 나아지지 않았을 것이다.

케이시 블레이크(Casey Blake)는 컬럼비아의 코어 커리큘럼 연구소 소장으로서 오랜 임기를 보낸 나를 미국학연구소에 풀타임으로 데려오는 제도적 마법을 부렸다. '자유와 시민 정신' 프로그램에 대한 그의 헌신적 관리는 많은 청년의 삶을 바꿔놓았고 나의 삶도 헤아릴 수 없이 풍부하게 해줬다. 그는 앤절라 달링(Angela Darling) 및 레이큰 킹(Laken King)과 함께 미국학을 견실하고, 협력적이고, 활력 있는 오아시스로 만들었다.

나의 원고 집필과 수정 과정은 이 책의 여러 부분을 읽고 피드백을 준 너그러운 친구, 동료, 친지 덕분에 지속될 수 있었다. 데이먼 호로비츠(Damon Horowitz)는 이 프로젝트의 매 단계마다 가장 중요한 대화 상대이자 독자였다. 그는 내가 하는 일을 처음부터 이해하고 믿어줬다. 전화로, 줌(Zoom)으로, 혹은 포트트라이언(Fort Tryon) 공원이나 노스캘리포니아의 레드우드 숲을 걷는 동안 데이먼의 우정과 격려는 나와 내 책의 기반을 단단히 다지는 토대가 되어줬다.

우리 집 가까이에 사는 매슈 마코(Matthew Marco)는 내 원고에 대해 타의 추종을 불허할 짜임새와 디자인 안목을 보여줬다. 잊지 못할 어느 여름날 밤, 두 살배기 사내아이들이 잠든 후 우리는 성녀 카브리니(Cabrini) 수녀 성지 바깥의 한 벤치에 앉아 밤늦도록 성 아우구스티누스, 신앙, 아버지가 된다는 것에 관해 속내를 터놓고 얘기했다. 그의 아량, 혜안, 이 팬데믹 시기에도 변함없는 우정은 매우 귀중한 선물이었다.

머릿속이 이런저런 변덕스러운 생각으로 복잡할 때 함께 해줬던 로버트 토머스(Robert Thomas)는 나를 격려하고 코어 커리큘럼에 관한 자료가 있는 컬럼비아 대학 기록 보관소로 나의 탐구를 이끌어줬다. 그의 우정과 열렬한 정신은 내가 과제를 꾸준히 이어나가는 데 큰 도움이 되었다.

장인과 장모라는 신분을 떠나 나와는 그 이상의 관계인 폴 로스(Paul Ross)와 샐리 로스(Sally Ross)는 한 꼭지 한 꼭지 집필이 끝날 때마다 그것들을 더 읽기 쉽고 명료하고 정확하게 구성할 수 있도록 피드백을 주었다. 폴의 작가적 통찰은 내가 학계 내부의 난해한 정보를 좇아가지 않는 사람들에게 내 메시지를 전달할 수 있을지 확신하지 못하던 순간에 특히 값진 역할을 했다.

오래전 제자에서 친구가 된 리처드 보저드(Richard Bozard)는 내가 다루려는 인물들에 관해—버지니아주 리치먼드에서—신탁과도 같은 통찰을 제공해줬다. 항상 깨어 있고 다방면에 관심 있는 그의 지식을 나와 공유해준 데 감사를 보낸다.

이 프로젝트 초기 단계에 나는 버몬트주 콜체스터(Colchester)에 있는 세인트마이클 칼리지(Saint Michael's College)를 방문했다가 마이클 올슨(Michael Olson)과 책에 대해 논의할 기회가 있었는데, 그 뒤 그는 성 아우구스티누스에 관한 내 초고를 읽고 유익한 충고를 많이 해줬다.

팀 캐시디(Tim Cassedy)와 해나 캐시디(Hannah Cassedy)는 프로이트 꼭지에 에너지를 쏟았고, 나의 정신분석 경험을 어떤 방식으로 얘기할지와 관련해 매우 필요한 시각을 제공했다. 그러나 이것을 훨씬 뛰어넘어 그들의 우정과 동료 의식 그리고 사랑은 내 인생의 큰 행운이다.

안드레아스 아브구스티(Andreas Avgousti)는 교사이자 정치이론가로서 엄청난 재능으로 성 아우구스티누스와 플라톤 꼭지를 읽고 더 나은 방향으로 갈 수 있게끔 해줬다.

마라 데 헤나로(Mara de Gennaro)는 자신의 책 원고 마무리 단계에서 잠시 손을 떼고 나의 성 아우구스티누스 꼭지를 깊이 있고 세심하게 읽은 후 논평을 써줬다. 그녀의 우정과 탁월함은 우리가 대학원에 함께 있던 시절 이후 즐거움과 유익함의 풍요로운 원천이 되었다.

클라우디오 레메세이라(Claudio Remeseira)는 친구이자 전우 그 이상이었다. 그는 자신의 특출한 편집자적 시각과 통찰력으로 내가 책의 구성을 어떻게 하고, 일반 독자들이 이해하고 읽기 쉬운 방식으로 내 이야기를 어떻게 포함시킬지에 관해 생각하는 데 도움을 줬다.

컬럼비아의 미국학개론 과정에서 나의 부사수였던 모라 스피걸(Maura Spiegel)은 내 프로이트 꼭지 초고를 놀라울 만큼 예리하게 읽고 너무나 뒤죽박죽이던 내용을 다시 살려내는 데 도움을 줬다.

내 이웃인 비키 스타인(Vicky Stein)이 성 아우구스티누스 꼭지에 보여준 친절한 반응은 집필 초반에 내게 대단히 필요했던 자신감을 줬다.

컬럼비아의 '위대한 저서 읽기 프로그램'과 강렬한 만남을 가졌던 장본인인 데이비드 덴비(David Denby)는 나의 출판 제안서를 읽고 자서전적 글쓰기의 가능성에 대해 결정적 격려와 제안을 해줬다.

저스틴 블로(Justine Blau)는 자신이 담당하는 리먼 칼리지(Lehman College)의 자서전 쓰기 수업에 나의 성 아우구스티누스 꼭지를 집어넣고 나를 초대해 학생들과 얘기를 나눌 수 있게 해줬다. 그 학생들의 반응은 내가 받았던 가장 의미 있는 피드백에 속한다. 그녀와 그들의 관대함 그리고 열린 마음에 감사드린다.

코어 텍스트와 교양 교육을 홍보했던 스콧 리(J. Scott Lee)의 평생 업적은 나의 지적 발전에 크게 이바지했다. 그는 또한 이 프로젝트 전반에 걸쳐 너그러운 격려와 피드백을 해줬다.

2008년 컬럼비아에서 학생처장과 코어 커리큘럼 연구소 소장을 맡았을 때 나는 자닌 드 노바이스, 엘리나 유파(Elina Yuffa), 클래런스 콕섬(Clarence Coaxum)이라는 관리 드림팀을 이어받았다. 그들은 내게 관리자가 되는 법을 가르쳐줬고, 코어에 관한 나의 비전을 컬럼비아 밖으로도 관철시킬 수 있게끔 해줬다. 나중에는 이 팀에 제이미 챈들러(Jamie Chandler), 토니 건스로프하디(Toni Gunthrope-Hardee), 미오소티 체코(Miosoty Checo), 캐런 앨버레즈(Karen Alvarez), 크리스틴 버처(Christine Butcher), 제시카 응(Jessica Ng), 데이비드 쯔엉(David Truong), 리디베스 이노아(Lidibeth Inoa)가 합류했다. 나는 그들이 코어 커리큘럼에서 나의 작업을 뒷받침해준 모든 방식, 절대적 신뢰, 그리고 언제나 행정적 편의보다 학생들을 최우선으로 둔 데 감사한다.

최근 로저 레헤카(Roger Lehecka)는 컬럼비아 졸업생들 사이에서 그 방면으로 유명하기도 하지만 내게 일종의 멘토이자 조언자였다. 내가 학부생이고 그가 학생처장이던 시절에는 단 한 번도 만난 적이 없지만, 내가 밟아온 모든 길은 이런저런 면에서 그를 가리키는 것 같았다. 나는 동료와 제자들의 총명함, 심지어 천재성과 조우하는 데 익숙하지만, 지혜와 미덕을 만나는 일은 훨씬 더 드물다. 로저는 이 모든 자질을 갖추었다. 그의 성실성과 관대함은—아마도 그가 상상할 수 없을 만큼—내 삶을 풍부하게 해줬다.

어느 날 피터 도허티(Peter Dougherty)가 점심을 먹자며 나를 그랜드센트럴 역에 있는 오이스터 바(Oyster Bar)로 데려갔는데, 식사가 끝나기도 전에 나는 교양 교육에 관한 책을 한 권 쓸 수 있겠다는 확신이 들었다. 이 책이 나오게 된 데는 다른 누구보다 피터의 책임이 컸다. 그의 지도, 격려, 예리한 독서, 내 자신감을 높여주면서도 동시에 이견을 제시하는 역량이 이 책을 가능하게 만들었다. 그는 프린스턴 대학 출판사의 환상적인 팀—Alena Chekanov, Brigitte Pelner, Bob Bettendorf, Patricia

Fogarty, Karl Spurzem, Alyssa Sanford, Barbara Tonetti—도 붙여줬다. 그들 하나하나가 이 책이 세상에 나올 수 있도록 자신의 엄청난 재능을 바쳤다.

기나긴 2020~2021년의 팬데믹 겨울 동안 허드슨 하이츠 연합(Hudson Heights Alliance)의 부모 8명과 자녀 6명(곧 8명이 된다)은 품위와 용기로 똘똘 뭉쳤다. 이 계절의 슬픔이 더 이상 생생하지 않을 때가 와도 우리가 함께 나눴던 그 시절의 아름다움은 내게 남을 것이다.

나의 보금자리, 내게 가장 소중한 사람 리(Leigh)와 아르주나(Arjuna). 내가 하는 모든 일이 그들에게 속하고 나만큼이나 그들로 인해 일어날 만큼 우리의 삶은 뒤섞여 있다.

서문: 사례

1. Aristotle, *Politics*, C.D.C. Reeve, trans. (Indianapolis and Cambridge: Hackett Publishing Company 1998), VIII, 1338a, 30-31, p. 230.
2. Brandon Busteed, "Higher Education: Drop the Term 'Liberal Arts,'" Gallup News, Opinion (Aug. 16, 2017), https://news.gallup.com/opinion/gallup/216275/higher-education-drop-term-liberal-arts.aspx?g_source=Opinion&g_medium=lead&g_campaign=tiles.
3. *Politics*, 1338a, pp. 10-12.
4. 최근 유럽의 노력에 관한 유용한 조사로는 Marijk van der Wende, "The Emergence of the Liberal Arts and Sciences Education in Europe: A Comparative Perspective," in *Higher Education Policy* 24:2 (June 2011), pp. 233-253 참조.
5. 미국 특유의 교양 과목 교육 전통을 도발적으로 다룬 글로는 Jose Maria Torralba, "Educacion Liberal Made in the USA: De como se inventaron las humanidades," in *Falsos saberes: La suplantacion del conocimiento en la cultura contemporanea*, Juan Arana, ed. (Madrid: Editorial Biblioteca Nueva, 2013), pp. 61-74 참조.
6. 코어 모델은 대규모 연구 대학 가운데 예일 대학의 디렉티드 스터디즈(Directed

Studies), 스탠퍼드 대학의 스트럭처드 리버럴 에듀케이션 프로그램(Structured Liberal Education program), 시카고 대학의 코어 커리큘럼 같은 프로그램에 남아 있다. 아나폴리스(Annapolis)와 샌타페이(Santa Fe)에 캠퍼스가 있는 세인트존스 칼리지(St. John's College)는 학부 프로그램 전체를 아예 원문의 독서 및 토론 공통 과정을 중심으로 편성하면서 코어 논리를 최대치로 적용해왔다. 교양 교육에 대한 코어식 텍스트 접근법에 전념하는 많은 학교 및 프로그램은 코어 텍스트 강좌연합의 지원 아래 연례 모임을 갖는다(https://www.coretexts.org).

7. Saint Augustine, *Confessions*, Henry Chadwick, trans. (Oxford: Oxford University Press, 2008), p. 144.
8. *Confessions*, p. 145.
9. *Crito*, 48b, p. 48, in Plato, *The Trial and Death of Socrates*, trans. by G.M.A. Grube, rev. by John M. Cooper, 3rd ed. (Indianapolis and Cambridge: Hackett Publishing Company, 2000).
10. Mohandas K. Gandhi, *Autobiography: The Story of My Experiments with Truth*, Mahadev Desai, trans. (New York: Dover Publications), 1983, p. viii.
11. *Autobiography*, p. 454.
12. Mohandas K. Gandhi, *The Collected Works of Mahatma Gandhi* (이후 줄여서 *CWMG*) (New Delhi: Government of India, Ministry of Information and Broadcasting, 1956-1984), 100 vols., Vol. 10, pp. 206-207.

1 나 자신에게 다시 관심을 돌리다: 성 아우구스티누스

1. Homer, *Iliad*, Richmond Lattimore, trans. (Chicago: University of Chicago Press, 1961), p. 59.
2. John Erskine, *My Life as a Teacher* (Philadelphia and New York: J. B. Lippincott Company, 1948), p. 166.
3. Alan Willard Brown, "The Columbia College Colloquium on Important Books,"

Journal of General Education 2:4 (1948), pp. 278-286 참조, *JSTOR*, www.jstor.org/stable/27795222, 2020년 12월 29일 접속.

4. 미발표 대화록 원고.
5. Jacques Barzun, "The Birth of the Humanities Course," *Columbia College Today* (Fall 1987), p. 15.
6. Alex Beam, *A Great Idea at the Time: The Rise, Fall, and Curious Afterlife of the Great Books* (New York: Public Affairs, 2008)는 이 운동과 그것의 여파에 대한 매력적이고 유쾌한 이야기를 들려준다.
7. 미발표 대화록 원고.
8. *My Life as a Teacher*, p. 165.
9. Daniel Bell, *The Reforming of General Education: The Columbia College Experience in Its National Setting* (New York: Anchor Doubleday, 1968), p. 19.
10. Frederick Paul Keppel, *Columbia* (New York: Oxford University Press, 1914), pp. 179, 180.
11. Robert McCaughey, "Jews at Columbia," ch. 9 in *Stand, Columbia: A History of Columbia University* (New York: Columbia University Press, 2003) 참조.
12. 어쩌면 여기서 정확히 말해둘 필요가 있을 것 같다. 유치원~12학년 이전의 교육이 사회적 계층화를 다루는 데 훨씬 더 중요한 도구다. 한 사회로서 우리가 지지한다고 표방하는 평등한 기회 및 공정성의 가치에 부응하려면 우리는 공교육 체제의 실패를 부끄러워함이 마땅하다.
13. Saint Augustine, *Confessions*, Henry Chadwick, trans. (Oxford: Oxford University Press, 2008), I.v.5, p. 5.
14. *Confessions*, VI.iii.4, p. 93.
15. *My Life as a Teacher*, p. 171.
16. Ralph Waldo Emerson, *Selections from Ralph Waldo Emerson: An Organic Anthology*, Stephen Whicher, ed. (Boston: Houghton Mifflin, 1960), p. 109.
17. *Confessions*, VI.iii.5, p. 934.
18. *Confessions*, I.i.1, p. 3.

19. *Confessions*, VIII.vi.15, p. 143.

20. *Confessions*, VIII.xii.29, p. 153. 〈로마서〉 13:13-14를 상기시킨다(King James Version).

21. *Confessions*, VIII.vii.16, p. 144; *Confessions*, VI.v.7, p. 95.

22. *Confessions*, I.vii.13, p. 10.

23. 교양문학 강좌 50주년 기념에 즈음한 1987년 미발표 대화록 원고.

24. Saint Augustine, *Concerning the City of God, against the Pagans*, Henry Bettenson, trans. (London: Penguin Classics, 1984), p. 139.

25. Thomas Hobbes, *Leviathan* (Oxford and New York: Oxford University Press, 1996), p. 66.

26. Alexander Hamilton, James Madison, and John Jay, *The Federalist Papers* (New York: Signet Classics, 2003), p. 319.

27. Reinhold Niebuhr, *The Children of Light and the Children of Darkness* (Chicago: University of Chicago Press, 2011), pp. 9, 11.

28. *City of God*, p. 860.

29. David Hume, *An Enquiry Concerning the Principles of Morals* (Indianapolis and Cambridge: Hackett Publishing Company, 1983), p. 74.

30. 애덤 스미스가 1759년 《도덕감정론(Theory of Moral Sentiments)》(Cambridge: Cambridge University Press, 2002)을 바로 다음의 요점으로 시작한 것은 유명하다. "인간이 아무리 이기적이라 한들, 그 본성에는 분명 몇 가지 원칙이 있고, 이것이 타인의 운명에 관심을 갖게 하고 그들의 행복이 그에게 필요하도록 만든다. 그것을 보는 즐거움 말고는 거기서 아무것도 얻지 못하는데도 말이다"(11). 순수하게 이익을 극대화하는 주체를 상정하는 행동의 자유 시장 모델은 스미스의 이후 저술인 《국부론(The Wealth of Nations)》에서 종종 영감을 받기는 했지만, 인간 욕구의 원천에 대한 스미스의 한층 더 미묘한 이해에 관해서는 근본적인 뭔가를 놓치고 있다.

31. *Confessions*, III.iv.7, p. 39.

32. Plato, *Republic*, G.M.A. Grube and C.D.C. Reeve, trans. (Indianapolis and

Cambridge: Hackett Publishing Company, 1992), 518, c-e, p. 190.

2 성찰하는 삶: 소크라테스, 플라톤 그리고 아리스토텔레스 약간

1. Aristotle, *On Poetry and Style*, translated by G.M.A. Grube (Indianapolis and Cambridge: Hackett Publishing Company, 1989), 1450b, p. 16.
2. Adam Kirsch, "The 'Five-foot Shelf' Reconsidered," *Harvard Magazine* (Nov.-Dec. 2001) 참조.
3. Alfred North Whitehead, *Process and Reality, Corrected Edition*, David Ray Griffin and Donald W. Sherburne, eds. (New York: Free Press, 1978), p. 39.
4. 나는 이 책 전체에서 하버드 클래식의 옛날 벤저민 조잇(Benjamin Jowett) 번역본 대신 현대 번역본을 사용한다. Plato, *The Trial and Death of Socrates*, trans. by G.M.A. Grube, rev. by John M. Cooper, 3rd ed. (Indianapolis and Cambridge: Hackett Publishing Company, 2000). 이 짧은 인용문은 118a, p. 67에서 가져왔다.
5. *Trial and Death*, 30d-e.
6. *Trial and Death*, 31d.
7. *Trial and Death*, 21a.
8. 흥미롭게도 《향연》에서 소크라테스는 자신이 디오티마(Diotima)라는 신비스러운 여성의 제자였으며, 사랑에 대해 자신이 알고 있는 모든 것을 그녀로부터 배웠다고 주장한다. 소크라테스가 거기서 말한 내용 외에는 이 여성에 대해서 아무것도 알려진 게 없으므로, 이 이야기는 지어낸 것일 가능성이 있다.
9. *Trial and Death*, 22a.
10. *Trial and Death*, 21d.
11. *Trial and Death*, 28e.
12. Michele de Montaigne, *Essays*, J.M. Cohen, trans. (London: Penguin Classics, 1958), pp. 403, 353.
13. *Trial and Death*, 29d-30b.

14, *Trial and Death*, 48b.

15. John Stuart Mill, *On Liberty and Other Essays*, John Gray, ed., Oxford World Classics (Oxford: Oxford University Press, 1991, 1998), p. 38.

16. *Trial and Death*, 38a.

17. *Trial and Death*, 43b.

18. *Trial and Death*, 44b.

19. *Trial and Death*, 45c-d.

20. *Trial and Death*, 48c.

21. Jean-Jacques Rousseau, *The Basic Political Writings*, 2nd ed., translated and edited by Donald A. Cress (Indianapolis and Cambridge: Hackett Publishing Company, 2011), p. 167.

22. *Trial and Death*, 51b.

23. Martin Luther King Jr., "The Letter from a Birmingham Jail," in *The American Intellectual Tradition, Vol. II: 1865 to the Present*, David Hollinger and Charles Capper, eds., 5th ed. (New York and Oxford: Oxford University Press, 2006), p. 415.

24. *Trial and Death*, 57a.

25. *Trial and Death*, 58d.

26. Plato, *Phaedo*, trans. by G.M.A. Grube, 2nd ed. (Indianapolis: Hackett Publishing Company, 1977), 60b, p. 8.

27. *Trial and Death*, 64a.

28. *Trial and Death*, 38a.

29. Aristotle, *The Nicomachean Ethics*, Oxford World Classics, Oxford University Press, Oxford and New York, 2009, 1095a, 18-20.

30. *Nicomachean Ethics*, 1097b, 22-1098a, 1-8.

31. Aristotle, *Politics*, C.D.C. Reeve, trans. (Indianapolis and Cambridge: Hackett Publishing Company, 1998), 1252b, 29.

32. *Politics*, 1138a, 29-31, 1338b, 2-3.

33. *Politics*, 1337b, 12-13.

34. *Politics*, 1278a, 7, 20-21.

35. *Politics*, 1278, 9-10.

36. W.E.B. Du Bois, *The Souls of Black Folk*, Henry Louis Gates Jr. and Terri Hume Oliver, eds., Norton Critical Edition (New York and London: W. W. Norton, 1999), p. 58.

3 무의식과 화해하다: 프로이트

1. 프로이트는 의식적인 자아 개념을 독일어의 1인칭 대명사인 Ich와 동일시했다. 프로이트는 공인된 영어 번역으로 이것에 상응하는 영어의 'I' 대신 그가 항상 그랬듯 과학적 정확성을 위해 라틴어 번역 'ego'를 승인했다. 이로 인해 영어로 그의 유명한 구조적 모델은 정신(mind)을 독일어 용어의 영어 직역인 'I'와 'it' 그리고 'super-I'가 아닌 자아(ego)와 원본능(id) 그리고 초자아(superego)로 구분하게 되었다.

2. Sigmund Freud, *Introductory Lectures on Psycho-Analysis*, Vol. 15 in the *Standard Edition of the Complete Psychological Works of Sigmund Freud*, edited and translated by James Strachey (London: Hogarth Press, 1958), p. 34.

3. 후속 연구는 안나 오가 이 질환에서 진정한 차도를 보였는지에 대해 심각한 의구심을 제기해왔다. 이와는 무관하게 프로이트가 이 사례에서 끌어낸 단서는 정신분석 이론 전체에 길을 열어줬다.

4. 크론먼은 자신의 책 *Education's End: Why Our Colleges and Universities Have Given Up on the Meaning of Life* (New Haven: Yale University Press, 2008) 3장에서 이러한 이상의 발전에 대해, 그리고 그것이 학계의 세속적 인문주의 쇠퇴와 어떻게 연루되어 있는지를 역사적으로 설명한다.

5. 컬럼비아 칼리지의 역사에서 이 시기에 관한 최고의 설명은 *A History of Columbia College on Morningside* (New York: Columbia University Press, 1954)에 실린

라이어널 트릴링의 에세이 "The Van Amringe and Keppel Eras"이다.

6. Robert McCaughey, *Stand, Columbia: A History of Columbia University in the City of New York, 1754-2004* (New York: Columbia University Press, 2003), p. 170.
7. Daniel Bell, *The Reforming of General Education: The Columbia Experience in Its National Setting* (New York: Columbia University Press, 1966), p. 29에서 인용.
8. Bell, 1966, p. 24에서 인용. 강조는 내가 추가했다.
9. Andrew Delbanco, *College: What It Was, Is, and Should Be* (Princeton: Princeton University Press, 2012), p. 2.
10. Jacques Barzun, "Trim the College?—A Utopia!" *Chronicle of Higher Education* (June 22, 2001).
11. William James, *Pragmatism* (Indianapolis and Cambridge: Hackett Publishing Company, 1981), p. 30. 강조는 원문에 있다. 철학적 체계로서 실용주의는 이것이 실은 과학에서 우리가 발견하는 사실과 똑같은 개념이라고 주장하지만, 많은 과학자는 여기에 동의하지 않는다.
12. Jonathan Lear, *Freud*, 2nd ed. (New York: Routledge, 2015), p. 5. 강조는 원문에 있다.
13. Ralph Waldo Emerson, *Journals and Miscellaneous Notebooks*, Merton M. Sealts Jr., ed. (Cambridge: Belknap Press of Harvard University Press, 1965), Vol. 5, p. 25 (March 27, 1835).
14. "On Beginning the Treatment," *Standard Edition*, Vol. 12, pp. 134-135.
15. "Recommendations to Physcians Practicing Psycho-Analysis," *Standard Edition*, Vol. 12, pp. 110-111.
16. *Standard Edition*, Vol. 11, p. 13.
17. *Standard Edition*, Vol. 11, p. 15. 강조는 원문에 있다.
18. *Standard Edition*, Vol. 11, pp. 22-23.
19. *Standard Edition*, Vol. 11, p. 24.

20. *Standard Edition*, Vol. 11, pp. 25-26.

21. *Standard Edition*, Vol. 15, p. 82. 프로이트는 각주에서 요제프 브로이어가 1880~1882년에 이것을 발견했다고 설명한다.

22. 매우 매력적인 이런 이미지는 놈 촘스키가 브라질의 노조 설립자들이 사용한 슬로건을 거론한 데서 가져왔다. Noam Chomsky, David Barsamian의 인터뷰, "Expanding the Floor of the Cage," *Z Magazine* (April 1997).

23. *Standard Edition*, Vol. 11, p. 32.

24. 물론 자각몽(lucid dreaming)—꿈꾸고 있다는 것을 자각할 때—이라는 이상한 현상은 이 일반적 규칙에서 예외다. 그러나 자각몽은 극히 드물다.

25. *Standard Edition*, Vol. 11, p. 32.

26. *Standard Edition*, Vol. 11, p. 34.

4 진리가 신이다: 간디

1. "Literally freedom from birth and death. The nearest English equivalent is salvation." (원문의 주석).

2. Mohandas K. Gandhi, *Autobiography: The Story of My Experiments with Truth*, Mahadev Desai, trans. (New York: Dover Publicatios, 1983), p. viii.

3. Joseph Lelyveld, *Great Soul: Mahatma Gandhi and His Struggle with India* (New York: Vintage Books, 2011), p. 21.

4. "Reflections on Gandhi," *The Orwell Reader: Fiction, Essays, and Reportage*, introduction by Richard H. Rovere (San Diego, New York, London: Harcourt, 1984), p. 328.

5. *Autobiography*, p. 453. 마하트마의 다사다난한 삶에 수반된 특별한 드라마에 관심 있는 독자들은 그에 관한 여러 전기를 읽거나, 1982년 리처드 애튼버러(Richard Attenborough)가 연출하고 벤 킹슬리(Ben Kingsley)가 주연한, 그의 삶을 다룬 대작 영화 〈간디〉를 시청하면 좋겠다.

6. *Autobiography*, pp. 180-181.

7. *The Moral and Political Writings of Mahatma Gandhi*, Raghavan Iyer, ed., 3 vols. (Oxford: Clarendon Press, 1986), Vol. 2, p. 106.

8. *Autobiography*, p. 38.

9. *Autobiography*, p. 39.

10. *Autobiography*, p. 40.

11. *Autobiography*, p. 75.

12. Saint Augustine, *Confessions*, Henry Chadwick, trans. (Oxford and New York: Oxford University Press, 1998), p. 109.

13. *Autobiography*, p. 454.

14. Mohandas K. Gandhi, *Hind Swaraj and Other Writings*, Anthony Parel, ed. (Cambridge: Cambridge University Press, 1997), p. 43.

15. *Moral and Political Writings*, Vol. 1, p. 569; *Young India* (Sept. 25, 1924).

16. *Moral and Political Writings*, Vol. 1, p. 461.

17. *Autobiography*, p. ix.

18. *Moral and Political Writings*, Vol. 2, p. 167.

19. *Moral and Political Writings*, Vol. 2, p. 194.

20. *Moral and Political Writings*, Vol. 2, p. 196.

21. *Autobiography*, p. 292.

22. *Moral and Political Writings*, Vol. 2, p. 77.

23. *Confessions*, XI.xiv.17, p. 230.

24. John 18:37-38 (KJV).

25. *Moral and Political Writings*, Vol. 2, p. 156.

26. John 8:32 (KJV).

27. *Moral and Political Writings*, Vol. 2, p. 151.

28. *Moral and Political Writings*, Vol. 2, p. 201.

29. *Moral and Political Writings*, Vol. 2, p. 165.

30. *Moral and Political Writings*, Vol. 1, P. 461.

31. Friedrich Nietzsche, "On Truth and Lie in a Nonmoral Sense" (1873), in *On Truth and Untruth: Selected Writings of Friedrich Nietzsche*, Taylor Carman, translator and editor (New York: Harper Perennial, 2010), p. 18.

32. *On Truth and Untruth*, pp. 15-49.

33. *On Truth and Untruth*, p. 30.

34. Friedrich Nietzsche, *On the Genealogy of Morals and Ecce Homo*, Walter Kaufmann, trans. (New York: Vintage Books, 1967, 1989), p. 119.

35. *On Truth and Untruth*, p. 36.

36. *On the Genealogy of Morals*, p. 45.

37. Jacques Derrida, *Of Grammatology*, Gayatri Chakravorty Spivak, trans. (Baltimore and London: Johns Hopkins University Press, 1974, 1976), p. 158.

38. *On the Genealogy of Morals*, p. 326.

39. *On the Genealogy of Morals*, p. 314. 강조는 원문에 있다.

40. *On the Genealogy of Morals*, p. 17. 강조는 원문에 있다.

41. *The Will to Power*, Walter Kauffman and R. J. Hollingdale, trans. (New York: Vintage Books, 1967), sec. 1067, p. 550.

42. *On the Genealogy of Morals*, p. 107.

43. *On Truth and Untruth*, p. 47.

44. Plato, *Republic*, G.M.A. Grub and C.D.C. Reeve, trans. (Indianapolis and Cambridge: Hackett Publishing Company, 1992), p. 21.

45. 아널드는 과거의 영광을 단순히 숭배하자고 제안한 게 아니었음을 덧붙일 필요가 있겠다. 사실 그의 시각에서는 "세상에서 이야기하고 사색해온 최상의 것"을 알게 되는 것의 중요한 점은 "이 지식을 통해" 우리가 "우리의 상투적 관념과 습관에 신선하고 자유로운 생각의 흐름"을 되돌릴 수 있도록 하는 것이었다. Matthew Arnold, *Culture and Anarchy* (1869), Samuel Lipman, ed. (New Haven: Yale University Press, 1994), p. 5.

46. Leo Strauss, "Wat Is Libral Education?" in *Liberalism Ancient and Modern* (Chicago: University of Chicago Press, 1995), p. 7.

47. *Moral and Political Writings*, Vol. 2, p. 157.

48. *On the Genealogy of Morals*, p. 34.

49. *On the Genealogy of Morals*, p. 34.

50. *On the Genealogy of Morals*, p. 34. 강조는 원문에 있다.

51. Mohandas K. Gandhi, *Satyagraha in South Africa*, *CWMG*, Vol. 29, p. 95.

52. *Autobiography*, p. 284.

53. *Satyagraha in South Africa*, *CWMG*, Vol. 29, p. 92.

54. *Satyagraha in South Africa*, *CWMG*, Vol. 29, p. 96.

55. *Satyagraha in South Africa*, *CWMG*, Vol. 29, p. 18.

56. *Hind Swaraj and Other Writings*, p. 90.

57. Mohandas K. Gandhi, "To Young Bengal," *Young India* (Jan. 19, 1921); *CWMG*, Vol. 19, p. 233.

58. *Autobiography*, p. 337.

59. *CWMG*, Vol. 12, p. 276.

60. Mohandas K. Gandhi, *Young India* (Dec. 8, 1920); *CWMG*, Vol. 19, p. 80.

61. *Hind Swaraj and Other Writings*, p. 73.

62. Mohandas K. Gandhi, "Non Co-operation means Self-Purification," *Navajivan* (Jan. 27, 1921); *CWMG*, Vol. 19, p. 284.

63. Mohandas K. Gandhi, "Hind Swaraj", 즉 "Indian Home Rule", *Young India* (Jan. 26, 1921); *CWMG*, Vol. 19, p. 278.

64. *Hind Swaraj and Other Writings*, p. 39.

65. *Hind Swaraj and Other Writings*, p. 41.

66. *Hind Swaraj and Other Writings*, p. 42.

67. *CWMG*, Vol. 8, p. 374.

68. *Hind Swaraj and Other Writings*, p. 35.

69. *Hind Swaraj and Other Writings*, p. 35.

70. Adam Smith, *The Wealth of Nations*, Book 5 (New York: Random House, Modern Library, 2000), p. 840.

71. Mohandas K. Gandhi, *Young India* (Oct. 13, 1921); *CWMG*, Vol. 21, p. 291.

72. René Descartes, *Discourse on Method and Meditations on First Philosophy*, 4th ed., Donald A. Cress, trans. (Indianapolis and Cambridge: Hackett Publishing Company, 1998), p. 35.

73. Mohandas K. Gandhi, "To the Learned Narasinhrao," *Navajivan* (Dec. 29, 1920); *CWMG*, Vol. 19, p. 178.

74. *Autobiography*, p. 208.

75. *CWMG*, Vol. 33, p. 234.

76. Letter to Narandas Gandhi (July 28, 1931); *CWMG*, Vol. 44, p. 59.

77. *Crito*, 48b, p. 48, in Plato, *The Trial and Death of Socrates*, trans. by G.M.A. Grube, rev. by John M. Cooper, 3rd ed. (Indianapolis and Cambridge: Hackett Publishing Company, 2000).

78. *Moral and Political Writings*, Vol. 2, p. 169.

79. *Autobiography*, p. 203.

80. *Apology*, 29d-30b, p. 32, in Plato, *The Trial and Death of Socrates*, trans. by G.M.A. Grube, rev. by John M. Cooper, 3rd ed. (Indianapolis and Cambridge: Hackett Publishing Company, 2000).

81. Matthew 6:24 (New American Standard Bible).

82. Du Fu, "By the Winding River II," in *One Hundred Poems from the Chinese*, Kenneth Rexroth, trans. (New York: New Directions, 1971), p. 14.

83. *Moral and Political Writings*, Vol. 2, p. 192.

에필로그: 요점

1. '서구'처럼 이러한 용어 대부분도 관련된 역사적 현상의 복잡하고 가끔은 느슨한 배열을 나타내는 약칭일 뿐이다.

2. 여기에는 흥미로운 이야기가 있다. 2016년 11월 26일 자 칼럼("Election Therapy

from My Basket of Deplorables")에서 〈뉴욕 타임스〉 칼럼니스트 모린 다우드(Maureen Dowd)는 보수파인 자기 형제의 '연례 방학 칼럼'을 소개했다. 거기서 케빈 다우드(Kevin Dowd)는 자유주의 기득권층이 미국 주류로부터 단절되어 있으며 주류 사회에 대해 거들먹거린다고 꾸짖었다. 자유주의 문화에 대한 그의 비난 중 "최상위 50개 칼리지 중 어느 한 곳도 한 학기 동안의 서구문명 강좌를 지시하지 않는다"는 주장이 있었다. 이 주장에 이의를 제기하며 편집자에게 보낸 나의 서신에 대한 응답으로 다우드 여사와 그녀의 팩트 체크 담당은 보수 세력 변호 집단인 전미학자협회(National Association of Scholars, NAS)의 2011년 보고서를 지적하면서 그 진술을 방어했다. NAS는 컬럼비아의 서구현대문명개론을 '서구문명' 강좌로 여기지 않으려 들었다. 필독 도서 목록에 《코란》이 포함되어 있었기 때문이다.

3. 내가 2008년 코어 커리큘럼 연구소 소장으로 임기를 시작했을 때 이 비서구권 과정의 버전들을 학부생의 일반 필수 과목에 포함하도록 코어를 확장하는 것이 나의 진심 어린 야심이었다. 내가 이 방향으로 그렇다 할 진전을 보이지 못한 것은 대학 행정 교육 때문이었다. 그러나 이는 별도의 글에서 주제로 다루어야 할 것이다.
4. 최근 몇십 년간 외국 대학들로부터 미국의 교양 과목 모델에 대한 두드러진 관심이 있었다. 운 좋게도 나는 컬럼비아 코어 커리큘럼에서 영감을 받은 3개의 유명한 프로그램을 시작하는 데 일조했다. 홍콩 중문대학교의 제너럴 에듀케이션 프로그램(General Education Program, http://www.cuhk.edu.hk/334/english/university-core/general-education), 예루살렘에 있는 살렘 칼리지(Shalem College)의 코어 커리큘럼(https://shalem.ac.il/en/core-program/), 그리고 칠레 산티아고에 있는 아돌포 이바네스 대학교(Universidad Adolfo Ibañez)의 코어 커리큘럼(https://artesliberales.uai.cl/core-curriculum/)이다.
5. 더 많은 정보는 이 프로그램 각각의 웹사이트 참조. Common Intellectual Experience at Ursinus College (https://www.ursinus.edu/academics/first-year-experience/common-intellectual-experience/), the Core Curriculum at Sacred Heart University (https://www.sacredheart.edu/academics/teaching-learning/core-curriculum/curriculum-overview/), the University Core Curriculum at

Seton Hall University (https://www.shu.edu/core-curriculum/index.cfm), 그리고 the Columbia Core at Hostos Community College (https://commons.hostos.cuny.edu/columbiacommoncoreathostos/).

6. Melinda S. Zook, “Giant Leaps for the Liberal Arts at Purdue,” in *Change: The Magazine of Higher Learning* 51:6 (Dec. 2019), pp. 45-51 참조.
7. 이 계획에 대한 더 많은 정보는 http://www.teaglefoundation.org/Call-for-Proposals/Initiatives/Cornerstone을 방문할 것.

찾아보기

ㄱ

ㅇ

ㅌ

ㅍ

ㅎ